中国近现代稀见史料丛刊【第三辑】

张剑 徐雁平 彭国忠 主编

珠泉草庐师友录
珠泉草庐文录

廖树蘅等 著

廖志敏 李开军 整理

凤凰出版社

图书在版编目（CIP）数据

珠泉草庐师友录　珠泉草庐文录 / 廖树蘅等著 ; 廖志敏, 李开军整理. -- 南京 : 凤凰出版社, 2016.9
（中国近现代稀见史料丛刊. 第三辑）
ISBN 978-7-5506-2418-4

Ⅰ. ①珠… Ⅱ. ①廖… ②廖… ③李… Ⅲ. ①历史人物－生平事迹－湖南－近代②杂著－中国－近代 Ⅳ. ①K820.864②Z429.5

中国版本图书馆CIP数据核字(2016)第188306号

书　　名	珠泉草庐师友录 珠泉草庐文录
著　　者	廖树蘅等 著　廖志敏　李开军 整理
责任编辑	张永堃
出版发行	凤凰出版传媒股份有限公司 凤凰出版社(原江苏古籍出版社) 发行部电话025-83223462
出版社地址	南京市中央路165号,邮编:210009
出版社网址	http://www.fhcbs.com
经　　销	凤凰出版传媒股份有限公司
照　　排	南京凯建图文制作有限公司
印　　刷	苏州市越洋印刷有限公司 苏州市吴中区南官渡路20号,邮编:215104
开　　本	880×1230毫米　1/32
印　　张	10.375
字　　数	270千字
版　　次	2016年9月第1版　2016年9月第1次印刷
标准书号	ISBN 978-7-5506-2418-4
定　　价	45.00元

(本书凡印装错误可向承印厂调换,电话:0512-68180638)

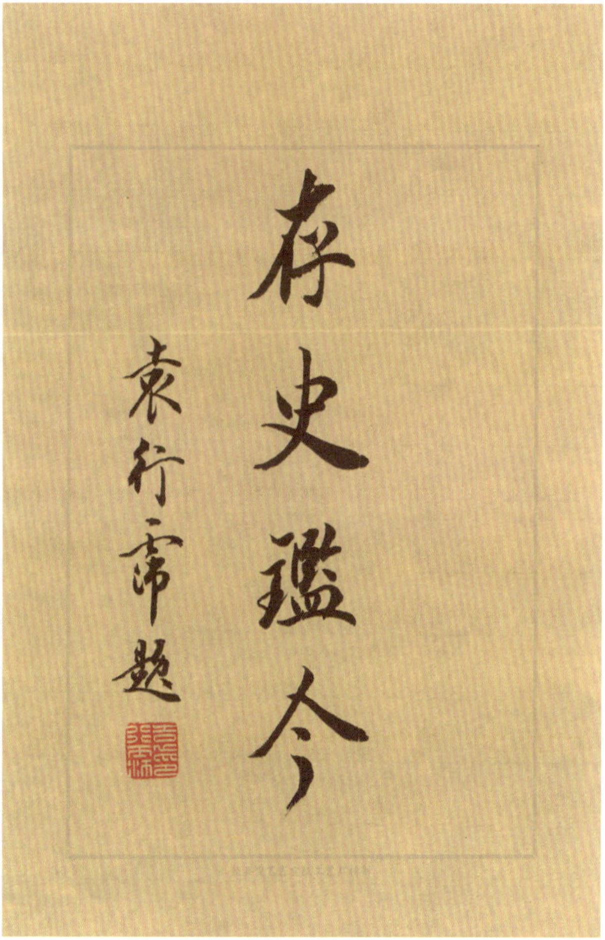

袁行霈先生题辞

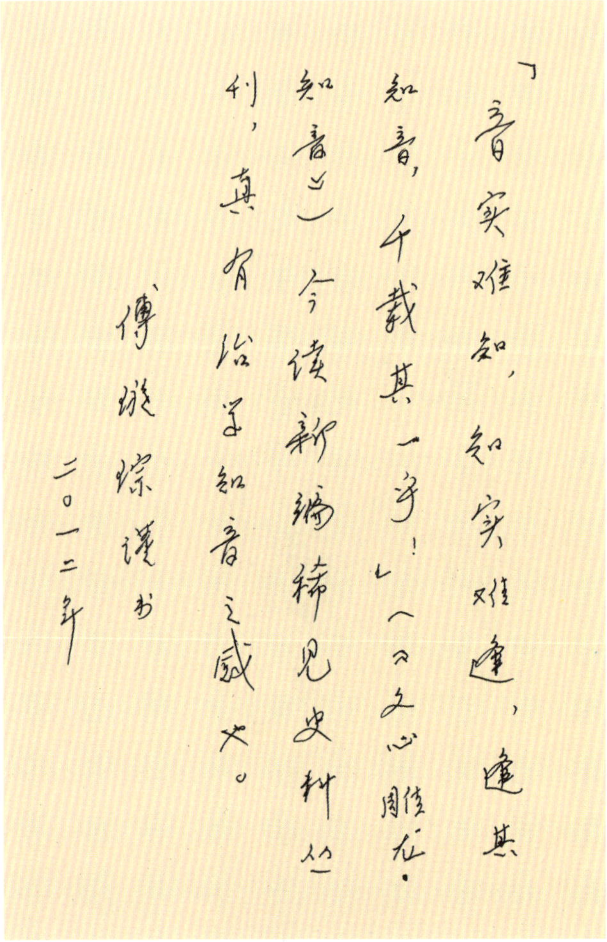
「音实难知，知实难逢，逢其知音，千载其一乎！」（《文心雕龙·知音》）今读新编稀见史料丛刊，真有治学知音之感也。
傅璇琮谨书
二〇一二年

傅璇琮先生题辞

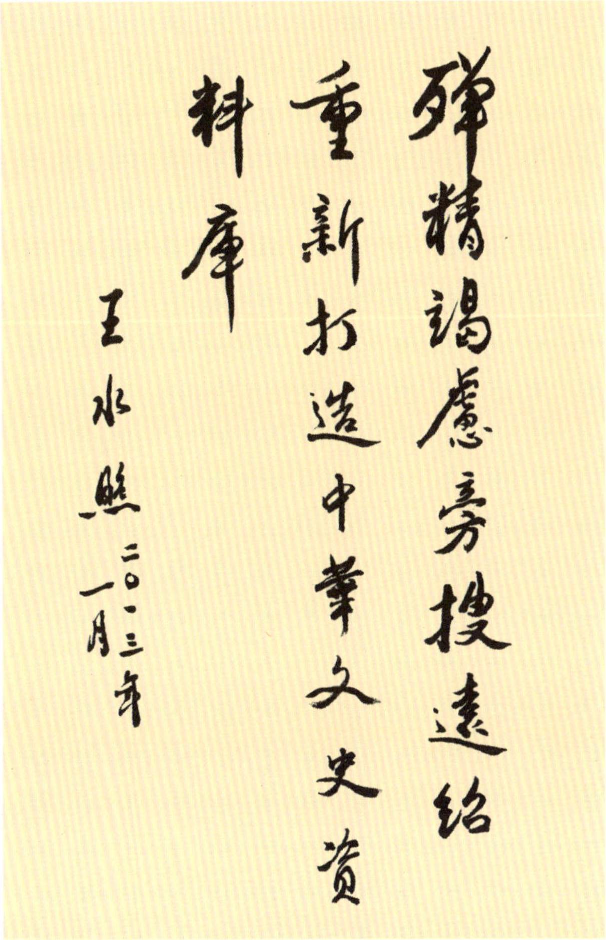

王水照先生题辞

《中国近现代稀见史料丛刊》总序

在世界所有的文明中，中华文明也许可说是“唯一从古代存留至今的文明”（罗素《中国问题》）。她绵延不绝、永葆生机的秘诀何在？袁行霈先生做过很好的总结：“和平、和谐、包容、开明、革新、开放，就是回顾中华文明史所得到的主要启示。凡是大体上处于这种状况的时候，文明就繁荣发展，而当与之背离的时候，文明就会减慢发展的速度甚至停滞不前。”（《中华文明的历史启示》，《北京大学学报》2007年第1期）

但我们也要清醒看到，数千年的中华文明带给我们的并不全是积极遗产，其长时段积累而成的生活方式与价值观具有强大的稳定性，使她在应对挑战时所做的必要革新与转变，相比他者往往显得迟缓和沉重。即使是面对佛教这种柔性的文化进入，也是历经数百年之久才使之彻底完成中国化，成为中华文明的一部分；更不用说遭逢“数千年来未有之变局”、“数千年未有之强敌”（李鸿章《筹议海防折》），“数千年未有之巨劫奇变”（陈寅恪《王观堂先生挽词序》）的中国近现代。晚清至今虽历一百六十余年，但是，足以应对当今世界全方位挑战的新型中华文明还没能最终形成，变动和融合仍在进行。1998年6月17日，美国三位前总统（布什、卡特、福特）和二十四位前国务卿、前财政部长、前国防部长、前国家安全顾问致信国会称：“中国注定要在21世纪中成为一个伟大的经济和政治强国。”（徐中约著《中国近代史》上册第六版英文版序，香港中文大学2002年版）即便如此，我们也不能盲目乐观，认为中华文明已经转型成功，相反，中华文明今天面对的挑战更为复杂和严峻。新型的中华文明到底会怎样呈现，又怎样具体表现或作用于政治、经济、文化等层面，人们还在不断探索。这个问题，我们这一代恐怕无法给出答案。但我们坚信，在历史上曾经灿烂辉煌的中华文明必将凤凰浴火，涅槃重生。这既是数千年已经存在的中华文明发展史告诉我们的经验事实，也是所有为中国文化所化之人应有的信念和责任。

不过，对于近现代这一涉及当代中国合法性的重要历史阶段，我们了解得还过于粗线条。她所遗存下来的史料范围广阔，内容复杂，且有数量庞大且富有价值的稀见史料未被发掘和利用，这不仅会影响到我们对这段历史的全面了解和规律性认识，也会影响到今天中国新型文明和现代化建设对它的科学借鉴。有一则印度谚语如是说："骑在树枝上锯树枝的时候，千万不要锯自己骑着的那一根。"那么，就让我们用自己的专业知识与能力，为承载和养育我们的中华文明做一点有益的事情——这是我们编纂这套《中国近现代稀见史料丛刊》的初衷。

书名中的"近现代"，主要指 1840—1949 年这一时段，但上限并非以一标志性的事件一刀切割，可以适当向前延展，然与所指较为宽泛的包含整个清朝的"近代中国"、"晚期中华帝国"又有所区分。将近现代连为一体，并有意淡化起始的界限，是想表达一种历史的整体观。我们观看社会发展变革的波澜，当然要回看波澜如何生，风从何处来；也要看波澜如何扩散，或为涟漪，或为浪涛。个人的生活记录，与大历史相比，更多地显现出生活的连续。变局中的个体，经历的可能是渐变。《丛刊》期望通过整合多种稀见史料，以个体陈述的方式，从生活、文化、风习、人情等多个层面，重现具有连续性的近现代中国社会。

书名中的"稀见"，只是相对而言。因为随着时代与科技的进步，越来越多的珍本秘籍经影印或数字化方式处理后，真身虽仍"稀见"，化身却成为"可见"。但是，高昂的定价、难辨的字迹、未经标点的文本，仍使其处于专业研究的小众阅读状态。况且尚有大量未被影印或数字化的文献，或流传较少，或未被整合，也造成阅读和利用的不便。因此，《丛刊》侧重选择未被纳入电子数据库的文献，尤欢迎整理那些辨识困难、断句费力、裒合不易或是其他具有难度和挑战性的文献，也欢迎整理那些确有价值但被人们习见思维与眼光所遮蔽的文献，在我们看来，这些文献都可属于“稀见”。

书名中的“史料”，不局限于严格意义上的历史学范畴，举凡日记、书信、奏牍、笔记、诗文集、诗话、词话乃至序跋汇编等，只要是某方面能够反映时代政治、经济、文化特色以及人物生平、思想、性情的文献，都在考虑之列。我们的目的，是想以切实的工作，促进处于秘藏、边缘、零散等状态的史料转化为新型的文献，通过一辑、二辑、三辑……这样的累积性整理，自然地呈现出一种规模与气象，与其他已经整理出版的文献相互关联，形成一个丰茂的文献群，从而揭示在宏大的中国近现代叙事背后，还有很多未被打量过的局部、日常与细节；在主流周边或更远处，还有富于变化的细小溪流；甚至在主流中，还有漩涡，在边缘，还有静止之水。近现代中国是大变革、大痛苦的时代，身处变局中的个体接物处事的伸屈、所思所想的起落，藉纸墨得以留存，这是一个时代的个人记录。此中有文学、文化、生活；也时有动乱、战争、革命。我们整理史料，是提供一种俯首细看的方式，或者一种贴近近现代社会和文化的文本。当然，对这些个人印记明显的史料，也要客观地看待其价值，需要与其他史料联系和比照阅读，减少因个人视角、立场或叙述体裁带来的偏差。

知识皆有其价值和魅力，知识分子也应具有价值关怀和理想追求。清人舒位诗云“名士十年无赖贼”（《金谷园故址》），我们警惕袖手空谈，傲慢指点江山；鲁迅先生诗云“我以我血荐轩辕”（《自题小像》），我们愿意埋头苦干，逐步趋近理想。我们没有奢望这套《丛刊》产生宏大的效果，只是盼望所做的一切，能融合于前贤时彦所做的贡献之中，共同为中华文明的成功转型，适当“缩短和减轻分娩的痛苦”（马克思《资本论》第一卷第一版序言）。

《丛刊》的编纂，得到了诸多前辈、时贤和出版社的大力扶植。袁行霈先生、傅璇琮先生、王水照先生题辞勖勉，周勋初先生来信鼓励，凤凰出版社姜小青总编辑赋予信任，刘跃进先生还慷慨同意将其列入“中华文学史史料学会”重大规划项目，学界其他友好也多有不同形式的帮助……这些，都增添了我们做好这套《丛刊》的信心。必须一提的是，《丛刊》原拟主编四人（张剑、张晖、徐雁平、彭国忠），每位主编负责一辑，周而复始，滚动发展，原计划由张晖负责第四辑，但他尚未正式投入工作即于 2013 年 3 月 15 日赍志而殁，令人抱恨终天，我们将以兢兢业业的工作表达对他的怀念。

《丛刊》的基本整理方式为简体横排和标点（鼓励必要的校释），以期更广泛地传播知识、更好地服务社会。希望我们的工作，得到更多朋友的理解和支持。

2013 年 4 月 15 日

目　录

前 言

珠泉草庐地处湖南宁乡之衡田，修建于光绪十年(1884)前后，其主人廖树蘅，为开启湖南矿业现代化进程的著名实业家。

近代以来，湖湘人才喷涌，出现了许多引领时代风气的人物，他们诚如钱基博在《近百年湖南学风》中所云："前不见古人，后不见来者，宏识孤怀，涵今茹古，罔不有独立自由之思想，有坚强不磨之志节。湛深古学而能自辟蹊径，不为古学所囿。义以淑群，行必厉己，以开一代之风气。"廖树蘅顺应时代潮流，兴办矿业，是一位给晚清湖南新政极大助力的人物。

廖树蘅，字荪畡，一字笙陔，道光十九年(1839)出生在湖南宁乡一个名门望族、书香世家。

宁乡廖氏原籍江西泰和，南宋时有淇惠公者，因破金积功，被理宗皇帝敕封为"护国公"，镇守潭州，世袭"指挥职"。其曾孙城景公，元延祐年间由长沙卜居宁乡之衡田。有清一代，宁乡廖氏名人辈出。到乾隆初岁，廖氏家族已成为湘中一带著名的大家望族。廖树蘅的祖父廖含章为湘中宿儒，著述颇多，有《松泉书屋文钞》、《春泉堂诗钞》、《廖氏五云庐志》等行世。父亲廖新端，国子监生，府知事衔，被清政府赠修职郎。

廖树蘅年轻时，曾先后求学于宁乡玉潭书院、长沙城南书院和岳麓书院。同治二年(1863)，他考中秀才，在府试中也曾名列第一，然而他的科举之路并不顺畅，几次乡试都未能中举，于是转而致力于诗文写作与经世致用之学。

光绪二年(1876),廖树蘅受陈宝箴之请,司笺牍之务,并兼教授陈氏次子三畏。光绪九年(1883),廖树蘅受湘军甘州提督周达武之聘,从湖湘远赴甘州,入周达武幕府,游历关原,眼界大开。光绪十八年(1892),廖树蘅出任玉潭书院山长,以义理、考据、词章课士。光绪二十一年(1895),甲午战争后,陈宝箴由直隶布政使升任湖南巡抚,鉴于湘省财政拮据,为广开财源,"辅库藏之所不逮",供"练兵制械之资"和"少佐帐需",他决心开发湖湘矿业,振兴湖南经济。陈宝箴奏请设立矿务总局,开采全省五金、煤炭等矿。廖树蘅被陈宝箴邀入矿局襄事,并于次年(1896)被任命为水口山矿务总办。廖树蘅受命于危难之际,全力协助陈宝箴推行新政,倡导开发矿产资源。开矿之初,保守势力的各种怀疑、诋毁、攻击扑面而来,他独撑危局,苦心孤诣,专心致力于水口山铅锌矿的开采,终于大获成功,由此开启了湖南近代矿业之先河,成为湖南诸新政中成就最为卓著者之一。廖树蘅"作为中国近代铅锌矿业的先驱,为湖南早期矿业现代化作出了杰出贡献",被推举为"影响中国经济现代化进程的十大湘学名人"之一。

"戊戌政变"发生后,陈宝箴、陈三立父子所倾注的维新事业被摧毁殆尽,唯有水口山矿务不仅没有停办,反而产量大增。由于受到新任湖南巡抚俞廉三的倚重,廖树蘅的辞呈不仅没有被批准,他还由宜章训导调为清泉训导,兼顾水口山矿务的管理。

光绪二十九年(1903),廖树蘅调任湖南省矿务总局提调,旋升总办。在他的治理下,官绅大和,矿业大兴。

廖树蘅前后投身矿务十六年,仅水口山一矿即为湖南赢利六百多万两白银,是为湖南富强之基。清政府为了表彰他的功绩,特赐二等商勋、加三品衔,并授荣禄大夫。

辛亥革命后,廖树蘅退居衡田老屋,避谈世事,终日吟诗作文,整理诗文旧稿。民国十二年(1923)农历五月,廖树蘅在家中无疾而终,享年八十四岁。

廖树蘅一生著述甚丰，已刊行者有《珠泉草庐文录》二卷、《珠泉草庐诗钞》四卷、《珠泉草庐诗后集》二卷、《荄源银场录》二卷、《武军纪略》二卷、《联语摭余》一卷、《祠志续编》三卷，未刊行者有《读史录》二卷、《文后集》二卷、《杂著》一卷、《书牍》三十卷、《笔记》二十二卷、《骈文》一卷、《岳麓诗钞》一卷、《自订年谱》二卷、《衡田随笔》数卷、《珠泉草庐日记》若干卷等。其外孙曾将其师友往来之书札、诗文等编成《珠泉草庐师友录》。

本书择其两种合编而成。

第一种《珠泉草庐师友录》，廖树蘅外孙梅焯宪（廖树蘅长女基瑜之子，字伯纪）编辑，孙廖镇枢（廖树蘅五子基杰之子，字谦敏）校对，所据底本为 1948 年衡田廖氏家刻本，系南昌大学教授刘经富老师于 2008 年所赠。

《珠泉草庐师友录》内容丰富，为廖树蘅师友投赠之作，涉及到湖南近代政治、经济、军事、文化、文学、宗教等诸多领域的各种人物，透过书中所收诸多师友与廖树蘅的诗词题咏、书札往来，可以深入认识廖树蘅的学术文章、性情品格、家国情怀等，同时也得以窥探湖南乃至整个中国在此半个世纪中的波谲云诡。

从编纂角度来看，《珠泉草庐师友录》也极具匠心。编者梅焯宪在每人诗词或文章之后，常常以按语方式附注廖树蘅自撰《纪年录》及《笔记》中所载相关内容，进行人物介绍，说明所及人物与廖树蘅之渊源关系。同时，梅焯宪还将自己亲历亲闻但不为人知的有关遗闻轶事等，一并记于按语之中，从而使廖树蘅的形象更加丰富生动。

第二种《珠泉草庐文录》，上下两卷，所据底本为清宣统庚戌（1910）孟秋长沙刻本，系衡田廖氏家传藏书。全书收文四十六篇，包括记、序、论、传、述、铭等文体。其中《营湘私议》和《拟言湖南风俗利病书》两篇是廖树蘅早年经世致用思想的集中体现。《文录》所收文章，有不少附有师友撰写的评语，这些作品除了具有文学艺术性之外，还可以很好地向我们呈现廖树蘅的社会关系网络，展现他的师友情怀。

《珠泉草庐师友录》由廖志敏整理，《珠泉草庐文录》由山东大学教授李开军整理。在整理过程中，我们发现有些文献之间存有矛盾之处，最要紧的是关于廖树蘅第三子的名字。廖树蘅在光绪二十四年(1898)所撰《先考墓道述》中作“基樾”，王闿运《湘绮楼日记》光绪二十九年(1903)正月十五日所记相同；而廖树蘅次子基棫在1923年所作《先考行状》中则记作“基朴”，姚永朴《廖君墓志铭》、梅英杰《珠泉先生墓表》、刘宗向《民国宁乡县志先民传》等皆如之。廖树蘅与廖基棫，一为生父，一为亲兄，似均无误记之理，故本书一仍文献之旧，未做更动。

限于个人水平，本书的校点整理一定还存在诸多问题，恳请方家批评指正。

廖志敏

2015年初秋于北京

珠泉草庐师友录

珠泉草庐师友录一

奏 牍

湖南巡抚俞片奏

俞廉三

查清泉县训导廖树蘅，学问渊博，践履笃实，性情爽直，条理井然，经史而外，中西政艺，讲求有素。调署清泉县训导，委令就近办理常宁矿务，已著成效。臣于前年赴衡州阅兵，前往查看，见该山横亘十余里，厂屋栉比，丁夫数千，悉以兵法部勒，秩然不紊，足征威足御众，力能任事。

按：俞公廉三，字廙轩，浙江山阴人。清光绪二十四年任湖南巡抚，二十九年调任山西，移疾归，复起任仓场侍郎。二十八年，诏举经济特科，俞公以三品衔内阁中书浏阳欧阳中鹄、举人山西宁远厅通判江宁吴廷燮、举人湘潭梁焕奎、副贡生浙江山阴傅以潜、廪贡生湘潭王代功与公同举，兹仅录原奏中考语。时学使柯公劭忞，亦特疏加保，随由排封催赴省，有毋得匏系一官、辜负破格求才之意云。柯公字凤笙，山东胶县人，著有《新元史》。国变后，与修清史。光绪二十八年，任湖南学政，按部永州。时衡州因庚子教案停考，仅留一宿，索阅公近作，备极推许，谓近体湘绮不能过，即席用纨扇书旧作三首以赠。清代特科，本为旷典，疆吏皆应诏奏保，时浙江汤寿潜，得六省督抚荐举，此外得巡抚、学使同举者，惟公一人。然公淡于荣利，素鲜宦情，仍具启辞不应举。

湖南巡抚赵片奏

赵尔巽

查国子监典簿衔加捐五品衔宜章县训导廖树蘅，经前抚臣陈宝箴委办常宁水口山铅矿，先后八年，坚忍匡济，卓著成效。该训导心地光明，笃实沉毅，尤能淡泊明志，有古儒者风。自水口山创办以来，辛苦艰难，始终如一，督率工役，昕夕勤劳，规为久远，丝毫不苟。历年官办各矿，惟水口山出砂最旺，用夫最多，而部勒整齐，上下交益，实该训导一人之力。现在振兴湘矿，在在需人，似此得力之员，允宜从优奖叙，俾昭激劝。惟查该员，已有国子监典簿京衔，并捐有五品顶戴，应如何奖叙之处，出自逾格天恩。谨奏。

光绪三十年二月廿二日奉朱批：廖树蘅著交部从优议叙。钦此。

按：赵公尔巽，字次珊，汉军旗人。光绪二十九年三月，任湖南巡抚，十一月，调公充矿务总局提调，水口山遗职，委公子基植继任。公赴省面辞，寓白马巷长临栈。一日，忽传呼抚军至，公以旅舍湫隘辞之，而赵公已遽入矣，坐谈移时，始去。公感其诚，不复辞。其年冬，赵公附片保奏，得旨俞允。赵公后督湖广四川，最后调东三省总督，国变后，任清史馆长。癸亥五月，公卒于里第，赵公诔以联云：三湘宝藏资雄略，廿载沧桑怆旧游。怀旧之情，溢于言表。

湖南巡抚岑片奏

岑春蓂

查湘省昔年官商所办各矿，不下百余处，卒以任非其人，不能切实筹办，鲜有成效。惟常宁县属之水口山铅矿，经前抚臣陈宝箴遴委四品衔分部主事廖树蘅经理。自开办迄今，十有余年，殚心擘画，力为其难，独能成效大著，所获赢余，至一百数十万两，实由廖树蘅任事诚恳，劳怨不辞，与人接物，一秉大公，洵属湘省办矿员绅中最为得力之员。嗣委充矿务总局提调、会办等差，旋改为官矿总处会办，所有水口山矿事，即委其子候选训导廖基植接办。该员廖基植，随同廖树蘅办理有年,谙悉情形,用能恪守成法。数年以来,随时随事,禀商廖树蘅,细心研究,兼采西法,购置机器,力图扩充,出砂益形畅旺,实属异常出力,未便没其劳勚。拟爰照农工商部奏定奖给商勋章程,请将四品衔分部主事廖树蘅,特赏三品顶戴,候选训导廖基植,以教谕即选,以资激劝。可否之处,出自逾格鸿施。谨奏。

按:岑公春蓂,字尧阶,广西西林人。任湖南巡抚最久,于公倚畀尤专。总处向以布、按两司为督办,以道员任总协理,盖总处职权,须扎饬州县。清制,官吏回避本籍,故委绅仅能任提调。光绪三十二年,护理巡抚庞公鸿书,擢公协理。宣统己酉,岑公特疏奏保,并破例擢任总理。

农工商部吏部覆奏稿

窃准军机处钞交湖南巡抚岑春蓂奏湘省官办铅矿确有成效恳将在事尤为出力各员优予奖励一折,宣统元年八月十三日奉朱批:该部议奏。钦此。钦遵到部。农工商部查臣部前奏定奖给商勋章程,内开能察识矿苗有成效、所出矿产足供各项制造之用者,均奖给二等商勋,并赏加三品顶戴等因,历经钦遵办理在案。兹该员廖树蘅等办理湖南常宁县属水口山铅矿,既据湖南巡抚奏称该员办理有年,实力经营,备尝艰苦,现虽年逾七旬,而始终罔懈,所出矿产,获利甚巨,不止足供各项制造之用,廖基植勤慎耐劳,讲求矿务,日起有功,各等因。该抚所请优加奖励,自系为振兴矿业,鼓舞将来,以为实心任事者劝。且核与奏定奖给商勋章程给奖成案,亦属相符。拟请准将四品衔分部主事廖树蘅奖给二等商勋,并赏加三品顶戴,以昭激劝。至候选训导廖基植请以教谕即选一节,查农工商部奏定各项奖叙章程内,并无核奖实官办法,应由吏部照章核议,以昭慎重。吏部查候选训导廖基植请以教谕即选,既经农工商部声称该部奏定各项奖叙章程并无奖叙实官办法,应令该抚另核请奖。所有遵议湘省办矿出力各员援章核给奖叙缘由,谨合词恭折具陈,伏乞圣鉴训示。谨奏。

按:岑公原奏,奉朱批交部从优议叙,乃铨部引例格之。同里王公世琪官京朝，与掌印为同年生，诘辩至再，谓事经诏允，宁可任部章尊于王言哉？事虽得直，然岑公本以异常劳绩请奖，部议仅以寻常劳绩铨叙，诏下，岑公歉然，公笑曰："本无宦情，天恩固已及之矣。"其事具公所撰《清大理院少卿王公家传》中。公子基植旋奖给四等商勋、五品顶戴。

湖南衡永郴桂兵备道谭禀稿

谭启瑞

查清泉县训导廖树蘅，学识远到，体用兼赅，留心古今治术，能见其大。上年冬间赴乡宣讲，曾具劝导士民一禀，所拟种植、水利、蒙养各条，言近旨远，均切实可行，诚为化民之亟务。奉委开办水口山矿务，精心擘画，勒以兵法，费少而程功多，民劳而乐为用。自湘省创办矿务以来，惟该训导确有效验，利益甚多。每至其处者，见其布置谨严，造持坚苦，无不叹服，以为不可及。前有外洋矿师往观，亦极口称许。惟该训导怀才自重，不慕宠荣，保荐特科，并不赴试。若畀以全省矿务，听其主持，必能收广濬利源之效。

按：谭公启瑞，字芝云，云南人。由翰林官衡永郴桂兵备道，时公以清泉训导兼治水口山矿务，谭公过从无虚日。削牍上陈，备极褒许。宣统庚戌，谭公以劝业道护理藩司，例兼湘矿总处督办，与洋商订约抛砂，损失湘矿利权甚巨。官钱局总办朱公祖荫、善后局总办徐公棨争之，不能得。总处协理李公宝淦心弗善其所为，牵于私谊，噤不发声。事将画诺矣，官绅大哗。公方假归，闻之大愤，寓书谭公力争，复致书湘乡蒋公德钧云："芝公世受国恩，不应出此，且以为湘人可欺。湘人其可尽欺耶？"蒋公得书，宣示于湖南谘议局，议员群起弹劾，事遂寝。国变后，公门人廖君楚璜任江苏太仓县知事，谭公适任其县税局，言及公，犹不能释然。公之不阿所好，不惜触忤上官，卒使全省利权，得免丧失，至今谈湘矿者，或不尽知。而公与谭公之始合终离，人自不明底蕴，因附识始末，以为湘矿故实云。

附湖南矿务总局总理黄忠绩呈请抚恤故常宁水口山分局总办廖基植稿

黄忠绩

为呈请事。窃维湖南矿产，首推常宁之水口山，而溯其开辟之初，黾勉从公、劳苦功高者，厥惟廖氏。查水口山铅矿，于前清光绪二十二年春初开办，廖绅树蘅奉委后，即携其子基植偕往。是时风气未开，事属创举，无矿师之指导，无成法之规随。该处荒山一片，废窿满目，荆榛塞涂，潦水没胫，货闷于地，莫知其向。廖绅构草庐一椽，栖息其中，湫隘荒凉，父子相对。日则躬先丁役，周历查勘，择要兴工，谋所以抽水探砂，相机进取。夜则进乡间父老暨工人之具有经验者，谘询山脉之起伏，洞口之苗路，谋所以因利乘便，所向有功。一遇夫风雨漂摇，山水暴发，中夜急起，督工抢护窿口，衣履沾濡，达旦不遑安处。卒之精诚所格，金石能开，思虑所穷，神明来贶。该绅独具手眼，创开明礲，毅然行之，果收左右逢源之效。于是研精殚思，随事立法，刻苦以为之倡，该矿始蒸蒸日上矣。既而廖绅树蘅选授宜章训导，调署清泉，就近兼理该矿，遥制机宜。其奔走山场与士卒共甘苦者，惟廖绅基植一人是赖。未几而廖绅树蘅调充矿务总局提调，旋升总办，水口山主权，乃悉委之廖绅基植矣。斯时该矿成效大著，立法甚周，日役数千人，动作有节，秩序井然，弊绝风清，地方称便。嗣又参用西法，遴聘工程师，添置起重压砂机器，规模益扩，事务益繁。该绅以一人总其纲，举凡上下之感情，内外之交际，随时应付，悉协机宜。斯固廖绅树蘅之诒谋，而该绅之洁己奉公，推诚接物，善继善述，克底于成，其功有不可没者。自开办以迄反正之后，十有六年，该绅未离职守，勤勤恳恳，始终不渝。未尝以创始而畏难，未尝以成功而自逸。其间困难曲折之情状，艰苦卓绝之行为，皆忠绩等所熟见习闻，而未能以更仆数者也。乃以山岚瘴疠，兼以水含琉璜气味，该绅食息于此，多历年所，感其流毒，疽发于背者再，虽医治稍愈，而病根未除，一再陈情，引疾归里。忠绩等方冀其调养就痊，复资倚畀，不时省问，据称湿热流注，渐成痿痹，讵意今春旧疾加剧，竟于　月　日身故。忠绩等固同深惋惜，而曾与该绅共事及旧隶该分局者，追述轶事，往往泣下。忠绩等伏思该绅创办如此其苦，成效如此其著，允宜从优奖恤，以劝有功。该绅起家儒素，衣食粗足，应如何逾格奖恤之处，伏乞鉴核施行。

按：黄总理忠绩，字诚斋，黔阳人，为忠浩母弟。国变后，继公任矿务总局总理。公子基植，病卒于家，忠绩缕述劳绩，呈请优恤，奉都督汤芗铭核准，发给抚恤金五百元，一时均谓赏不酬庸，惟易代之际，尚能追念前劳，足征公道具在人心，历久不泯也。闻呈稿出自王君允猷之手。允猷，字莐宣，浙江山阴人，清进士。光绪三十一年，任宁乡县知县，三月，调任常宁，与公子基植交谊最笃。时任矿局文牍，故所言倍觉真切云。

珠泉草庐师友录二

赠 序

珠泉草庐记

陈三立

天下恶乎而之乱耶？曰游士乱之。游士恶乎而之乱耶？游士者，天下之巨蠹而乱之首也。三代之盛，士不失职，咸安其业，饬辟雍而娴礼乐，泽诗书而歌先王。百官万民，各得其理。故学校明而风俗美。及其衰也，上失其政，下丧其守，而游士萌芽其间，走利趋便，以干当世。始或苟餍其富贵室家之欲耳，而气蠢蠢焉，而风靡靡焉。一世之士，奔命尽气，狂逞浮游，迷不知止。极于穷饿流死而不悔，侨于巧伪诈变而不恤。倾扰四民，诖误纲纪。而举世良博醇庞之俗，熸焉澌尽，而祸变阶焉。自三代汉唐以来，大乱之生，未有不伺伏渐渍于游士之心者也。然则治游士奈何？曰：布政以安之，饰道以靖之，二者而已。政者，君相之事也；道者，儒生之守也。昔严光隐于披裘，仲长统志在一邱。二君皆当时雄杰，扰攘竞功名之会，万物之气嚣然不宁，乃欲以其廉静寡欲之身，风示海内，阴移一世之人心而靖其气，非世士之所识也。余友廖君荪畡，通敏善识议，才智足以为世用。世之需廖君方甚深无穷，顾皤然退居于所谓珠泉草庐者，莳花娱钓，养生尽年，日率诸子耕读其中，有终焉之志。廖君居湖湘之间，寇乱兴，乡人出死力兴兵诛灭，勋位爵禄，烂然宇内矣。而游士浮动之气，觊觎奔走之风，亦浸盛焉，不可不察也。今廖君遐观玄览，萧然无营，谪愿外之非，务反本之业，以督其躬，以课其子弟，其可谓守道之士。道者，导也。有道以自镇其心，因而导人人之心以俱镇也。乡鄙之中，四境之内，挹珠泉之余清，缅廖君之高致，相与黜浮毗、奖纯素，弦歌徜徉，重去其乡。挽俗尚之流失，遏乱萌于无形，顾非廖君之隆指耶？廖君明机权而审于世变，得余言当益充然自信而无疑也。

按：陈先生三立，字伯严，江西义宁州人。湖南巡抚陈公宝箴之长子，清进士，吏部主事，著有《散原精舍诗集》。清光绪三年，陈公由辰沅永靖道解组，寓居长沙闲园，延公课其次子三畏，先生同居园舍，相得甚欢。公尝谓三十八岁得交义宁父子，始识诗文涂轨，盖指是时也。光绪十一年，公归自陇上。明年，葺园亭，浚池种树，有终焉之志。先生因撰文以赠，称公明机权而审于世变。公尝诵此语，谓能窥见至隐。先生诗文，高出一代，而拙于书。公尝刊其诗句于园壁，寓书先生，笑谓尊书入石，实为创见。晚岁先生寓居金陵，累思公一晤。宣统己酉，公游京师，拟循津浦铁道至金陵，一续坠欢，会公子基杰病瘧，不果行。良愿莫偿，终身引为憾事。公没后，公子基棫以公海内朋交，莫宿于先生，撰具行状，乞为铭幽之文。先生适丧其长子衡恪，神志瘀伤，屡诺屡展，终未属稿。民国二十六年六月，芦沟事变，海内骚然。未几，先生亦没于故都矣。

廖荪畡先生七十寿序

王闿运

近世论士，必曰热心，而刘岘庄尚书独自号冷稳，若冰炭之不相合也。非热不足以济人，非冷不足以应世。士君子怀才抱道，要必有发见之时，乃后不为虚声。不然者，岩谷枯槁，而自以为冷，声华喧赫，而自以为热，其可嗤也均矣。当东南鼎沸之时，天下波靡，而独有湘乡曾侯，倡为求人才分国忧之言。于是左、胡和之，虽走卒下吏，一艺之长，得以自达。闿运弱冠，亦与其议论，湖外人才，搜访遍矣。宁乡近邑廖氏名族有荪畡先生者，与刘克庵兄弟游，称名诸生，竟寂然不相闻。其后湘军愈昌，诸将分旄，而周提督得称大将，专阃固原，乃始礼接之。邀游列营，历览关原，赋诗而还。陈巡抚故宦湘中，颇与唱酬，名声乃稍稍闻于省城。未几而海外耀兵，疆臣失职，征调惶扰，陈公自鄂臬调藩畿辅。江湖波荡，而先生拏扁舟越重湖，游虎邱而还，其于世盖翛然矣，可谓冷矣。俄而陈公抚湘，康梁得志，亟用热心之言，举国若狂。湘人被知用者，皆旋踵放弃，独常宁矿利大效。海外腾书，以为巨厂。部尚书移文湘抚，称廖氏私产，即先生为陈抚所开辟也。方其受事时，与巡抚约，一不得掣肘，荐一人，授一策，即请退矣。故其举事皆自经画，以成此伟绩。无尺寸之柄，而御数千万人。外排众议，内检罅漏，为湖南所恃以立国，陈抚所赖以雪谤。身杂丁役之间，躬畚锸之事。食不兼味，居不重幕。亦哑然自笑，不自知其何所求也。人之目之者，皆以拥厚赀，握全权，一语不合，则以求去要必胜。省局常欲驾驭之，排挤之，而卒不能。徐视其容色，听其言论，若不知有开矿之利，而遑恤人言乎？闿运长于先生八岁，相见时，年逾六十矣。未暇问其设施，但观其诗文，春容高华，无寒俭之音，不与冷官相称。未几，果以学官改部司，主省局，天下言矿政者交推之，而亦垂垂老矣。今年正满七十，同事诸君，皆欲称觞致词，而以余知先生最深，属为文张之。余以先生性冷而心热，蓄道德，能文章，而不见用，偶见之于纤小之事，已冠当时，名海内。使其柄大政，课功效，必能扩充之无疑也。士无所挟持，诚虚生耳。虽膺高爵，享厚禄，何益？先生家固小康，以勤俭治之，男妇各有所职。六丈夫子，俱有才能，恂恂雍雍，门庭儒雅，尤余所叹羡。尝戏语云：“君毋自夸能教，此福非他人所及也。生平得接贤人君子众矣，先生得天独厚，而不自表襮，特假矿以发之。今七十既老，当古人致政之年，宜及斯时谢事闲居，饮酒赋诗，传子课孙，以福泽长曾元，而何汲汲远游避客遁世之为？”先生笑曰：“吾前者西征东游，子未闻一言，今独欲吾具衣冠，延贺客，仆仆亟拜，以为子酒肉计，子言谬也，姑待吾归而论之。”然闿运窃自喜。相见晚而相知深，吾文果足用也？遂书以为寿。

按：王先生闿运，字壬父，湘潭人。清举人，钦赐翰林院检讨、礼学馆顾问，学者称湘绮先生。与公早岁彼此倾慕，而未尝谋面。六十以后，公任清泉县训导，先生主讲衡州船山书院，见公所题署内楹联，谓不类校官所拟，且不似湖南人吐属，欢然订交。公赠先生诗，有“余生犹有笑谈缘”句，盖谓相见之晚也。厥后公调主省局，先生亦常居省垣营盘街之湘绮楼，过从益密。光绪丙午，先生自长沙赴衡田，同作沩山之游，归看汤泉，宿于灰汤市上。明日分袂，先生迳归云湖桥里第。国变后，先生复有衡田之行，相与赋诗，各有家国无穷之感。民国三年，先生任国史馆长。明年回湘，复访公于衡田。原拟由乌江泛舟出沩水，至薛花崖登陆，过莓田梅宅信宿。先生复书有“梅公子之约亦必践也”之语。会护国军兴，先生所居，适当湘潭湘乡孔道，大军过境，骚然不静，遂由衡田径归。当宣统庚戌，公年七十，湘人士乞先生为此文祝嘏，并请安化黄太史自元书之，一时名宿如王阁学先谦、赵提学启霖、罗提学正钧，均列衔焉。先生高视阔步，并世贤豪辄多讥刺，读《湘绮楼日记》，即知梗概。与公相见晚而相知深，论交二十年，推服无异词。公尝谓先生外诙谐而内方正，先生极为首肯，许为知言。明年，先生病卒，公挽以联云：“岁星游戏人间，诡时不逢，先生有道；书卷长留天地，斯文将丧，后死胡依。”亦足见公与先生交谊矣。

延室跋

王闿运

濒湘水东岸，松柏小市，常宁北地，山径至豹子岭八里，上为水口山，今银场名天下者也。自宁乡廖君荪畡始来督矿工，其仲子侍行，僦市小屋居之，即夜梦见室中题字如此。未几矿兴，大运银砂，当有堆积及工役居宿之所，乃拓大其基，经营垣墉，则得故址，如所营广轮之数，盖所梦谦叟旧功也。余既夙闻而异之，因书其寤记文字，而推测其意。天禧四年，正寇平仲谪道州之年，此云保令名不污蔑，又曰延室，盖筑以馆莱公也。故曰不俭，为先生之宅，谦叟其亦豪矣。几千年而示灵，非廖君孰能发之？

按：清光绪二十二年十二月，公赴水口山银场，公子基棫侍行。十六日，抵常宁县属之松柏市，因留度岁。明年元旦，公子基棫夜梦市南古樟下有宅，极宏丽，门署“延室”二字，右有跋云：“保此令名，不受污蔑。不丰不俭，是为先生之宅。噫！微斯人，孰能若此？”末署“天禧四年谦叟”六字。二月，公子基棫因事回里。时市商议建神庙于樟下，请公规画。四月，破土开基，则地下固有石址，与图绘悉合，遂就基营建。明年，公子基棫复来，览庙貌巍峨，宛如梦中所见，惟南北异向耳。公尝以此索解于人，不可得。越十年丁未，王先生闿运来观水口银场，夜宿松柏，公举以相质。先生谓："天禧四年，乃寇平仲谪道州之年。当日建宅，盖以馆莱公也。"手书"延室"二大字，并原跋撰文记之。

珠泉先生八十寿序

梅英杰

珠泉先生以今岁十月念三日寿八十，乡人士谋称祝，属词于英杰。先生闻，命群从豫谢之。乡人士卒以先生文行之美，不可无述，而英杰忝事先生有年，知先生较备，尤未敢以不敏辞。先生幼遘艰厄，自守耿介。弱冠隶学官弟子，博涉经史百家。为文取退之气盛言宜之说，务曲折当事理，裨实用。以母夫人笃老，绝意进取，左右怡愉，啸歌自得。虽处境日困，而州将屡辟不起，宁憔悴枯槁，自放于溪壑之间，而不肯媕婀诡随，自诬素志。以是饬其躬，亦以是教其子弟。后县人周尚书达武提军甘州，乃应聘一游河西。然未几，即归筑珠泉草庐，隐居读书，若将终身焉。宁乡自北宋置县以来，代产贤哲，而风流歇绝，殆近百年。先生以为倡导不弘，则后生效法亦寡，乃创建乡贤祠于里中，祀谢处士英、易尚书祓、周尚书堪赓、陶检讨汝鼐、王主事文清，且购求遗编，以馈孤陋，于是学者始知有师。夫君子之学，出则措之邦国，以垂为事功；处则型于乡里，以蔚成风俗，其道一耳。久之，义宁陈侍郎抚湘，兴矿利，檄先生主持常宁之水口山，会部选先生宜章训导，特移清泉以董之。先生才气足以干济，通达时变，精思力践，不逾岁而伟业成，湘利赢巨万，名震中外，直省无与伦，先生顾不以自喜。其后疆吏踵接，率艳富强之说，懵于情势，喜言恢张，或且欲羁縻先生以自重。先生夷然不屑，遂归。自是湘矿亦窳不复效，先生名乃益著，世几忘其为文学人矣。独海内名辈，盛推先生之诗。柯凤荪、吴子修两督学，以为大类陶然，虽磵东无以过。侍郎子伯严吏部，为诗与先生不同，而推服无异词。晚岁，与湘绮交最笃，湘绮尝自负其《圆明园词》,及见先生《颐和园歌》,乃深叹弗如。止庵相国曰:“帝京风物,尽入君与湘绮两人诗卷矣。”盖先生于他文无不工,而诗尤名家,亦由天怀淡泊,不为物累,足以尽其才也。英杰尝忆先生七十时,湘绮以文寿,称其蓄道德能文章。夫文章本之道德,古今足当是者甚鲜。近考吾乡,如先生所祀谢、易四五君子为最杰出,尚不能无遗议,而先生顾庶几焉,岂非吾乡之盛事哉?时方大敝,视文学道德如仇雠,先生以贫贱不移、富贵不淫之身,其发为歌咏,既摧伏一世之贤豪,其施诸乡里,又足资一时之教化。而年既大耋,神明聪强,方益纂辑祠志,蒐讨文献,谋刊先正遗书,以诏学子。他日嵇山沩水间,或犹有自拔于滔滔之外者,其必先生之赐无疑矣。然则乡人士所以争集先生之庭,与英杰之贸然有述,诚不若世俗之称觞之为而已。而先生其奚拒欤?

按:梅先生英杰,字殿芗,清廪贡生,国子监典籍衔,著有《企雀山房文集》二卷。先生于公虽非及门弟子,而拳拳服膺几五十年。公总湘矿,仿刘晏用士人法,先后委先生充衡州苏州湾炼厂提调、平江黄金洞金矿会办、新化锡矿山锑矿总办。国变后,公幅巾还山,憔悴幽忧,仍不忘国粹,曾选定乡先生陶密庵、刘复园诸遗集,属先生校刊。癸亥五月,公复约先生赴衡田,商刊先正遗书,谓忍死以待,辞旨凄惋。先生至,纵谈两昼夜。濒行,撰杖送诸门。入夜,气疾微作,越日而卒。先生哭之弥恸,并为文以表其墓。

荪畡夫子六十双寿序

刘翰良

盖闻器识与文章而劭者,不朽之盛业也。志虑以淡泊而明者,颐养之元契也。上哲览圣以自重,豪杰则驾而不违。达士拔俗以龙骧,畸人处污而蝉蜕。翦弋时之急箭,希仕隐之风矩。环家仙福,居不羡乎洞天。壮日深藏,年已迄乎大董。则维我夫子大人暨德配张夫人有焉。夫子挺起于髫髻之岁,驰声于翰墨之林。风雅六义,早受之过庭。荻灰画字,逮及夫知命。前圃后园,世承公理之旷逸。孺人稚子，相将潘岳之闲居。振方姚之嗣响，守亦似其硁坚。启王吴之朝华，词并均以清迈。无心出处，浮云自如。厥肖和神，长春不老。粤以月日，轮甲天周。群歌骀背，延庚术妙，更庆齐眉。翰良讲诵陆机之诗，一谱耆艾丰昌之乐。携李委之笛，为探天和延致之休。可乎？自咸同以来，人文杂糅。捷径布满当路，滥竽极夫时流。肆诞夸毗，纷浓填咽。挥麈尾者此去，割牛心者彼来。丑石重袭，炫价于豪门。握珠靡寸，贡谀于幕府。仕宦不如遇合，媒妁贱其风骚。耿介之操，抑恭之度，朴茂之理，馨逸之趣，世稍替矣。先生博学以知服，陨获以为耻。集古今之膏液，办贞亮为帨鞶。抱景吟席，靡伯仲于苏梅。合符曩真，为絜芳之兰芷。每当翠微访旧，碧浪嬉春，刻烛腾笺，连情发藻。元规之尘，当衣自落。渊明之笑，入社不嫌。浩浩乎得山水之清高，飘飘乎陵云霞而直上。在昔亚夫治军，折简频招武涉。少陵入蜀，莫逆晚遇严公。而绕朝半策，赠惠于秦人。居延寒霜，孤峻其诗卷。旅客偶同高适，生涯仍爱郑虔。鸥自去以无猜，鸿已冥而争慕。于是缘之以文字，信之以丹青，亲之以弟舅，要之以侠义。杨旬廪禄，遂损已以济人。大范蓝园，甘福士而割爱。伊积诚之感也。近自东邻责言，三楚召募。宝剑求试，倡始于延陵。英雄入记，拟编乎汉末。子玉将楚，何能入矣？宁嬴从晋，其不没乎？先生有驹难絷，跨鹤如仙。载一艇以印须，看万波之腾沸。履岛云于沪渎，飞瑶盏于杭州。镜毛发于西湖，性寒葩于邓尉。莼鲈秋思，是张翰辞齐之寓言。云霞荡胸，绍虎头游吴之殊轨。时则义宁陈公闻而高之，粤以乙未抚湘之始。拥慧之典先修，翘车之迎继至。式程衡州之贡品，尽屈计会以名才。栾城初监大冶，便出矢言。王奂已临金户，仍然不入。旦旦诚信，上洞埃天。抟抟厚土，奚爱宝藏。用能辟夷吾地数，光于四百六十七山。塞沧溟漏卮，已豫数万千百余课。犹复采铸余暇，讲席横陈。执算相从者，拜咡而诏以经纬。停车问字者，望气而班诸子弟。春风朝煦，匪被芝蕙而遗艾萧。弦柱调音，釐然燥湿之与缓急。倡泉石以悦山媪，辞顾厨而招应刘。诶诶欢咋，靡闻在时。宴宴言笑，静擘肌理。盖自师教于州序，造就夫后进。早已锢感东林，录伤薙碑。狱沉北寺，柄痛倒阿。立功立言，其来有自。又况□□□□，□□□□□。冀野相敬，则耕耨皆闲。伉俪之里，性情之表。古哲托为运命，人世实所难言。而张夫人理宗世淑，姆训优娴。柔嘉本诸风诗，阃内深其礼则。燕山远游，义方仍肃。王霸有偶，清节不惭。楚邦之驷骑云屯，助辞庄叟。坡老之华堂月好，爰召德邻。方肉寸韭，以手制为珍。躬织亲蚕，号养生得主。捐乐羊之金而弗顾，和陶母之丸以为慈。拭徽按柱，呼来冢君。模山范水，曰嗟予季。荡荡于喜戚，怡怡于庭帏。靖节之称莱妇，孟光之媚梁子。比方前代，殆不多让。宜夫綦巾内乐，编册外欢。充其德符，均彼悟适也已。翰良等金石浩歌之地，夙宗律吕遗音。砆溭膏润之场，益切云天高谊。功尊今而道尊古，仰大年而钦大年。斯时酒介初阳，藉豪竹来吹邠雅。他日会开真率，愿梅花长作醉期。

按：刘先生翰良，字静庵，清岁贡生，为公主讲玉潭书院之高足弟子也。光绪丙午，公延先生主家塾，课其两孙，平生心迹，最为相亲。先生岁时晋谒，仍以文字请益，公指摘不少假借，先生服膺终身。公一生不喜治寿觞、延贺客，六十更不闻有祝嘏之举，意当日先生或私为此文以寿？兹从《静庵集》录出。

珠泉先生八十寿序

刘翰良

今岁十月，为珠泉先生八十诞辰，群从奉命，驰书谢客。翰良谂于众曰："时方侈于礼，则君子宜以俭矫之。今天下土崩，礼乐缺坏，薄俗寡暗，不知敬老尊贤久矣。跻堂介寿，所以昭典则明达尊也。大德玄契，理无倖致，祕而不宣，不独显扬之义歉然，乡党抑何所矜式？"是用叙述本末，为侑觞者櫜焉。先生少好学，有节概，读书养志，慕仲长统之为人。所居在嵇山沩水间，四朝老屋，林壑清美，睥睨天地，寤寐啸歌，妻子欢然，忘其劳辱。弱冠籍于庠，益自淬厉，于古今掌故，涉猎浩博，发为文章，曲折恳至，能移人情。论者谓言语之妙，胡益阳后无此笔也。尝逾汧陇，登贺兰山，为县人提军甘州者奏记大府，条列军用所宜，部臣豁然，积弊冰释，然未尝自为功也。临行馈赆，辞丰取约，朅来万里，惟岭云秦月，辉映篇章而已。癸巳、甲午间，吴县尚书抚湘，网罗才俊，曲意絷维，避之西湖，日与名流相唱和。义宁侍郎陈臬鄂中，闻而高之，逮持节南来，未及下车，礼先崖穴。会兴矿政，檄治常宁水口山。旋部选先生宜章训导，特移清泉以资董率。时湘绮先生都讲东洲，观政茭源，惊其才识，往来赠答，如续古欢。诸子彬彬，宾从儒雅。间日相见，辄出新什，咸以为富媪效顺，供养烟霞，几忘徒役之喧杂、搥凿之劬苦也。自变法求富强，尤喜言山泽之利，大冶之铁，开原、萍乡之煤，规制宏敞，縻费不可亿计，都虑所得不足偿失，用人之效可睹矣。先生立法精详，熟审情实，综核终始，不务恢张。大吏有艳称萍乡所为者，坚持一是，屹不动摇，致岁赢利巨万，声襮中外。迨其归田，利乃大绌。识者盖追诵不置，先生顾嗛然不自足，以为吾人抱负期许，不廑廑若此。与群弟言，绝口往事，惟举诗古文词流别得失，循循诱示，终日无倦容。编订吟哦，俯焉孳孳，不知年数之不足也。陈吏部伯严曰："先生高蹈世外，勇于见机，故诗亦芳鲜澄澈，皭然不滓。"湘绮读公《颐和园词》，叹曰："君乃香山后身，吾之《圆明园词》，不过吴梅村耳。"盖天将倡一世之风雅，其俊伟奇谲之气，昭旷闲适之趣，必生耆年硕德以光宣之。由香山、放翁、渔洋、随园、湘绮以及先生，均玄悟神旨，耄期称道不衰。仁有数义，有长短小大，所得不必尽同，未有无其实而既其文者也。迩来变故迭乘，老成凋谢，益郁郁不自得。频岁晋谒，恒举范文子之言曰："爱我者惟祝我，使我速死，无及于难。"翰良避席曰："吾乡先正，例生轗轲，蒙难艰贞，风流益显，若谢楚华、易山斋于宋，周玄应、陶密庵于明，或撼危疑，或丁鼎革，忧伤憔悴，殆不减今日，求如九溪、虎痴之歌咏升平，优游暇豫，不数数觏也。先生前率弟子躬祀诸贤，以明向往，今又搜寻坠简，校订表章，灵光岿然，不独吾党有所瞻仰，抑乡先正托不朽也。庄生云：'自事其心者，哀乐不易施乎前，知其不可奈何而安之若命，德之至也。'愚者则悦生恶死矣，达人大观，庸讵以悦死恶生为贤邪？"时先生亦顾而韪之。《蟋蟀》诗人，有陶唐氏之遗风焉。职思其居，不讳好乐，栖神山阿，呼吸精和，与达者数子谐古调，阐微旨，消摇泛应，朋酒醺醺，遗世忘忧，自契真赏，夫非淳化之所弥纶，高逸之所想慕欤？其或尘客闻风，忻然命驾，则请谢曰："此中人语，不足为外人道也。"

按：公之馆于陈侍郎宝箴闲园，在光绪三年丁丑。越十六年癸巳，陈公先由河北道调任湖北臬司，公于是年十一月作西湖之游，过武昌访旧，陈公适当赴直隶藩司任，即夕晤见，明日送之汉口。明年，公自浙游归，重访陈公子三立于武昌，留居旧邸，谈谯极欢，为之序诗，并劝刊行。是年十一月，陈公抚湘，奏兴矿务，约公襄事。献岁至省，上谒，阍者不为通刺，告以应召而来，亦不之信，公愤而欲归，阍者始传帖入。陈公正延见僚属，传谕公子三立先行接待，一署皆惊，盖陈公莅湘，公子三立未尝通宾客，至此始知不同恒泛。公与陈公父子论交始末，具详公自撰《纪年录》中。此言"义宁侍郎陈臬鄂中，闻而高之，逮持节南来，礼先崖穴。会兴矿政，檄治常宁水口山"云云，一似公与陈公本非旧识，特在鄂时始闻声相思，莅湘遽以矿务相委者，殊与当日事实不符。公见此文，赏其典赡，微以叙述舛误为嫌，因附正之，免读者疑焉。

珠泉草庐诗集序

杜　俞

曩新化谭秉卿亟道沩宁廖君荪畡之贤，后与同里张芾荄言之，乃知故与芾荄习者。秉卿既称荪畡贤，芾荄又盛称其诗，益向往之。然荪畡居沩水，余居都梁，相距七百里而远，一见无由也。丁丑秋，以事来长沙，访荪畡闲园，读其诗，信芾荄言不妄。而荪畡尤称分宁陈伯严之诗，已晤伯严芾荄邸，观伯严诗，而知荪畡之得友诚良也。荪畡初见余诗，攻之不遗余力，伯严怪其语椎，及伯严论余文，亦略如荪畡，因是叹两君直谅，而知荪畡之诗之所由工也。荪畡少能诗，十四五岁时，已裒然成编。居沩山三十年，古今成败、当世得失之故，知必有沉蕴于中而不肯轻发者。观其所为《复岩札记》，则荪畡之学，略见于斯，而诗之所由工，亦略见于斯矣。夫声韵之末，学问见矣。非积之多则不能厚，非沉浸久则不能深以醇。发之为言也，各肖其功力之浅深醇杂而不能少掩，而性情志量，亦流露于不自知。读其诗者，觉其诗之感人之深，至诘其所以感人者，则欲言而忽若忘也。乌乎！此岂世俗模拟剽窃者所能饰于其间耶？吾于荪畡之贤，而益知其诗矣。因是叹学问之道，友朋之力居多也。荪畡初与其乡人隆卧侯交，继与茀荄交，继与伯严交，而皆切直相攻訾，不肯少假借。荪畡气凌跞一世，而顾于人之一长一技，娓娓不去口，折节下之，惕惕然若不及。秉卿谓其学与诗成，岂非然哉？今秉卿出嘉峪，卧侯之肃州，茀荄归隐靳源，而余亦将反都梁矣。都梁蛮瘴之区，朋旧寥寥四散。而荪畡方且与伯严考论古今，次其升降，求合古人立言之旨。以余视之，盖不仅聚散之足以感人，愈益深余独学之惧也已。荪畡诗初似刘文房诸人，自言近得桐城姚姬传论诗之法，而诗一变。余知荪畡诗久矣，近于伯严处，见其古文雄厚若有余力，以此信荪畡之才，无所不有也。荪畡于此，而益充其所学焉，宁第诗歌古文词之足以传世行远云尔哉！荪畡异时，必有以幸教我矣。

按：杜先生俞，字元穆，一字云秋，湘乡人，著有《海岳轩丛刊》。先生以书生善言兵，为东南督抚所推重。甲午之役，充威武军营务处，随大军出山海关。光绪末，统苏松防军。后又入蜀统军，驻川东。辛亥事起，湖南独立，清廷欲图恢复，简先生为湖南藩司。清制，官吏须回避本籍，乃以湘人而在湘藩，识者早知清政之不纲矣。公馆陈氏闲园时，湘中名士多因公绍介，得识义宁父子，先生其一也。先生既盛推公诗，撰序张之。光绪乙未，公自浙归，复乞陈先生三立撰序。辛丑秋，公刊诗集于清泉学廨，仅刊陈序，兹补录于此。

读廖君荪畡示基植诗书后

刘倬云

按：《珠泉草庐诗钞》卷三《示基植》诗三首云："汝年已及壮，迹未离乡陬。一旦被饥驱，远作江湖游。乞食悲泉明，负米伤仲由。此味余久餍，念之犹蒙羞。愿汝秉忠信，身困志益遒。投分慎厥始，作事忠于谋。尤须戒疏略，动辄防愆尤。暇日便温经，旧业勤搜求。上珍白璧躬，下免青蝇投。勖哉崇令名，毋贻老父忧。”“位卑不足道，志卑斯可哀。家贫虽足忧，学贫尤可咍。所以古贤达，志不在资财。海滥富淫巧，车马纷喧豗。下士溺其中，浩浩如浮埃。古今貉一邱，污贱羞舆台。要当拓心眼，毋为习所推。立品以救穷，修德以辟灾。二语出时贤，义精理亦赅。”“祖母年虽高，眠食尚安好。繄余及汝母，年亦未笃老。弟妹余七人，相好无相恼。汝儿及汝侄，健若犊腾皂。家幸富图书，花石纷袅袅。门庭乐事多，不烦思远道。男儿志四方，桑弧配文葆。不驰域外观，焉识井天小。况今门户衰，倚汝支持早。去去汝勿念，毋为伤怀抱。”

昌黎《送苻读书城南》诗，苏、黄讥其未离富贵利达之习，初疑其说之过，及细玩之，诚所不免。盖世之所贵者，恃乎学，学之能底于成者，本乎志。志不立，则艰难困苦之境足以累之，一入纷华靡丽之场，遂颓然失其所守，安望远到哉。吾县廖先生荪畡，皭然有守者也。观其送子璧耘游幕福建诗，沉挚清切，悉本平昔所学所守，申其诰诫，无一希荣向利之思，斯真足乎内无慕乎外矣！璧耘性情诚笃，外诱全无，守此而服习之，加以读书明理之功，充其知人论世之识，异日出所蕴蓄，宏济艰难，建树宁可量哉！书此以志敬慕之诚。

按：公自辑《纪年录》云：“光绪十五年己丑十月，刘朴堂署福建延邵建兵备道，召基植入幕。二十九日启行，凄然泣下，余作五古三首广之。由杭至闽，自以航海为便，在杭同乡，多劝其起陆以避风涛之险，盖不计其川赀之丰杀也。及至铅山，旅费行罄，主仆徒步，勉强得达。后始闻知，未尝不悯其识之不周而身之瘁也。”按：刘观察倬云，字季樵，号朴堂，清陕西巡抚谥果敏典季弟也。以廪生随果敏征战，并平湖南土寇，积功至道员。法人败盟之岁，海疆戒严，奉调办理台湾防务，复奉调赴浙防守宁波。事定，以道员留闽，一署福建按察使，历署兴泉及延建邵兵备道，实授汀漳龙兵备道。著有《白云亭诗稿》。观察意气赫然，落落寡合，独于公折节礼交，尝言“吾之诤友，惟君与云先耳。”云先者，周比部瑞松字也。光绪二十九年，公在水口山，函属家人建碉楼防盗，观察虑建不如式，躬来衡田指画，归后数日，遽卒。

送廖荪畡先生之官宜章序

王良弼

古之仕者，将以行其道。今之仕者，将以利其身。以行其道，故险夷得丧，举不足动其心，而惟道之行否为欣戚。利其身故怀土偷安，见利而趋，见难而惧。非古今人性尔殊，其所养于平日者不同，而观夫天下者之达与不达尔。光绪二十二年春，沩宁廖先生荪畡奉前抚部檄治矿常宁。越明年，补宜章训导，宜辖郴，距常稍远。大中丞俞公以其不利转运，酌与清泉互调。清泉在乾隆朝，析衡阳为邑，故单学租奉与宜等。先生以刘李易官，终歉于意，且惧人之疑其乘便也，辞弗就，微以意讽示上游，达中丞俞公。俞公曰："我固无他，今国帑空虚，海内财匮，为国得人计，岂为一官一缺计乎？"初先生治矿，创明礲法，四围辟水径而沟之，开山凿石，深可数十仞，然后察地脉，循矿苗，如蚁穿九曲以入，投罔弗利。时省垣以初办未得详，颇齮龁，以为事倍而功半，几为所挠。既而矽花怒开，矿产喷溢，销畅至百万金，水口山之矿，名甲天下。庚子夏四月，大中丞南巡，周察形势，考核章程，谓治平当以上蔡第一，提矿利三千金，以一千充书院膏火，以二千置地方义谷，盖欲使人知先生经画之善也，而先生卒不有其功。秋八月，挈眷归省，豫去位以俟同僚，而请归宜章学本任。衡人士亲炙久，不忍别，且以治矿未能远隔请，后约相与饯于西湖爱莲亭上。爱莲亭者，周茂叔流寓处，与学廨对峙，诸生涵泳其中，相与讨论濂溪之学也。宜章楚之南徼，境接岭峤，瘴疠蒸郁之气，非时窃发，仕者多惧而避，独昌黎以为清淑之气，不绝于郴。余尝由宜章渡新河，客连州，游大云洞，有摩崖刻"宋皇祐四年转运使周敦颐至"。宜、连错壤，皆周子过化之区，其清淑不减衡之西湖，人之所惧而避者，毋乃先生之所乐而就，以行其道与？虽然，广文一席，乌足以测先生也。陈曲逆宰天下如宰肉，韩淮阴将兵多多益善，吾常谓所发矿产，多且善矣，使先生治天下，不当如是矿耶？抑余重有感焉。君子之学，务求在己而已。毁誉荣辱之来，非独不以动心，且资之以为砥砺盘错之助，故无人而不自得。若夫闻誉而喜，闻毁而戚，则将皇皇于外，惟日不足，其将何以为君子？祸福利害之说，庸流之所震惊，豪杰之所坚忍。君子以廉耻为利，礼义为福，礼义廉耻之不存，虽禄之以万钟，爵以王侯，君子谓之祸与害。如礼义廉耻之所在，虽刻心刺骨，君子利而行之，自以为福，况于毁誉之微乎？王文成阳明被忠泰之谗，中夜默坐，听水波汩汩有声，慨然曰："一身蒙垢，死即死耳，如老亲何？"此时虽窃父而逃，虽终身长往不悔。余父治古文学，遁世不见知，独为先生所许，而余之戆毅，不避祸害，亦颇不斥于先生。今先生去，谁复知我？岂能更向西湖听水声汩汩也？如先生者，固以道之行否为欣戚，而不以险夷得丧动其心也。昔薛文清瑄以银场事至常，日召诸生讲性学，引吾祖戴日公为老友，而文成构谗，卒以平宸濠，爵新建伯，奉觞寿父。方今时局多艰，异族逼处，所赖以培国脉、正人心、息邪说者，恃有此礼义廉耻之不绝于天壤耳。数百年后，安必无文清、文成其人乎？

按：王先生良弼，字苳宣，常宁人。清光绪壬辰进士，由翰林改官刑部，旋以道员发广东，加三品衔。公于光绪丙申任常宁水口山矿务，与先生之父宾予先生友善。己亥，部选公宜章训导，巡抚俞公廉三以宜章隔常宁穹远，不能兼顾矿场，咨部与清泉对调。清泉缺优美，为全省之冠，公辞焉。俞公不可，曰："与君无私，无庸辞也。"原任清泉训导梅鋈，字淡怀，武陵人，受代日，谓公曰："此席谊当属君。吾之莅此也，于梦中得句云：'湖海勾留十二年。'吾由湖南海防例入粟得此职，今恰一纪，宁非数乎？"然鋈终不嗛于心。明年，托宜章令庆瑞转禀，请回原任养病。藩司胡某未查原卷，遂允其请。九月，公奉札回宜章本任，遂僦舟送眷归。及抵省，以不能兼顾矿场，请委员接替。俞公愕然，咎司中受朦，谓湖南仅水口山一线生机，岂容挠坏，须令速回清泉，以保利源。藩司亦深抱歉，属公回任。迨巡抚赵公尔巽调公任官矿总局提调，始卸清泉任。当公奉回宜章本任之檄，适先生丁父忧归，故撰序以宠其行，实则公始终未一履宜章也。

珠泉草庐师友录三

赠　诗

荪畡学博从常宁矿厂以石山五枚见贻并缀以诗瑰玮雄奇雅与石称率次韵戏酬

陈宝箴

匡庐五老饶乡思，真面何人写照来。混沌凿开犹有魄，娲皇炼后未全灰。虎邱夜气今谁识，鱼浦军屯古所哀。此日济时须楚宝，看君满载万艘回。

按：陈公宝箴，字右铭，江西义宁州举人。以光绪二十一年冬抚湘，锐意变法，以图富强。委公办常宁水口山矿务，陈公知公甚深，未尝以文士目之也。先是癸巳，前抚吴公大澂巡阅过宁，欲造庐访公，并徵入求贤馆，知县郑之梁告以乡居距城远，遂书赠小篆横帧，以致思慕之忱。公以奔走声气之途为耻，具书辞复。此次慨允出山，躬亲畚锸，深感陈公相知之深也。公以丙申三月莅山。其地因山氓历年开采，已成病块，山地受戕已深，不将朽壤揭去，无法施工。因创明礲法，敞一大口，刨去疏恶之土，略同山农开挖池塘之法，聚四山之潦于一泓，以竹筒车笨窒，改用田家龙骨车。水潦既尽，另于槽底隧地深入。水有所归，更可多开礲路。具牍上陈，已报允，乃官矿总局提调黄训导笃恭，忽翻前议，督过之严，同于丑诋。公上书诤之，不可得。迨局委邹知县代钧莅山查明，始免纷纭。八月见矿，九月傯出，十月所出益多，群疑始释。公以官习难除，先请之不能蒙贷，懑然于心，既已兴工，欲罢不能，故隐忍以求事之成。既著成效，遂萌退志，以十月赴省恳辞，奉抚院批云："该绅开办水口山，用心良苦，收效亦最速，且于地方民情亦甚浃洽。平时既负贤能之望，临事益征名实之符，佩慰何已。该绅学识优长，性情诚笃，方将发摅素蕴，宏济艰难，矿务特见端耳。本部院不自忖量，创为此举，所赖二三君子共相赞助，以底于成，何得遽思高蹈，翻然翱翔云霄之表乎？尚其勉竟前功，以副勤望，所请应毋庸议云。”是日陈公大宴官士于庭，笑问公曰：“批语何如？”公曰：“米汁虽甘，偃鼠腹小，恐不能吸尽西江也。”座客与陈公皆大笑。明年，出矿愈旺，公以晶莹矿石五枚上之陈公，媵之以诗，陈公遂赋诗奉酬。戊戌八月，陈公被议去位，诸所设施皆败，独水口山成效大著，人谓足以为陈公雪谤云。

荪畡先生与余邻近而初未相见数数于陈公右铭处闻之陈来抚湘大兴矿务惟荪畡一矿有效承命索诗辄成奉赞

王闿运

林屋比邻高露山，却因远士识孱颜。卅年诗句吟边马，一笑闲官似白鹇。尊酒未遑寻竹石，荒崖且为辟榛菅。喜君暂出酬知已，但炼金沙莫闭关。

山庄樱桃奉寄荪畡附诗请和

王闿运

红果甘香熟最先，摘看犹带露珠圆。蒲桃太俗难相比，芍药初开许共搴。曲宴已无唐故事，转蓬曾咏蜀诗篇。年来内热冰销久，不羡金盘荐玉筵。

壬寅八月十四夜行月至清泉学舍因与荪畡典籍同游西郭还舟作赠

王闿运

蓉池飞盖地，芸香草玄宅。嘉会偶相要，喧静俱有适。凉辰始夜游，郭外罕人役。池亭清竹树，秋烛明簟席。高论谢世情，余兴临水石。昔余旅西寺，十里红芳碧。今来澄空塘，寻香杳无迹。明月照人影，送归无主客。掩扉既愉悦，还舟未寥寂。且各期来宵，中庭桂花白。

廖荪畡太守属题松柏新楼余为名之曰仙云楼并赋二诗

王闿运

昔年曾宿紫宸宫，暮色提灯望杳蒙。百尺高楼对黄鹤，归帆远浦落飞鸿。排云夜见金银气，吹笛长招松柏风。津吏应知漫郎过，平阳桡唱月明中。

石鼓浯溪鼎足三，登临胜览冠湘南。已无迁客蘋花恨，遥见诗人金碧潭。五代银场劳榷算，三层丹阁影𧽭趁。凭栏更酹陈公酒，后乐先忧且漫谈。

送廖荪畡还山

王闿运

西湖三日陪清宴，笙歌酒暖飞霜霰。归来乘月度寒林，始悟欢筵有离怨。临承形胜扼中游，义军初起振湘州。文武龙骧四十载，宾寮官士尽高流。我先避地仍留客，君亦借才分一席。每同游赏得新诗，偶说乱离成旧迹。中兴艰苦信徒劳，坐看鸟迹兽蹄交。不恨枢机迷政本，反空杼柚困钱刀。昔岁蜀滇论矿利，弹冠笑谢非吾事。丁文诚督蜀时，奏荐余为矿政大臣。闻君投笔把长镵，聊与故人供指臂。谓陈右铭侍郎。陈侯不用老生言，顿空库藏损囊钱。陈初至，余即言开矿非利，陈唯唯否否。谁知百万银铅涌，尽道中丞计画宽。众难群疑方一雪，君自清寒人自热。浮江万舸宝光腾，闭户一毡清兴发。功成身退古今同，况复富强非远功。不肯斋厨餐苜蓿，安能幕府倚梧桐。清湘波静携家去，何减扁舟五湖趣。回思风雪五峰间，却望匡庐九江路。余欲乘欙度醴东，便沿牵水看霜枫。山中腊酒知同熟，有约珠泉放钓筒。

立春前一日同廖荪畡游沩山道中即事

王闿运

华岳归来又看山，喜随良友共追攀。春风隔日先舒柳，晴岫开烟乍整鬟。地有林泉双映带，路随塍埒九回环。知君新岁寻诗思，早在丹厓翠壁间。

平沙修竹度沩西，行近仙山路转迷。叠翠几重飞黛色，盘蛇一道引丹梯。横桥仿佛过灵隐，结社相将到虎溪。更向南厓寻瀑布，净瓶新案与重提。

与廖荪畡先生游沩山同宿密印寺寻山至香泉而返

王闿运

善游不期劳，山水养余心。既闻灵泉胜，志在云岩深。曲折随清川，掩映度峦林。三重秀曾阻，丹翠交岚阴。望崖凌天表，转步旷超临。平田若仙源，鸡犬答和音。樵采有时逢，为我豁尘襟。暂来参玄理，欲往穷幽寻。绵途信寥廓，端坐玩岖嵚。

荪畡同看汤泉因赠四鸭笼归赋谢

王闿运

东鹜山前冬鹜肥，汤泉温暖养毛衣。久闻下箸胜鹅炙，莫惜随笼别鹭矶。旧例珍羞烦驿致，新河余粟散军围。老来补骨须真髓，复恐摩尼见火飞。

荪畡见示其嫂夫人墓门诗即用原韵代挽述德

王闿运

归老珠泉乐唱酬，遽闻凉吹动槐楸。早知经国同莱妇，更有诸郎侍太邱。尘外鸾骖无病苦，花前看镜谶仙游。年年怅忆中元节，定有孤鸿唳小楼。

不劳庭诰苦磨镌，佳妇佳儿满膝前。偕隐未荒三径菊，独游迟泛上湘船。荪畡累约来衡，因丧不果行。寻知此恨怜同病，各有哀辞慰九泉。每过西门倍惆怅，内羞供客记当年。

喜荪畡至衡先以诗来依韵和之

王闿运

佳客远来劳久迟，碧云暮色满疑衡。宾鸿沙暖秋痕在，画鹢朝寒锦浪生。茗话只增家国感，叶飞疑杂雨风声。莫嫌浊酒枯鱼俭，百一诗成待证明。

十一月十八日荪畡招游麓山看红叶还舟设酒即席赋诗呈同集诸君子

王闿运

缓步寻枫林，回途入西崦。昔陟喜攀跻，今来见重掩。登峰岚气散，倚槛川光艳。密林凝暮烟，平沙朗晴焰。竹树郁冥蒙，亭馆纷飞闪。循径屡经岐，入舟惊忽黯。良朋欢合坐，嘉肴慰疲歉。宦游倦尘事，山险忘拘检。且取一日闲，无为世情染。

小寒前四日访荪畡于珠泉草庐别后却寄

王闿运

乱后重相见，寒灯语倍亲。仙家乐鸡犬，儿辈失冠巾。老去好奇策，闲中惜此身。斧柯犹在手，谁识两樵人。

荪畡新秋归家赋此赠之

陈三立

碧湘如梦得归迟，芳草天涯共酒卮。尽好园林从论学，最难怀抱与敲诗。春风桃李朱张渡，秋雨蘅芜屈贾祠。千载人文荆楚记，遥遥今古一相期。

海内文章惜抱翁，诗篇坛坫亦称雄。多君识取名通论，后起居然淡泊风。绛帐青衫花寂历，深樽凉烛月玲珑。寥天鹳鹤秋风起，湘树沩云在望中。

于乱书堆中忽得吾友廖荪畡广文重刊诗卷不省何时投寄末附近岁之作所未经见惊喜诵之系以小诗

陈三立

酒榼吟筇散渺茫，每从桑海觅湖湘。十年相望豹藏雾，万卷丛残鼠啮廊。触手琳琊惊有异，堆胸岁月惫都忘。空知老去矜诗格，携照青天泪数行。

按：公笔记云："光绪丁丑，馆今中丞陈公宝箴之闲园。园在长沙局关祠右，今为龚提督第宅，非复昔时幽韵矣。当时公方由辰沅道解组归，旋奉太夫人讳，假寓园中。公子伯严，年甫弱冠，投契甚欢。七月，余因事暂归，赋诗见赠。伯严诗凡数变，己卯、庚辰之岁，与何璞元、陈伯弢诸人唱和，微涉轻冶。余游苏杭归，伯严方侨寓鄂城，读其与孝达尚书及范明经当世往来之作，则沉雄高浑，骎骎入少陵之室矣。"

荪畡招饮新楼兼示约伯严偕游庐山之作谨和原韵作诗一首

李葆恂字文石，东三省义州人。以道员莅湘，任全省督销局总办。

喜识茭湖旧居士，新楼邀我酌新醅。飞腾将帅思前烈，怅望江山想逸才。是夕谈中兴将帅及宁乡隆隐君逸事。无事且谋长夜醉，放歌谁解独弦哀。南州陈大今豪俊，议隐匡庐亦健哉。

荪畡广文荆南令士博学多闻朝廷以经济特科征试不应而经筹矿务赞益实多今绍华移调滇藩请假回里既承伟饯复赠诗宠行桃花潭水之喻曷以过之步韵两章即希郢政

张绍华字小传，安徽桐城人，文端公敦复六世孙。由湘藩改云南，时年已七十矣。

衡岳风云钟闲气，累朝人杰庆蒸蒸。论功近代推元辅，薄宦三年漫纪礽。维楚有才皆大用，摄官承乏愧无能。羡君未肯因时出，坐护名山宝藏兴。

利权旁落招群侮，公益公心力挽回。已见富强恢荜路，争传词翰继兰台。新诗赠我归帆稳，远道劳人驿瘴开。一赋去来增缱绻，厚情珍重共徘徊。

叠前韵

张绍华

访碣荆蛮瞻岳麓，征文潇水溯沅蒸。使星展祀怀先德，先詹事公于康熙间奉命祭告南岳。胜地维藩愧后礽。拙甚阳城何有誉，老来烛武更无能。量迁滇峤知恩重，北望宸垣祝中兴。

三年主计厄难塞，邦有贤能共挽回。束帛曾闻招蒋径，巾车无意逐燕台。文章载道原堪重，金石通诚信可开。一咏一觞叨雅饯，扁舟欲去共迟徊。

十月十八日珠泉先生招同湘绮先生及顺循少牧重伯麓山看红叶湘绮珠泉先成一诗次韵奉答

李宝淦

尘鞅厌缚束，命俦访崖崄。清晨棹轻舠，云日互亏掩。崇冈龛登跻，遥川互艳潋。枫林不知数，赫曦眩朱焰。堕叶纷翩翻，山禽倏飘闪。寻幽苦昼短，思古忽神黯。耆英忝接席，承颜疗饥歉。雄谈杂庄谐，促坐弛礼检。寥天看月上，蔚蓝朗如染。

再赋七律二首

李宝淦

拟向江湖买钓舲，又来崖壑访禅扃。猩斑著树未全赤，雁路回峰无限青。山鬼那知尘世事，华筵喜近老人星。湘绮先生七十九，珠泉先生七十一，顺循、少穆亦近六十。步虚声寂天风好，乞取新诗寄窈冥。

朱张渡口舣轻舲，直上禅宫叩午扃。云为无心随分好，山如有眼向谁青。尊罍资暇酬佳日，杖履崇朝聚德星。七十二峰何处尽，丹枫苍霭雁冥冥。

岁杪重客长沙独居矿局幽寂无欢得珠泉先生书欲爽约不至怃然成诗却寄

李宝淦

索居凄寂似伤寮，恻恻余寒挟雨骄。新绿已萌经岁竹，残青犹荫去年蕉。不为醇醴交方贵，未断词华气尚嚣。来书奖借，谓词章亦超群绝伦。萍迹谁教留滞久，沩山灯火隔江潮。

寄怀荪畡先生

李宝淦

秋来风雨渐相侵，卑湿长沙意不任。兰为当门锄有意，匏非求食系何心。勉凭药饵延贞疾，善葆琴书补惕阴。回首碧湘鸿爪印，一年去住算缘深。

按：李观察宝淦，字经彝，江苏武进人。以道员随巡抚杨公文鼎莅湘，任抚院文案，旋兼充矿局协理。时公任总理，深相契合。谭启瑞抛砂案起，观察愤慨同深，惟逆知启瑞此举，已得巡抚默认，寮属引嫌，遂有不能力诤之苦衷云。

廖珠泉招饮作古交吟赠之

陈兆奎字完夫

穷节无宁心，志士多苦言。非同岁寒意，谁共后凋年。结友纵联镳，汗漫游西原。平野卷秋尘，送心未觉前。的的黄花晚，凄凄寒鸟喧。岂伊游兴孤，邂逅承清尊。辰事信明茂，居游践夙缘。余愧鲲鹏化，蓄志恋丘园。隆爱荷虚招，淡交追古欢。不畏知音寡，但伤所立难。

酬荪畡见赠之作即次原韵

胡元仪

属词尔雅相期厚，才艺恢恢了十人。入爨琴焦终细响，下车笛奏自无伦。檐花雨落文心旧，江树云移月魄新。为咏君家佳丽句，正悲世事水中尘。廖匡图《江干感旧》诗云："正悲世上事无限，细看水中尘更多。"见《北梦琐言》。

题珠泉草庐诗集

胡元仪

天孙织云文离离，帝躬黼黻玄黄施。玉梭忽被罡风堕，颓世风云雕镂破。少陵无人谪仙死，珊瑚百尺撑海底。谁翻海水荡龙宫，珊瑚拔置蓬莱峰。璀璨远映扶桑红，飘入先生怀袖中。饱观田海气如虹，铿珠戛玉声晨钟，惊天泣鬼砭瞶聋。

按：胡先生元仪，字子威，湘潭人。邃于经学，著有《周书王会篇注》、《王会图赞》、《孙卿子注》、《荀子别传》及《考异毛诗谱订》。光绪丙午，公刊文录于长沙，乞先生撰序，称公立身莹洁、宅心温厚云。

荪畡招饮矿局高楼极江山之胜谈燕之欢赋诗赠之

袁绪钦字叔舆，清诸生，肄业湘水校经堂，后官户部主事。

风雨高楼送好春，笑谭犹岸酒边巾。兰成词赋哀乡国，绮里衣冠有帝臣。诗思东栏花似雪，江流南郭水如银。莫辞金谷长招客，朝左今闻相富民。京师近设农工商部，有汉武加丞相为富民侯以重国本之意。先生分督常宁水口山铅矿，劳瘁经营，产销极旺，十年以来，国家赢入巨万，民间资生计者甚众。著有《茭源银场录》等书，足为治矿者作导师。

题廖荪畡广文小照

邬同寿

虬松百尺老弥苍，坐向疏阴味古香。万里楼兰驰碛塞，春晖寸草恋萱堂。酒泉指顾封难到，诗料携归橐有装。身入玉门亲健在，教儿随舞唱伊凉。

濯锦坊头偶接尘，烝湘萍聚倘前因。披图如见中年事，秉铎休嗟老大身。攻凿未开胸块磊，纵谈相对胆轮囷。番番良士遭恒晚，渔钓防人问渭滨。

和荪畡部郎都门感事留别原韵

邬同寿

屡却征车偶北游，从知老骥胜骅骝。落梅古驿连荆口，击筑高歌过易州。集霰冻霏鸡鹊观，骤寒催换鹔鹴裘。君恩许拜同三品，搔首踟蹰岁月遒。

道谋筑室旧无成，任事人宜受重名。一卷周官详矿职，三湘风味足莼羹。歌翻白雪鸿留印，车走黄河溜有声。笑别终南山径客，宦情争敌故园情。

东邻西帝久相持，遍撤藩篱慨昔时。霜重铜仙晨滴泪，月明乌鹊夜惊枝。艮维旧是中原土，壮士空腾博浪椎。黑水白山云缥缈，金源故事总难知。

回首沧溟片帆悬，金戈铁舰逼幽燕。长江失险三千里，岁币输人六十年。刘宋已成无马国，赵王犹恃弭兵笺。身非肉食忧廊庙，板荡何心欲问天。

按：邬先生同寿，字筱亭，浙之姚江人。少孤贫，既长，以通判试用于湘，不乐卑栖，去而入幕。光绪己亥、庚子，公署清泉校官，先生居衡州府知府唐公步瀛幕中。公与唐公为旧识，因得识先生，时相唱和。公调主省局，先生又为巡抚庞公鸿书治文书，彼此踪迹，又同在一方。庞公调黔抚，先生相随赴黔。后二年，仍回长沙，寓乐道古巷。先生专工七律，著有《一砚楼诗草》，公为撰序。

酬廖荪畡

赵启霖

倾盖无由得合并，积年襟抱若平生。山川大有精神在，金石何妨啸咏清。杯酒轩昂兼垒块，错刀珍重愧瑶琼。春兰处处堪心赏，鹍鸩声中万里情。

按：赵先生启霖，字芷荪，湘潭人。清翰林，与广西赵炳麟、福建江春霖同为名御史。清政不纲，三人者会于杨椒山祠，即有惊人劾奏。时合肥段芝贵购女伶杨翠喜献于振贝子，不数日，以直隶道员擢黑龙江巡抚，朝野大哗。先生露章劾之，词连庆亲王奕劻。清代御史本许风闻言事，惟此案以皇室体面攸关，芝贵虽革职，先生亦放归田里，因此直声震天下。后数年，复起为四川提学使。公与先生初不相识，当先生革职回湘时，始与论交，时相唱和。先生提学四川，公复赋诗送行。

赠廖荪畡

张剑秋

多劳琴剑过城南，交得才人死亦甘。添我别离多少恨，一回颠倒一嬉酣。

生死沙场信有之，待时养晦记清词。书生不问封侯事，谁替班超作健儿。余将就戎幕，君亟止之，故云。

梅村才气一传人，更待渔洋现化身。过去偶留鸿爪迹，莲花丰骨玉精神。

酒阑灯灺黯魂销，剑气歌声两寂寥。不管雅人星散尽，一窗梧叶影萧萧。

按：公笔记云："壬戌六月，读书城南书院，与益阳张剑秋同斋。剑秋性孤冷，落落寡合，独与余亲。是时剑秋甫十余岁，拟投笔从戎，余劝其还山读书，别后赋绝句四首见寄。剑秋后侨寓长沙，与余同岁入学。是岁主郡试者，为吕藕池太守，初覆以吊汨罗黄陵庙贾傅宅临湘楼命题，余拟七古应之，颇为同人传诵。剑秋弗善也，出其落花诗三十首示余，惊才绝艳，在海云、两当之间，诗境远胜前年，不觉愧服。时已患咯血疾，咳声如鹳，窃心虑之。不一年，竟死益阳。才人多不永年，如吴韵霆超然、王怀钦德基，皆雅故，尤莫夙于剑秋，不廿年，先后殒逝。惜哉！"

题廖荪畡珠泉诗集

曾广钧

君长女绎雅，幼能吟咏，十二岁与君竞吟，君逊其敏速焉。又余年十六，即与君抗手论交。义宁以臬司获谴居湘，余与君皆蒙优许。君又介湘士之英奇者于陈伯严。后义宁抚湘，得士之助，多君先所介绍者，其误义宁之人，则别以他途进，君所不知。此事惟余知之最详。

廿年离合久风萍，丝柳怜莺眼更青。江靡照人呈的皪，珠泉如句比娉婷。德星聚瑞夸陈里，春雪争吟似谢庭。前席义宁同抵掌，多君英气未飘零。

荪畡于常宁松柏市建仙云楼落之以诗并序

曾广钧

庚子八月，余奉檄奔问京陕，过松柏，知距水口山不过十里，与勤王军僚友数人，冒微雨，徒步狂驰，登山察银场。至则见山穴纵横，银砂晶莹砢磥，如琼田映日，海岸堆盐。运者搥者洗者，各司其事。有大风轮逾寻丈，以二人转之，送风入穴。有土炉试炼白铅及黑铅者，闻所得不减西法。余因为诸友言总其事者廖君，自一荒山废硔起手，七年而为数千人之工厂，以两万金起手，亦七年而赢利过百万。廖君本诗人，余发未燥即识之，投分谈艺，每举酒笑谑，竟日不疲。然所言西北关河之游记，流连光景之诗篇耳，未尝闻其一言及于富强也，谁则知其宏毅任重如此？使义宁亦以诗人遇之，不且失矿才于交臂耶？廖君固振奇，若义宁知人之明，不尤足令人激动兴起耶？诸友皆赞叹湘才不置。适维舟催发，同行友多不能独诣廖君，遂不留名而去。后至省垣，晤廖君，言君微行诣银场，惜未作数日谈，乃知其时，有一湘乡人隶银场守运兵籍识余，余去后，乃以告君也。君父子治矿，奉身太劳，宜得游观之所以佚之。西人于名人大事，往往有建筑物以为纪念，戊申十月，松柏仙云楼落成，君虽不啖纪念之名，要不辞游观之佚也。湘绮有诗，余亦继声焉。

六辩西巡我泛湘，维舟松柏看银场。嵇生操锻惊钟会，主父窥秦骇始皇。精诣捶钩思大马，高材传剑属雏凰。匆匆未下陈蕃榻，不是追攀许子将。

当日楼台无地起，谁知今日有高楼。纪群父子赓欘斧，膺泰仙人泛鹢舟。云气遥怜监禄水，虹霓回带马殷州。悲歌莫怨齐王客，试听星河槛外流。

荪畡于光绪乙亥冬夜梦至一园杜鹃花零落满地一小轩榜曰安分知止之馆悬巨镜写人了了则貂冠华袿君语张夫人设遇增秩君当无幸及君晋四品之岁果悼亡又尝梦登所居珠泉草庐舍后山长松千章风声谡谡有茅屋泛扫雅洁及卜夫人佳城恰当其处君固不乐进取夫人亦每举榜语风谏夫明识若此而蹈中寿妖梦是践名论空留廖君能无慨于怀耶敬述彤徽以题琴羡将使漆园傲吏塞旦宅之悲猗兰仙宅罢潜英之石

曾广钧

梦中魂魄恋新丰，先为佳人觅殡宫。沟水参差怜海燕，布裙操作叹梁鸿。菩提无树依明镜，丈室飞花惹绣绒。莫道繁华不消歇，请观零落映山红。湘中杜鹃花俗名。

天风寥落海声凉，并入松涛作断肠。人羡征西题翠碣，我怜方朔盗玄霜。萧鸾十子难忘母，谢凤诸孙更累郎。闻道平生劝偕隐，悔教花诰促津梁。

郭园公谳回文

曾广钧

二月八日，招王湘绮、廖珠泉及同集诸君子，凡十三人。郭园者，武壮公之宅，颇有泉石池馆。酒阑，照像二帧，一倚岩树，一桥上。珠泉为赞，湘绮为记，余为诗。

支筇短径小塘东，地胜清机息转蓬。羲燧纪年穷瀁莽，惠庄同意得玄通。移尊促影花窥镜，坐席容床石卧松。丝柳拂桥长共记，迟归每咏舞雩风。

按：曾先生广钧，字重伯，号觙庵，为太傅文正公之冢孙，栗诚部郎纪鸿之长子。清翰林院编修，广西候补知府。光绪甲午，率兵出山海关。庚子，两宫西狩，由广西随大军勤王，奔赴行在。光绪七八年，公馆长沙贡院西街湘潭罗提督逢元宅中。先生叔祖忠襄公之私第，在罗宅对街之南，忠襄方家居，先生从之讲肄，年甫十六，时过罗宅，与公谈艺，遂相与为忘年交。故公赠先生诗，有"我识长源是圣童"之句也。厥后公之诗文集，均乞先生印可。先生之母郭太夫人，为蕲水雨三太史之女，工诗，著有《蓺芳馆诗集》，先生奉母命，乞公撰序。公长女基瑜，著有《绎雅堂诗录》，亦乞郭太夫人评定序行。两家文字渊源，湘中无与比伦云。

送廖荪畡丈赴任清泉并题大集

梁焕奎

裙屐当时见羽仪，今来无复鬓华缁。忘年谦托情如此，望气幽通识未疲。晚岁不辞东序养，清名那有北山移。汉廷莫漫论盐铁，文学贤良赖主持。

寄怀廖荪畡广文长沙

梁焕奎

谢病经年事远游，虽非吾土且登楼。凉风天末生华发，桂树山阿驻白头。牢落羁情空晦朔，芬芳词笔有阳秋。浮云莽荡沧波阔，却羡珠泉自在流。

廖十丈赠蔬笋佐以新诗依韵谢之并索后惠

梁焕奎

城居不省齑盐味，卧病强令齑作汤。筐榼累承遗野菜，腥膻何用杂枯肠。新诗爽似哀梨剖，厚意甘如谏果尝。休道活人资药饵，仗君频送笋厨香。

廖十丈答前诗复以蔬笋见惠赋此奉酬

梁焕奎

少年亦自甘粱肉，饕鼎何曾一脔尝。不分霜巢余粟粒，只期春碗涤冰浆。瓜塍芋壤田居美，笋片芹菹晚膳香。多谢清斋分菜把，待君寒雨话山庄。

喜廖荪畡丈见过

梁焕奎

席门车辙偶相呼，健话教余病骨苏。湖外风骚余老宿，田间巾服见文儒。脂膏不润民何损，钟鼓无情计转迂。晴日荒郊成独坐，起看飞鸟下平芜。

次韵和廖荪畡丈

梁焕奎

白袷黄衫侈胜流，酒颜诗吻健沧洲。谁从梵界闻清磬，苦向渔滩觅钓舟。贤智向人无浅语，袯襫随意莫深愁。蔬柈佐茗供萧索，习习凉风意未秋。

廖荪畡丈约同曾重伯胡子靖诸君盛夏见过看荷有作

梁焕奎

盛暑曾无水竹缘，幽寻差近绿阴前。就中觞侣多吟侣，无数红莲亚白莲。匝地火云焦客骑，满怀寒玉汲山泉。南皮清兴怀瓜李，老日襟颜胜少年。

二月八日应琨重伯招同湘绮珠泉两丈及胡子靖龙研仙杨皙子重子谭组安胡少泉黄诚斋谢重斋及余弟和甫等谯于郭园命工用西法合拍一照从容谈谯不减兰亭梓泽之游先成一诗呈湘绮珠泉并同集诸君子

梁焕奎

名园聚幽清，游春得佳会。主宾集裙屐，谐谈脱尘壒。况有上智人，悠悠群物外。情欣方赋诗，意倦自解带。鉴取松柏姿，淡尔苍容霭。危石履欲堕，虚堂寂无害。念彼华屋存，开襟啸林籁。纵怀趣不孤，观屋心转泰。

偕四弟访衡田廖荪畡丈留饮其家信宿而返

梁焕奎

贪访珠泉踯躅行，先生谐啸动高情。两家兄弟各慷慨，一代兴亡有战争。黄菊悠悠向人老，烝黎飒飒为谁惊。豪酬深劝频珍重，天慰幽襟与放晴。久雨是日忽晴。

池阁孤清栏槛斜，良游休忆故园花。但余美酒留酣谳，且喜春泉见旧家。丈所居为六百年故宅，题曰"春泉堂"。江汉鼓鼙犹昨日，溪山樵牧此生涯。诛茅已约寻东鹜，予所居近东鹜山，为明末诸遗老隐居避兵处。未觉荒寒岭路赊。

谢廖荪畡丈惠山轿

梁焕奎

扶病下床安可马，却制蓝舆盖如瓦。林垌不惜频往来，借人犹夸有马者。自从仓卒适罗村，更借于人刚一把。里人数舆以把言。远山近水多可游，欲出无舆复谁假。偶然假得不安便，尖风切罅雨内泻。油衣覆顶并吹堕，惧此出游时更寡。云谁意匠夺人巧，杨叟谓杨君季棠有舆精且雅。丈人为我乞得之，旦夕不畏雨雪下。风来有声那得入，体无拘强更潇洒。尝乘呼酒过邻曲，须臾便归意不舍。何尝抱膝竟日坐，发兴寻幽待春冶。似闻城中却鸣簇，鄙拙与子安田野。区区感君无报物，倚衡之言为君写。

按：梁先生焕奎，字璧原，湘潭人。清举人，著有《青郊诗存》。光绪二十八年，与公同举经济特科者。湖南初设官矿总局，先生任文案，后以创办华昌炼矿公司致富。惟中年以后，两目失明，而吟咏如故，公尝谓其盲于目不盲于心也。辛亥国变，避地来宁，寓居县西南灰汤附近之罗家坪。盖其弟焕均为邑人清如皋知县罗君先觉之女夫也，故假寓罗氏。因来衡田访旧，谈谳尽欢，留信宿而别。

荪畡先生学问文章久为湘中冠冕诗特其余事耳而气格高浑情韵清远允足步武唐贤披诵再三曷胜钦佩爰缀数语以志服膺

朱应庚字恢元，湘乡人。

绿阴绕屋夏逾清，中有仙人吹玉笙。鸿雁声沉秋万里，菖蒲花发月三更。扫除尘土无凡响，修到圆灵定几生。明日春波千里道，东风杨柳不胜情。

留别廖君荪畡

朱应庚

荒云垂大野，秋老武安城。败叶寒霜影，浮鸥远水情。那堪孤馆月，静契玉琴声。十载沧桑感，萧萧对短檠。

沩山青不断，元气郁苍茫。古藻澄湘水，高吟下大荒。我来红叶下，人在白云乡。欹枕浑无寐，鸿声隔叶长。

读珠泉草庐诗率题三绝句不足云诗聊志钦仰

邹彦字敬甫，长沙人，安仁县教谕。

绝代销魂见此才，天然含吐尽琼瑰。玉溪生后梅村老，都向灵山供养来。

屏却铅华道更尊，苦将诗律究真源。珠泉大有草庐在，一代风流惜抱轩。

烝阳学舍绝嚣尘，湖上年年菡萏新。吟到水风香不断，五字作者厅事中联句。万荷花里一诗人。

奉酬廖君荪畡

刘 镇

飞来雪窦，光生宝晋之西。活划云根，妙出仇池之石。洞天一品，壶中九华。合下拜于米颠，恣卧游于宗炳。频年从宦，惟余清献之琴。他日还山，好作压舟之具。

苍虬餐玉衡山窟，喷噶涎漦成突兀。混沌凿破天亦惊，瘦到秋深耸奇特。不知何年飞来峰，小摘一朵青芙蓉。绝胜仇池希代宝，丹青九面望玲珑。多情良友为辇致，一笑披衣迎远使。果然东海出袖中，五色烟霞照厅事。生平夙有林壑癖，抚此瑶琨倍珍惜。誓将携取镇归舟，郁林何似清湘石。

按：刘观察镇，字定夫，江西武宁人。清辛未科进士，户部主事，以按察使衔补用道来湘。光绪二十二年，任官矿总局总理。性长厚，时公任提调，公事悉以相委。公在矿不受请托，人多憎之，观察独不随曹恶，尤不以获矿利专供外销为然。三十三年八月，忽奉院檄撤委，九月回武宁，赋诗留别，公亦赋诗以送其行云。

访荪畡文学沩宁

谭钟钧

贾傅长沙万虑纷，况当孤鹤感离群。直披岳麓潇湘雨，遥访沩山靳水云。四面烟鬟皆入画，双丫螺髻雅能文。昔时题咏摩挲在，倚剑高吟对夕曛。

历历林塘噪晚鸦，客途愁绪乱如麻。多君旧酿葡萄酒，为我新煎罂粟花。带月夜锄陶令菊，迎曦晨种故侯瓜。渴虹狂吼论文物，柴火珠泉煮嫩茶。珍珠泉出宅右。

频夜鸡人报晓筹，耸肩呵笔泣诗囚。铃儿草下参新句，旌节花前拜故邱。节母墓在宅后。文字未灵伤内顾，江山无恙戒西游。玩云楼下应催雨，哲嗣甫十龄，著有《玩云楼诗草》。不似渔洋总不休。

浪迹狂谈似夙缘，丝丝双鬓已华颠。浮生悔被才名误，著述多凭节义传。从此束身珍白璧，知君积学励青年。玉潭坛坫千秋业，肝胆论交更惘然。

题珠泉草庐诗集

谭钟钧

我闻千年老藤渍碧血，幻作倾城与倾国。金钿玉钏生奇香，冷艳幽姿怨明月。融融吐气如春兰，婀娜妖娇众人悦。掀髯我读珠泉诗，陆离古光照颜色。芙蓉秋水玉为神，藻彩缤纷貌修洁。仿佛媓媖环珮声，珊珊来自沩山侧。又疑姑射藐姑身，缥缈冰肌霏玉屑。有时哀怨写琵琶，胡笳悲管声悽恻。有时天籁鸣宫商，月华珠阁笙箫彻。水宫金殿吟清秋，银河星影摇旌节。君家名作烂如鳞，一手铺张更奇特。我友沩山隆卧侯，前身烛天光太白。长庚一堕万丈芒，下谪阎浮作诗伯。与君旗鼓正相当，壁上诸侯观且骇。我友古涟张庶丞，拄腹撑肠皆载籍。胸罗星宿吞云梦，发为诗歌气旁魄。狂名轰赫聋王侯，拊缶酒酣时耳热。与君重结烟霞缘，夜静联吟星斗灭。君才绮丽富湘春，令我沉吟更心折。吁嗟乎！仙才鬼才呼不起，眼中之人吾老矣。抚君诗草为君歌，身后千秋将若何。

按：谭先生钟钧，字秉卿，号古谭，新化人。中岁客游，远出嘉峪关，后竟卒于塞上。先生故与张先生苐荄善，因得知公之诗文。曾于同治十三年八月，远来衡田相访。公尝谓其诗负才气，微欠研炼云。公一生嫉恶如仇，尤痛恶鸦片，以先生故，破例为之供具，故诗句微及之。

送廖荪畡之甘州应周渭臣军门之聘

张发濬

西顾天山恨事多，臣能珥笔复横戈。健儿合号巴图鲁，名士偏当曳落河。万里烟沙新阅历，卅年经史旧编摩。先忧后乐儒生事，揽辔临风意若何。

火绽榴花照别筵，家山回首足欣然。一园春永慈亲健，四壁书环嗣子贤。尚结赞谋难闲日，姑藏城复中兴年。楚天凉雨邠州月，到及登盘枣实圆。

边疆闻说话鸿沟，制敌还先内固谋。召募漫言强弩末，恩威谁怨大刀头。狱严曲直无回汉，户簇鑱锄即戟矛。得子旌旗能变色，武臣烈士古凉州。

铁板铜弦舶赶风，今君曾泛大瀛东。鸥边欹枕春波绿，鲸背看山旭影红。盾墨磨云濡瀚海，剑光横雪耿崆峒。旌旄远拥输西上，隆碣容予为纪功。

按：张先生发濬，字芾荄，湘乡人。清诸生。公笔记云："吾乡士人，专鹜速化之学，见有古人之书，学为诗古文者，辄摇手戒子弟勿得近。独芾荄以诗学倡导后进，门下如洪彭述及其从弟象恒，皆斐然成章。乡人学蔀之开，繄芾荄是赖。性平易，尤喜诙啁。其长女为余冢妇，亦粗解文墨。芾荄每来余家，必流连旬日，小女基瑜常从问字。以内亲，数至后堂，童稚闻其履声，则跫然喜。顾不常作诗，有作辄工。"

酬廖荪畡先生长沙见赠之作

张纪南字韵荪，湘乡人，为发濬从弟。

江雨初晴渔户喧，玉壶宛转慰离魂。屏园闲日输君住，蕉叶栀花纷映门。

山垒秋兼水塞开，饷输无计罢飞催。尫骡老牸牵车苦，并作边声一夜来。

山塘二月烧新笋，先生赠某提戎句。旧日词诗似串珠。边市酪浆羶透齿，忆君佳句压莼鲈。

我爱故乡好林壑，白云如海护佳人。他年来傍华阳住，百万青钱只买邻。

兰州喜逢荪畡明府兼送之甘州幕

张纪南

闭门眼烛天下事，一剑苍凉向月支。雪打重裘催秣马，酒消千户渴题诗。关河西去余官柳，灯火宵深照鬓丝。不似长沙离别地，六年回首苦相思。

纷纷落拓诸侯客，几个蒲轮驿使催。漂泊文章犹有价，艰难边事总需才。梦猥玉帐依严武，秋老金台重郭隗。怕遣羌儿吹笛送，河声苍莽正如雷。

冬夜与梵钦觉弩茀荄毅良诸君饮廖荪畡先生眄怡轩

张璪光

霜刀斫脍斗金尊，名士高风记垫巾。河岳百年昌运会，庭阶夜半涌冰轮。中兴尚待乌孙复，下乘空踶白漠尘。闻道相公黄阁去，边氓酪虏倚何人。

入耳檀槽亦解忧，三朝乔木隐高楼。松床滑软愁思睡，翅酒香醇座送钩。后会可谋千日醉，名园难复五人游。穷通事业粗能悟，独有离怀不自由。

望庐山寄荪畡先生

张璪光

五老峰前石色苍，嶙峋曾历几沧桑。横看细味东坡语，秀气宵腾南斗旁。松带断云封白鹿，泉飞瀑布洗红羊。遥遥朱陆踪谁继，放眼名山忆楚乡。

沩水治经道不孤，诸郎才调况清腴。海天又数苍鹅出，风雨能忘白社无。何日赋诗临汝颍，良宵把酒在江湖。庙谟闻道资群策，行共看君王会图。

忆荪畡先生园居

张璪光

三间参佐屋无埃，紫菊红蕉手自栽。记得秋凉宿池馆，微风摇绿上琴来。

檐风乍紧初冬候，数点寒星古寺钟。拟向梦中寻旧路，梅花的砾偃苍龙。

按：张先生璪光，字子璠，湘潭人。曾佐戎边疆，积功得县尉。光绪九年七月，公有河右之行，先生适与之偕，水陆舟车，晨夕联吟，几四阅月，彼此各忘羁旅之苦。先生尝学诗于隆山人无誉，入其堂奥，初本吾县黎先生光启弟子，而其诗突过其师。又与公子基械交好，尝序其诗集，谓"语曲而味隐思深而旨微"云。

赠廖荪畡先生

洪彭述

十年门馆拜文成，谓张茀荄师。首数仙人魏叔卿。醉里诙谐皆典则，花前哺啜亦聪明。吴蒙未御高贤辙，锦字私笼宝佛名。却怪仙源隔尘世，此中词赋早蜚声。

恰好盘泉山名作画屏，客来茅屋恼啼莺。多君屡倒中郎屣，愧我曾无五字城。才语解颐儿问字，小人有母日吹笙。伤心白发苏明允，农殿宫商失正声。

张南周北两徘徊，但见高轩意自开。小别便同终岁隔，此翁如带六朝来。书因互读传笺换，诗待严刊剪烛催。一自骊驹唱残腊，风流空忆谢英台。

移得萧斋伴廖忠，两村乔木画图中。从无一面成知己，君盛称予骈文，时未谋面。敢以通家托阿戎。与哲嗣璧耘同学。高士性情无客气，才人咳唾有春风。一年清课从头记，不是摊书便访公。

不见人间杜牧之，暮秋天气乍寒时。山中夜雨陈蕃榻，箧里秋云柳恽词。千载素心江月在，两年离绪夜灯知。黄花耐瘦芙蓉冷，珍重幽人好护持。

按：公笔记云："湘乡洪彭述，字薰谱，余亲家张茀荄发濬之高足弟子。同治八九年间，读书予从父家，尝相过从，赋诗见赠。又工骈俪，尝为友人拟《开狄道渠记》，沈博绝丽，兼稚威、简斋两家之长。年甫弱冠，遽尔殒逝，闻者伤之。"又薰谱先生有子曰杰夫，十二岁能诗，公子基植有《书洪童子诗后》云："右诗清俊绝俗，净无纤埃，亦无寒苦瘦涩之态。十二龄童子得此，他日所至可计耶？忆同治庚午，予与尊甫薰谱君同学，子年甫十二岁，粗识声律。尊甫爱之甚，直以弟蓄予。每当暑夜纳凉，卧竹榻上，尊甫徐徐挥箑，为予驱蚊蚋，睡熟则鞠之就床。予或思家甚，辄举其儿时嬉戏事语予，以为笑乐。且谓予曰：'汝性慧，学问可计日而成，但愿汝弗以聪明自误也。'作《廖童子序》以赠予，恒识之不敢忘。今尊甫归道山已八年矣，予之学业，犹一无所就，每念当日规戒之意，辄悲感交集，深恨故人之不可复作，而予之谫陋实甚也。今见足下具此隽才，不胜狂喜，洵不愧名父之子。然植亦得举乃翁以之勖予者以为足下勖也云。"按：杰夫髫龄能诗，此文备极奖藉，然尔后不闻有所成就，或亦聪明早逝？今洪氏零落殊甚。先生所著《归鸿阁诗》四卷，公子基棫有钞本，并为撰序，称其"天才超卓，泉涌风发，不屑屑规模古人声容格法。而其风声绵丽，词旨隽秀，自然与义山、渔洋诸家相近。使君不死，必能上追前修，下躏时贤，以自成一家。然君不幸夭年，厥修未竟，而所作已卓卓如是，是亦可以传诸后世矣"云。

读珠泉诗文集缀之以诗

永　瀚

金陵花草玉门霜，丝竹年来杂感伤。忠爱情怀胎屈贾，兴亡事业话沧桑。才名岂藉文章贵，风味端知老辈良。行过衡阳倍惆怅，雁峰烟雨思茫茫。

秋夜书感呈荪畡丈

姚廷熙

写叶从新拾落红，不胜忧感寄寒虫。十年宦海安吾拙，一柱擎天赖我公。蒿目江河悲日下，菊秋莼蟹忆吴中。琵琶不解青衫恨，竟夜嗷嘈小阁东。

按：姚少府廷熙，字缉吾，号梅偶，浙江仁和人。附贡生，湖南试用巡检。工诗善画梅。公办理水口山，初著成效，少府奉委来山督运。公爱其笃实，异于风尘俗吏，留资差委。少府常与公子基植、基棫及局中能诗之士联宜江唱和诗社，赋诗以为乐。公主省局，委少府管理堆栈，办事缜密。国变后，侨居长沙。平生未尝妄取一钱，处境甚窘，遂以鬻画为生。年逾六十，无子，蹭蹬以终。

珠泉老人以诗集见贻寄呈五古一首

廖树勋

风人不可久，正声不可求。皇华与下里，流俗相嘲咻。吾宗有硕学，志气凌衡邱。手弄明月珠，身跨白玉虬。雷霆生睒睗，河汉泻新秋。时而变淡远，九逵任夷犹。旷怀陶彭泽，逸思韦苏州。懿哉大雅伦，而崇下士修。美人结环佩，兰芷采芳洲。良工无弃物，瑕瑜期兼收。垂青及下走，猥以琼瑶投。捧之三日复，妙义思穷搜。惭余尘满面，相对意悠悠。行当谋良辰，重与坡仙游。

按：廖君树勋，字祜初，湘乡青陂人，与公同四世祖庆云公者也。清监生。著有《广石山房诗草》，公尝称其诗具有风格，不落纤靡。又尝集近人之诗付印。其家固丰于财，而又笃嗜风雅云。

湘绮珠泉游沩山赋诗二首依韵和之

释芳圃

瘦骨曾从访肉山，巇如蜀道喜追攀。净瓶早岁成高烛，吟砚何年对碧鬟。世外桃源云罨霭，梦中飞瀑水回环。吁嗟末路艰难日，谁为降龙置钵间。

问法来穷湘水源，沿流归路不曾迷。俯参白足千年迹，记踏丹崖万仞梯。埋骨塔高存古寺，回心桥在枕寒溪。鼻头牵出沩山牯，往事逢君莫再提。

按：释芳圃禅师，字笠云，长沙麓山万寿寺僧，著有《听香禅室诗集》。与公相识最早。公一生不佞佛，而多方外交。公与王先生闿运同游沩山，先生于道中赋七律二章，公依韵和之。先生笑曰："诚如柯凤笙所云，近体无以过君也。"禅师见二公之诗，依韵和作。先生书札，每杂诙谐，公与之书，亦不作庄语。公见禅师诗，寓书先生请评骘："看和尚与秀才孰优。"先生复书，则谓："和尚压倒廖王矣。"其见推重如此。

珠泉先生赠惠敏上人长律二首有若遇海公从问讯为言吾亦老瞿昙句盖公与永光为四十年方外交长沙一别匆匆又十余载世变沧桑何时团聚依韵和诗藉纾蕴结云

释永光

蛮雨溪藤逢乱世，珠泉携梦到岩根。深山有屋家仍在，遗老无心道便尊。凫舄方巾征褉事，蛎墙零粉剩题痕。湖阴旧侣如云散，樽酒蒲团不要论。玉池老人创碧湖诗社，葵园、湘绮、静皆、希鲁、寄禅、笠云皆社中旧人，亦公老友，今悉归道山矣，不胜悽怆。

漫将身世问伽蓝，钟鼓香山放晚参。借榻渊明曾入社，破关支遁已分龛。谓惠敏、补蕉两上人。敲泉漉酒供高隐，煮石烧云自苦甘。回首沩源真一梦，净瓶公案付优昙。公与湘绮游沩山，湘绮有记并诗，及公和诗，今悉付劫灰。

壬戌八月由长沙入沩山途中怀人得长律四首录一

释永光

兵火尊前泪，莓田劫外楼。薛花双屐雨，岩屋一亭秋。著述参同契，江山纪梦游。珠泉何日见，悽恻不胜愁。

自宁乡还长沙再赋一首奉怀珠泉先生

释永光

破衲辞僧院，新亭泣楚囚。白云双屐冷，黄叶一藤秋。落日朔兵过，空潭疲马愁。珠泉在何处，清梦绕岑楼。

按：释永光禅师，字海印，号古憨，一号憨头陀，益阳人。工诗善书，并工画兰，著有《曼陀罗室诗集》。清恭王之子溥儒，将其早岁之作，用仿宋字印于青岛，流传甚少。益阳白鹿寺、宁乡回龙山白云寺僧，均藏有钞稿，僧众不知抉择，又秘不示人，故全稿迄未印行。禅师早岁在沅江创景星寺，师事其县之老宿张白琴太守琳，其书字恣态，酷似张公。后曾任沩山方丈，一任白鹿寺方丈。民国三四年间，全省竞提僧产兴学，白鹿寺亦被勒提，禅师讼之官，不得直，赋诗有

“白鹿不来秋已老，黄花应笑我归迟”之句。好事者登诸报端，巡按使刘心源见之，谓：“有僧若此，而忍令其流离失所，是吾辈之过也。”亟令益阳县知事反还其寺产。又尝入京师，寓法源寺。时袁世凯久蓄异志，网罗国内耆贤，文人墨客，麇集都门，时有文酒之会，王湘绮先生谓禅师不可无诗，因赋《燕台杂感》八章，为一时所传诵。然其诗实多讽刺时政，中有“闻道燕王能下士，黄金高筑集贤台”之句，湘绮见之，笑曰：“是直骂尽吾辈矣。”禅师尝举此告人，以为笑谑。晚居长沙战白龙王庙，尝自书一联云：“老僧以不见不闻为乐，其人在若存若亡之间。”愤时嫉俗，情见乎词。民国七年，沩山被毁，禅师数度来宁谋兴复，数诗即赋于是时也。先是光绪四年六月，公与陈先生三立、丰城毛实君孝廉庆蕃（后任甘肃布政使）游衡山，有雏僧从游，操益阳口音，甚为亲昵，临别，向公叩首，乞归弗告其师瑰钦先生，言薙发于此，家尚不知，倘公言之，恐家人踪迹至此，既已出家，不愿归也。公匆卒亦不暇问其名字。越三十年，公居湘矿总处，笠云禅师尝称海印之诗，并言与公相识，公茫然不能记忆。一日，有僧来见，拜倒于地，笠云指曰：“此即常言之海印也。”公缔视良久，始知即衡山导游之雏僧，为诧异久之，亦不知何时造诣至此也。瑰钦为益阳王先生德基字，公馆益阳县廨时，尝与论交者也。

珠泉草庐师友录四

赠　诗

寄廖荪畡学博

周良湑

博得当年鹿洞名，经筵高敞倚雕甍。饭依谢氏分宾主，酒醉杨门半弟兄。麈尾持谈书万卷，鲤庭趋对玉双清。云岩自古通儒恋，况有文章召后生。

那堪孤馆暮云天，拙把谋生守砚田。旧雨不来空怅雁，新春易度怕闻鹃。文房愧我荒心久，经笥如君羡腹便。自昔知音难惜别，挥毫聊尔寄涛笺。

按：公子基植，撰《周先生传》云："先生姓周氏，讳良湑，字黼臣，宁乡人。先世有讳治辂者，由举人官曲周知县，有循声。父春圃，邑诸生。家世故豪于赀，后乃中落。先生幼敏慧，刻苦为学，恒读书至夜分，不少休。应童子试，辄有声。贫无以自给，遂为童子授句读。性坦易，脩脯不孜孜较多少，所获数金，仅足供饘粥而已。尝假馆比邻，日三餐皆须就家食。一日午归，笑谓家人曰：'先生归啖饭矣。'先生有母，年已笃老，潜应之曰：'嗟夫！儿顾安所得米耶？幸旧储种豆一升尚在，吾已淅而炊之，啖其半，尚留半以俟汝也。'先生乃向他处借米数勺以奉母，自食其豆粥而去。先生为童子师，尝兢兢然恐误人子弟，尝曰：'人之学业成败，必赖为蒙师者正其趋，否将终身而不得其要。'故先生训人，随质教诲，不为苛严，有疑难，曲引旁征，必俟其喻而后止。同治四五年间，先大父延课予兄弟读，时基植甫授四子书，先生即为讲章句大义，口讲指画，娓娓不倦，并示以读书当以学圣贤为事,非徒作文取科第而已。于时基植虽未能了了,惟觉言之入于耳而心辄怦怦动也。先生主讲予家凡三年,先后从游者十余人,其为教大半类是。先生修髯丰颊,襟期萧散。里中有复谷,地志所谓小桃源也,石涧深十余丈,泉声淙淙,自峰顶泻出石罅,兰芷油油作花,香满岸谷,石壁有“宋淳熙某年里人程某”数字。先生尝率及门诸子,攀藤葛,匍匐屈伏以探其胜,已而藉草坐涧旁,击节高吟,与泉声相应答,顾谓诸子曰:‘昔人沂水舞雩之乐,今日其殆庶几乎?’其风趣可想。同治九年,家君携予兄弟读书外塾,先生遂别去。不四年,遂卒,盖终身蹭蹬云。”

和廖荪畡广文武昌感事四首

周达武

茫茫武汉势依然,水渺繁华合野烟。九派朝宗江自阔,万家团聚景无边。红云出岫初含日,黄鹤飞仙不计年。杰阁凌空崇楚望,救生常见往来船。

鄂渚中兴仗义高,廿年宵旰极勤劳。文忠壮烈千秋盛,武库真诚万古豪。几辈功名镌铁券,数丛磷火乱沙淘。游人浩荡沧桑变,海舶纵横杂汉皋。

劲草细缊百练霜,古今怀抱画楼旁。伍胥愤激涛飞雪,崔颢才高韵举觞。赤壁余堆连夏口,青山生气达浔阳。昔年词客今何在,鹦鹉洲边骨亦香。

六十年来杖不扶,边风萧瑟忆莼菰。岳峰书滞催征雁,汉水芦疏噪晚乌。故国云天千里隔,朝廷恩眷半生辜。初衣自有归田乐,数顷桑麻尚未芜。

和荪畡广文一园漫兴

周达武

古树披柯结荫稠,玲珑滴翠护高楼。矶头把钓鱼争饵,林面含春鸟不愁。莳菊手芟三径草,济时心逐五湖舟。塞云卷雨池亭净,胜地能招海上鸥。

题荪畡广文西湖景帐额并序

周达武

壮岁于役蜀黔，比来居延塞上，皆山谷隩阻之区，无游观之适，客有谈江湖之乐者，心耳为之开涤。适荪畡出西湖景帐额索题，爰占七律二章以应之。异日行与君挂帆东下，一访六桥三竺之胜，以足一生愿耳。

四围苍翠抱杭州，锦缆随波逐白鸥。南渡霸图开帝业，西泠歌舞度春秋。川回组练金牛现，塔阅兴亡铁马愁。想见苏堤好风景，平生余恨未曾游。

英雄名士事如生，祠庙凌空浩气横。九里松涛鸣夜雨，六桥烟柳弄春晴。睡余煮茗看湖色，吟罢平苏识正声。一幅鹅溪泼螺黛，日长消得梦魂清。

按：周尚书达武，字渭臣，自号信翁，宁乡大屯营人。咸丰初年洪杨事起，投身行伍，转战鄂皖湘桂川黔秦陇诸省，积功至提督。初任贵州提督，后授甘州提督，加尚书衔。著有《剑水诗钞》，湘阴郭侍郎嵩焘、湘乡杜先生俞均为撰序。光绪九年癸未，尚书约公赴甘州，并致书宁乡知县唐明府步瀛，托其促行，有“以一年为限，固知其有老亲在堂，断不久留塞上”之语。公感其诚意，于其年七月启行，十一月抵甘州，馆于节署一园，地擅池馆之胜。尚书既喜吟咏，排日宴集，颇忘羁旅之苦。明年，为尚书奏销武军积饷一案。十一年八月，告归，尚书率同城文武饯于南关外之南华书院，赋诗留别。十月抵里。十二年，为尚书撰著蜀黔战事一书，名曰《武军纪略》，托名尚书自撰，徇其意也。后尚书薨于位，公挽以联云：“葛武乡绥服西南夷，濡管我曾胪战绩；陈破胡困于刀笔吏，上书谁为讼忠勤。”盖尚书没后，被御史安维峻奏参，撤销易名之典，非其罪也，故联语及之。

廖荪畡广文由常宁旋里途中寄诗三首依韵和之

刘倬云

驿路清风两袖垂，使君廉洁彼苍知。芋魁豆饭为吾有，文绣膏粱岂所思。论古独深千载契，居官惟有寸心持。扶舆郁积终须泄，梁栋奇材出谷迟。君以训导咨部注册候选已十余年矣，今秋始选宜章训导。

匹马驰驱路杳漫，雪深三尺不知寒。铲除崱屴归平坦，受尽艰辛策治安。腐鼠频添雏凤吓，名山自合蛰龙蟠。莫哈柳絮随风去，自古虚声副实难。

寄怀廖荪畡

隆观易

磊落鸡群鹤，光辉殊动人。交从杵臼定，才逐岁年新。夙忝推袁语，曾无访戴因。箧中题句在，藤角白如银。

次韵荪畡用东坡韵见寄

隆观易

归耕叹孱羸，旅食久不溽。奔驰负朋友，颇觉成蛇足。先生绝俗姿，寒净漱湘渌。清风蕲江水，细雨朱山腹。遥闻草堂前，泉石带原麓。波明凫雁集，云暖槲鸡伏。中藏万卷楼，蟫鱼自驱逐。天然好儿子，妙处能题目。诗成引深杯，一笑颓帻屋。徘徊念吾党，欲遣长须速。春初惠书函，林际开踯躅。秋风忽凄厉，新秔穞香玉。载言长相思，矮纸申屡幅。编排浣花集，要与供校读。篇终招隐词，如闵失路哭。非关夙昔谊，那得邮筒续。禅心久成灰，因此增枨触。依稀彼姝子，相逢在空谷。佳期订重阳，是最余所欲。思光若有暇，谓茀荄。同披埽塔服。

荪畡自省垣寄书称北省不雨近一年汾晋齐鲁苦饥人相食闽豫被潦省城不没者三版痛叙时艰用前韵成诗报之

隆观易

南服困愁霖，青徐苦炎溽。高原雀鼠尽，下湿鱼鼋足。时难信所忧，有泪滴湖渌。其言颇甚大，讵止副腰腹。高歌念乾坤，放眼登云麓。苍茫万里外，陂陀自回伏。城南复何人，楼船日相逐。哀弦与急管，中有横波目。昔到花马池，黄沙荡空屋。炊烟一以尽，惟见奔河速。宵寒铁骑嘶，霜泥满蹢躅。辛勤事转运，壶浆等珠玉。毫发悉脂膏，有利不能幅。秦中一篇在，开函讵忍读。白傅《秦中吟》有云："不见江南旱，衢中人食人。"西陲正劳师，悲角和野哭。所祈内地熟，庶裨军需续。皇天亦何心，即事多感触。谁吹九寸律，暖气回寒谷。疮痍不难安，难者在无欲。愿得廉耻将，斯言时佩服。

丙子九日病起不得赴荪畡约

隆观易

尘劳如海浩安穷，蕉萃承平豢养中。烽火夕收榆塞影，寒霜秋满镜奁铜。新从故国逢篱菊，已费人间说病翁。长忆巴渝坐呼酒，玄猿三峡哭西风。

丹叶萧萧霜信飞，强从佳节试寒衣。深杯百罚那辞饮，良觌三秋又早还。疏鬓簪花容细朵，衰颜作缬感长饥。新诗定尔怜颓放，好付江南驿使归。

再寄荪畡

隆观易

秋风楼阁望朱山，江上芙蓉思悄然。我始欲愁云向夕，谁能遣此雁横天。相怀不见同千里，后约难凭是隔年。疏懒共嘲诗力退，劳君亲证祖师禅。

过荪畡眄怡轩宿门外有珍珠泉最清甘自其先世于元时建居今五百余年矣是夕出示湘南秋感四首并汉砚古琴谈赏达夜分有怀西秦康侯秉卿淡父诸子

隆观易

白鹭莺飞烟水长，三朝乔木远青苍。迎门稚子能供客，随意诗篇自绕廊。晴坞坐看花幔转，崇檐虚纳竹风凉。翛然便与甦腰脚，欲话穷通却两忘。

暂借藤床小阁眠，竹炉喧雨瀹珠泉。湘南秋感词何善，渭北怀人梦易圆。剜藓生螭评古瓦，缘床饥鼠触冰弦。浮踪得践论文约，昨夜灯花可斗妍。

秋日有怀荪畡伯严诸子

隆观易

西风又到天心阁，乡思遥通北胏山。九日黄花开渐近，经年白雁去无还。奇文欣赏荒凉夜，才子声名顾及间。我戍曰归犹未定，离亭衰柳莫跻攀。

按：公撰《罘罳山人隆无誉哀辞》略云："余年十六，尝随友人于郭外浮图，见题句绝佳，末署山人名，访之，人罕有识者。嗣于何君雨畦所，见山人诗稿，始悉其人年甫弱冠，著书已满家，乃愈益骇服，赋小诗介雨畦以道意。时山人方遘家祸，茧足梅山谿峒间，辽阔无由识面，岁时略因雨畦存问而已。同治己巳，余以事抵安化之曲溪，山人适馆余族柳堂之迟楼，相见如平生欢，亟出箧中诗，篝灯读之。其时山人方肆力于苏黄诸家，余爱诵不忍释手。是夕，风霰交作，楼外松枥尽缟，橺冰堕阶墄，铿然有声，两人者围炉煮茗，深谈达夜分，以为坡谷以后，无是乐也。既而山人客游秦陇，余亦迭丁忧戚，音问阔绝，逾六七年。丁丑，山人倦游归，访余山中，赋一诗以去。未几，复有出山之志。余适馆今河北道陈公宝箴长沙闲园，山人径来，就予告别。陈公夙耳山人名，闻其来喜甚，命公子伯严款留数日，极文酒谈谳之乐。余介绍其间，藉与山人畅论古今文章风会得失，穷晓夜不休。计相知二十年，言论踪迹之密，以此为最。频行，陈公复尼留其《罘罳草堂诗稿》十卷，序而行之。岂知山人去甫一年，讣音遽至，盖山人以戊寅十月十六日，卒于乡人喻仙桥太守宁灵官舍。乌乎！异矣！当山人发长沙时，余与陈伯严、湘乡张茀荄、杜云秋、张仲容、安化黄澍亭、李闳刚等，徒步送之驿步门外，目击征蓬渺渺，随鸥波而远，数人者鹄立江岸，意殊惨戚，至今思之，有余痛矣"云云。按：山人频行，陈公赆以三十金，公力劝其弗受，然公晚岁，尝谓："陈公本出爱士之忱，不宜过拂其意，而山人以予一言之故，致使万里长征，旅橐萧然，余盖两失之。"言毕累欷。

又按：山人为六都白银塘人，其地即今之罘罳乡也。所著《罘罳草堂诗钞》十卷，陈公为之序刊，其雕版由公送藏隆氏祠。别有《西征集》、《六百日通》若干卷，则由喻太守刊于宁灵官署，邑属久故之家，犹有藏其书者。其子志毅，字蓼荪，诸生，公尝为之荐引，旋客死鄂中。无子，族人为立后，至今子孙皆能力田云。

留别廖君荪畡

卢泳清

两载归来茅屋底，款段荒山迷尺咫。匝地尘埃苦污人，一笑开门见吾子。自怜老懒良可咍，嗔人踏破荒苍苔。久矣我门无此客，谁知吾国有颜回。独居深念一室静，忽乘雪月山阴兴。今雨来时久更亲，虚榻常悬我所敬。春到山溪分外清，梦中遥听读书声。名山风月嗟无分，惆怅兹行愧友生。

寒塘晚眺简荪畡

卢泳清

雨绝寒塘灭涨痕，不胜鹅鸭恼黄昏。人随流水得山约，鸟带斜烟过别村。此境定劳他日梦，新诗聊共故人论。春风华发难为别，合有离亭酒一尊。

按：公子基棫代公撰《西问诗草序》略云："卢君邵棠，吾乡以诗鸣者也。君尝以知县官甘肃有年，光绪庚辰，遭父忧归里，相见于治城，得读其所为《西问诗草》，以为世之专一学大苏者，未易有也。岁壬午，君仍补官甘肃，作诗别余，意甚惓惓。明年，余亦度陇，遇君皋兰客舍，君喜甚，示以近作，则不免有衰飒之态。余自西塞归，道过兰州，君已官丹噶尔同知，不复相见。又数年，其子以君诗来乞余论定，盖去君之没已三年矣。悲夫！余以人事牵迫，藏之行箧几二十年，今岁家居稍暇，乃编辑为三卷，命儿子基棫为之校刊，以永其传云。"

誉女篇赠珠泉老农

周　汉

令伯儿息晚，废读去而贾。贫病无与娱，咿唔授两女。两女差不顽，下笔跨其釜。遂成阿爷癖，向客发誉女。客嗤爷不憪，客赞爷更舞。小儿齿未龆，随姊辨鱼鲁。妇幼不谙织，相随亦稽古。父书藏未烧，育女岂微补。半生荼作餐，此味良不苦。老友珠泉农，文行甲俦侣。眉山木假山，峰过燕山五。老圃羡且妒，老农视如土。特有进士双，不栉向人诩。道同癖亦同，相见掌辄鼓。恼恨乡风颓，生女常不举。千金掌上珠，一挥弃之浦。豆泣悽以哀，然其效丕煮。以圃方老农，圃百一无取。以方溺女人，农圃皆慈父。圃女方农女，农麟圃家鼠。圃女方圃儿，豚犬殆非伍。有女胡不佳，无女庸独愈。况圃选双婿，一龙一绣虎。圃眼亦足愈，相攸不为瞽。老农今伯乐，双目朗如炬。一过群马空，驽骀岂轻许。各得快婿双，重誉蹶孔武。冰清玉复润，乐哉甥馆主。巍巍丈人峰，季生不敢旅。狂歌赠老农，郁积畅倾吐。署曰誉女篇，传为教女谱。相勖弗徘徊，努力劳字抚。幼幼及人幼，挺身为众怙。更告溺女人，改过将婴乳。不信生女好，试观农与圃。

按：周先生汉，字铁真，自号湘滨渔隐，晚号铁道人。清诸生，壮岁从戎，积功至道员。湘乡刘襄勤锦棠平定新疆，延主营务，深相倚重。因弟浑病没于军，又以事拂其意，愤而求去。襄勤坚留，至于泣下，道人遽将顶戴投诸火，以示决绝。回里以后，专刊善书，并作浅说，劝人毋溺女婴。又恶岛夷见凌，著书诋之。光绪丁酉，总督张之洞委员毁其板，革其二品衔道员，道人诋益力。明年，臬使黄遵宪请于巡抚陈公宝箴，复将道人下狱，公为缓颊，陈公意已移，而道人性倔强，不愿出狱。公谓道人以此蒙祸，诚属无谓，然当道恕此灌夫，未必即成绝大交涉，施者受者，所见各殊，无从解纷。公晚岁言及，犹引为憾事，至于陨涕。道人入狱后，绝食不死，仅饮酒茹瓜果。越十年，光绪丁未，巡警道赖承裕属公拟稿上巡抚，请释其出狱，巡抚允用仪仗送出，仍不肯行。一年后，因病而归，没于长沙西园寓庐。自道人入狱，其子家柱、家树，均以治军贵显，其家习于华朊。道人归，悉令遣去仆婢，中馈井臼，概由妇女躬操，尽复十余年前俭素之风。公与道人早岁交好，而趋舍不同。道人慨慕古之忠烈，以杀身成仁为尚。公弗善其所为，尝从容献规，亦不听。一日，道人以所刊《杨忠愍集》相贻，公随意置之案头，道人怪而诘之，公笑曰：“吾愿为良臣，不愿为忠臣也。”公长女基瑜著有

《绎雅堂诗录》，季女基璿亦通吟咏，道人二女宜男、花君并能诗，常用夸诩，故赋是篇以赠。又按：道人入狱，公有《驿步门舟次闷坐赋长篇奉怀》三首，《珠泉草庐诗》前后集均不载，兹从周氏子孙钞得原稿，迻录于此，读之可以慨想道人之为人也。诗云："手斩楼兰万里回，拂衣贞隐楚江隈。那堪东北犹蛇豕，空使英雄郁草莱。精卫有心填碧海，功名无梦到云台。可知袄教东来日，只有杨生绝可衷。（南怀仁、汤若望至中土时，惟杨光克诋之最力，举世无知者。）""腥风怪雨逼江城，愤极聊凭纸墨争。禹鼎象奸魑魅泣，昌黎辟佛鬼神惊。诛奸已罄南山竹，定难曾无北府兵。时局如斯人尽寐，知君块垒未能平。""弋鸿篓凤满张罗，拟和先生正气歌。帝鉴臣心从薄谴，天留砥柱镇颓波。椒山有胆蛇焉用，杜老无家气不磨。不枉此身精铁铸，群儿蠢蠢漫相诃。"

题珠泉草庐集

成克襄

结艳纷蘅杜，登坛占杞楠。大才堪百战，余兴更双柑。入幕住金谷，濯缨临玉潭。廿年仍未出，尘网已深谙。

落落经师望，山斋又九溪。流风千载远，绝业两人齐。抗古吾生晚，争名后世低。何年沩水曲，披篋共居稽。

荪畡姻丈有苏杭之游道过鄂州晤教于黄鹤楼别后赠诗依韵奉和

成克襄

独挽苍龙下东海，偶随黄鹤上西楼。蛟螭幻市天痡毒，烟水浮槎客散愁。九塞霜花留彩笔，周渭臣提帅聘修《武军纪略》，客甘州节署二年。六朝云树送扁舟。兹游合访逋仙宅，莫为寒梅便枕流。

按：成先生克襄，字赞君，四都富子塘人。清廪生。学使朱逌然校士湖南，设湘水校经堂，立博文、约礼二斋，以先生主约礼斋。光绪十一年岁贡，学使曹鸿勋以潜心理学、身体力行奏授学官，不就。后主讲义宁州梯云书院，归主讲玉潭书院。湖广总督张之洞设两湖书院，聘先生监院事，鄂抚谭继洵延主奏议，鄂学使孔祥霖聘司校士。后主沔阳州聚奎书院，兼领江峰书院。光绪三十三年，湖南高等学堂聘授经学，兼优级师范教授。宣统初，礼部奏聘为礼学馆顾问。民国三年，任岳麓高等师范文史专科教授。以九年七月卒于长沙，公挽以联云："平生以山斋九溪见推，奖励却逾恒，我惭后死；论学与白沙阳明异趣，始终不变塞，只有先生"云。

客清泉学署同廖荪畡广文早春出游

唐凤仪

一樽清苑度芳年，风雨相随老郑虔。弧矢光阴羁客岁，江楼吟眺早春天。殷勤宝剑论交意，零落金环压辔篇。双鸟孤鸣自殊异，黄庭归对小窗笺。

按：唐先生凤仪，字漱荃，徙字縠延，宁乡贴紫塘唐氏。清县学生，著有《易陶山馆诗稿》。以授徒常馆于外，尝入周提督达武甘州幕。光绪二十六七年，公任清泉训导，延馆学署，授公子基杰、基栋读。县人童绍甫观察兆蓉备兵温处，公复荐之入幕。先生卒后，公挽以联云："盾鼻染渝麋，一万里关海奔驰，行矣孔璋工草檄；笠檐嘲饭颗，五十载酒杯谈笑，飘然太白竟成仙"云。

癸未八月将游金陵适廖荪畡广文为秦陇之行相别汉皋舟次

饶炳勋字仙槎，清布衣，著有《仙槎诗稿》。

雨细风斜水半浑，西征南下各销魂。长江气势三秋壮，太华威仪九日尊。客路离踪秦楚阔，孤舟旅梦海天昏。殽函雄绝钟陵秀，各有江山待品论。

题荪畡梅花帐额

杨运昌

笔底罗浮咫尺通，暗香疏影淡烟笼。一生清福三生梦，都在先生纸帐中。

按：杨先生运昌，字橘潭，宁乡麻山人。清监生，援例得同知衔，著有《半潭山房诗稿》。所居当靳水之堧，擅池馆之胜。公尝与之同学，且以姻戚相往来。卒后，公为文志其墓。

珠泉老友招饮长沙高明游息之楼座中纵谈海国时事即席赋诗

廖祖桢

频年踪迹溷林邱，重泛扁舟访渚鸥。湘上烟篗逢旧雨，尊前海客话瀛洲。白波豪卷宁辞醉，寒雨连江欲上楼。莫怪诗怀太萧瑟，颓年心事等虚舟。

按：廖先生祖桢，字啸汀，宁乡诸生，候补知县。与公同四世祖，平生契合，终始无间。公撰《五云庐志续编》云："祖桢有刘季绪之癖，好诃人文章，尤不喜谈诗。五十以后，自陇上归，忽耽吟咏，甚工，人笑之以为季绪将变为高常侍矣。惟诗多苦心，将毋因时局日艰，瞻乌靡止，有激而云耶？同治时，乌牛山建祠，祖桢实与树蘅共之。当日鸠工庀材，经之营之，祖桢出力尤多，功不可没也。卒年八十三。"

荪畡道长兄六十有三初度时以清泉校官兼茭源银场监适来学廨赋诗寿之

洪汝源

老树逢春发古姿，面庞赪玉绕银髭。座间谈笑多新义，海内论交有故知。出处待编高士传，姓名终逸党人碑。湘中新旧学界争竞甚烈，兄翛然无所与。少陵吟咏多忠爱，珍重千秋一卷诗。

结庐同跨灵衡麓，好与平分岭上云。不信功名惊震旦，几人学派衍河汾。神仙旧有丹砂井，故友偏多宿草坟。太息营湘抗私议，空劳五夜步星文。卅年前，著有《营湘私议》，指陈长沙形胜利便，可以建都，将来欲为避狄计，应在此方。

艰难国步困天骄，挥手风云气未消。荐牍有谁求贡禹，封侯未便老班超。六盘曾踏秦关雪，七发亲题浙海潮。独许评诗陈吏部，美人香草媲离骚。宁州陈伯严谓珠泉草庐诗另有一种幽芬，非梅非桂，令人不可名状。

识气金银入想奇，郑虔官冷不嫌卑。山川宝藏输忠信，官吏文书受指挥。富国耻言阿堵物，传家争羡宁馨儿。年来款敌多烦费，莫笑书生少设施。

按：洪太守汝源，字毅夫，号莲坞，宁乡石潭乡人。居盘泉山麓，因自号盘泉山农。清光绪壬辰进士，入翰林授检讨，后以知府入蜀，历署绥定、保宁、眉州。总督奏以保宁补授，会逢国变，浩然归里。遭世艰屯，意多悽苦。没之前一月，徒步访公于衡田，饮酒畅谈以去。太守年少于公，自言结交于父子之间。越二十年，公之曾孙女适太守之孙剑寒，两家联姻，则公与太守皆不及见云。

松柏仙云楼歌赠荪畡先生并序

程颂万

先生治银矿于常宁之水口山七年，以二万金赢利百万，台省张之，至十五年，而赢四百万。松柏市距矿十里，绾运道因筑仙云楼，落之以诗。

君身挟仙云，飞上千松顶。帝遣两青童，扶入高楼寝。起看楼外茭源场，白日泻水无银荒。赤龙拔须山鬼藏，钩者在穴捶在冈。疾轮转风沙簸扬，二万乃赢百万强。君不闻荆州职方古贫国，地宝未搜民力竭。峭庐中丞面如铁，畀汝诗人矿官职。诗人治矿复作楼，楼甍倒挂银河流。市声蛮语纷钩辀，共指诗人楼上头。松枝似龙柏似虬，骖驾诗人游十洲。楼亦不得倾，矿亦不得绝。山灵面论上帝血，炼冶输将十五年，第一湖南救荒策。噫嚱诗人归去来，神州何处非强台。

按：程先生颂万，字子大，自号十发居士，宁乡一都吐蛟湖人，清例贡生。工诗词，善书法，晚岁工画兰石。清季纳赀为湖北通判，捐升知府，总督汇保办理学务人员，得旨以知府补缺，后以道员用。光绪廿八年，诏举经济特科。鄂督张文襄之洞以先生博学多闻，留心政治，具疏论荐。公既得巡抚俞公、学使柯公荐举，同时柯学使复荐举县人任华容教谕邓君承鼎，于是特科之举，一县而得三人，实为列县所无。惟公与先生皆辞不应举。辛亥春，先生回湘，任岳麓高等学堂监督。公居矿局，过从日密。国变后，公浩然还山，先生亦蛰居汉上，门人为筑鹿川阁于武昌，以著书自遣，与公不相闻问者逾十年。岁癸亥，先生以公年逾大耋，手书一联祝嘏，联云："大耋歌延荣木里，今贤名重雪蕉亭。"公爱玩不忍释手。公卒后，公子基械将联钩泐入石，刻于墓上，以存所好云。

衡阳舟中寄怀荪畡先生

李瀚昌

烝湘烟雨莽城郭，黯淡河梁一叶开。药石入心频往复，汀洲激浪故潆回。此行未卜何年再，暴病翻招百感来。桦烛蕉窗今夜饮，碧筒香隔故人杯。

荪畡生日同游石马铺登千人冢

李瀚昌

秋郊洗出松丸丸，霜余红日千山虀。草枯石钝足生气，千秋万岁群跻攀。君不见，文宗膺图第二载，欃枪掉尾翼轸间。狐鸣枭噪在城阙，囊书赤白飞三秦。宁羌宁陕奉羽檄，汉沔留坝流星奔。猛气正思献俘馘，刁斗羹沸夜不闻。湘帅宣言御赤冈，道绝蒲骚川蓼郧。陈仓潜度谍不告，冒顿鸣镝来无根。十万合围李陵寡，一唾顿堕先轸元。帅臣维骆仁且贤，既壮其节弥哀怜。公余小阁为流涕，喜见圣朝邦本坚。帅曰田横不过是，检视头足人且千。为棤归县不可识，汝同袍阁往瘗焉。虎臣毅卒共一穴，臂犹戈戛腰櫜鞬。中有副将尹培立，目眦尽裂尸不颠。阴风惨淡石马道，巍巍高冢沟流泉。大书忠义镌之碣，麄砂大石光磨天。廖侯生日十月尾，携余踯躅登荒阡。下马扪碑字生角，字字霜气欺肤孱。扪之一读复一读，摇头咋舌心肝酸。长平新安坑十万，视此骨血殊腥羶。要知彭殇不可齐，纵为毅豹难期完。众喙沧桑今万变，山灵毋乃开嘲讪。村媪杀鸡聊一酌，斜阳穿隙尘团圞。天生我材当不朽，看君白发犹朱颜。

寄廖荪畡

李瀚昌

我从太虚来,当蹑太虚去。我身犹傥然,我心复何住。惕惕园中英,依依宅前树。芃芃陇上苗,浓浓草间露。生扶由我为,于我亦偶遇。蒙叟感胠探,孰匪胠探具。剔我生后新,还我生前故。太极可优游,怡悦若孩孺。同酌夕阳亭,目送羲和驭。

赠廖荪畡主政

李瀚昌

吾邑廖荪畡,英英风雅才。不贪从夜气,得句总琪瑰。予与磋磨久,今朝鲑菜陪。相看皆老矣,一会一千杯。

长沙晓雪别荪畡

李瀚昌

火坑今脱更安之,洒泪长沙放厥辞。长我十年忘老至,弃君千里挂帆驰。回旋短袖仍贫国,衣狗浮云起梦思。把酒对看鬓发白,北风雨雪此何时。

自午门归有怀荪老

李瀚昌

北地残春似早春,入官心已厌红尘。衣冠阙下怜双鬓,鸿雁天涯忆故人。幽谷下乔休道旧,拈花斗草更翻新。便从河洛探消息,浩淼黄流好问津。

夜饮珠泉草庐

李瀚昌

金尊银烛酣今夕,风雨关河十二年。须发细看尘外色,阶兰清袅案头烟。潭深石气侵诗卷，坐久鸡声落绮筵。惆怅鹿床能几造，马蹄春草又芊芊。

荪畡以其宅左近四景征咏即寄

李瀚昌

蚩尤十日断吾行，大雾垂山划不清。浩浩乾坤成夜色，蒙蒙鸡犬落高声。身无旦暮浑如醉，目眩莺花几辈明。何处钟铿飘到此，家家翘首望天晴。大雾山。

私门钟鼓荐蘩蘋，闻道诸贤历苦辛。人有不为斯我法，死而可作与谁亲。松杉夜半凭风啸，冠冕堂前骇俗新。此地明藩曾管领，本明吉王庄所。早时荆棘走寒磷。乡贤祠。

儿童争笑李髯颠，杖竹敲珠戏引泉。出地变成千颗碎，祝天抟作一盘圆。无端迸入鲛人泪，直去难为蚁孔穿。但遣此方夸地宝，老翁生不见枯田。珠泉。

瘦梅幽壑为谁花，月淡霜严屋角斜。生不逢春疏蛱蝶，天还欲雪噪昏鸦。邻儿摘艳争簪帽，村媪攀条惯煮茶。蓦地茅亭诗社起，旁人指点是林家。梅壑。

甲寅仲春雨过荪畡登楼对饮

李瀚昌

雨锁层峦正倚楼，开轩倒屣迓同俦。回风乱滴松篁泪，密霭寒侵玛瑙瓯。窗外雷声何处起，柳边春色与沤浮。及时且尽杯盘乐，兵后初逢皆白头。

寄怀荪畡

李瀚昌

百里家居隔四秋，谈诗品画梦勾留。称觥朋戚当填户，变色风云独倚楼。旧好晨星稀更落，新樽夜月淡非俦。不图烽火关山怨，移到枌榆两白头。

寿荪畡八十

李瀚昌

君年八十我七十，看射猛虎延余年。故国河山乔木在，仙源鸡犬绿阴圆。掀天霜叶犹荼火，衬枕黄华恁醉眠。借问习池欢喜集，判将一榻为谁悬。

突不得黔成底事，只同煮石话彭篯。非彨讵肯惊今梦，善饭谁知近耄年。岭上白云供子赏，楼头黄鹤惹吾拳。待逢宝砚传孙日，有颏还来赋绮筵。

按：李先生瀚昌，字石贞，宁乡四都丁家湾人。清光绪丙子科举人，以大挑知县官澧州学正。秩满，巡抚陈公宝箴以“学有本源、操履不苟”题送引见，后以知府发河南，署高等检察厅长。公主湘矿，亦尝引用办理新邵收砂分局事宜。与公早岁投契，晚年论事多不合，至动声色。公八十之年，先生曾来衡田赋诗为祝，并面以女孙许字公之孙镇沧，淹留数日而别。未几卒。著有《氍毹室诗集》，乃其少作。先生卒后，其嗣子刊有《南蝉楼诗集》二巨册。

寄怀族兄荪畡广文荽源银场

廖润鸿

琼鸟珠崖愁异域，金州铁岭惜雄关。汉家骄虏无中策，贾相筹边住半间。难塞沧溟无底壑，待倾赤县有铜山。可怜龙马增银币，不为楼兰破敌还。

设誓青山神所鉴，盟心白水尔之初。谓《祭山神文》。矿人一职司徒属，以广文司矿，亦职分相近。盐铁千年文学书。已忍艰辛襄国计，不忘节省裕军储。伯夷岂为贪泉误，浦返明珠海出鱼。

老屋梅花思别岁，梦回池草定惺忪。春愁目击伤千里，古事心疑望九峰。近日国风多小雅，向来人物尚中庸。哀时应有流传作，可发鲸鱼万石钟。

外府乞灵从富媪，孤嫠恤纬念王畿。三神山畔波难定，五大洲中利岂微。人道太邱原自广，我为仲子请无归。冬来倘逐南飞雁，拟向回峰刷羽衣。

朱亭望岳呈荪畡兄

廖润鸿

衡岳望湘汜，一片空明水。曲曲挂天流，不见孤舟驶。湘汜望衡峰，万仞青芙蓉。浮云开面面，不见采樵踪。衡山湘水去若咫，昔览今游固于此。使我当时把钓竿，山巅谁识泛潮湍。令我今朝采灵药，江上谁知陵崄崿。仰首视太虚，我生醯鸡如。白日忽不系，腐朽一长吁。异哉怀古千秋上，常有精灵接声响。遗风余韵逐人来，临水登山随所往。始知天地积浮埃，人与并立为三才。要惟圣哲留文字，炯于日月鸣风雷。白首词人负豪气，朝来勖我含深意。四十功名纵不成，独立苍茫自高寄。

舟赴宜阳水口山矿务分局荪畡兄有诗见示次韵

廖润鸿

画舸相将转钓矼，卧闻篙石怒声撞。雁拖山雨寒侵被，帘卷崖泉冷逼窗。野屋断烟炊湿炭，市寮临水架枯桩。闲中强斗尖叉韵，不觉寒涛涨夜江。

到水口山数日荪畡兄先返衡州以大风雪过牛头山作诗示诸子有倦勤之意和呈一首

廖润鸿

弱水蓬莱信难渡，神人解息天吴怒。铁絙愁登太华山，赤脚仙人举手攀。年来凿空求无已，雀罗鼠掘皆空矣。此声倘播四州人，笑堕花鬘须齿冷。车薪炊饭不辞劳，万室掀尻望一陶。惊奇叫绝齐赞叹，和若金石埙弦匏。残冬访公九嶷麓，夥颐连声入公屋。黎其脱尽冷官气，浩如江海王百谷。仰屋司农忧石田，愿将平准续谈迁。君不见淀人烧波金滴滴，袅蹄报国亦长年。

东轩早春同荪畡兄作

廖润鸿

纸阁衙斋屋二分，名园水木远尘氛。岳屏夜送千重雨，雁寺朝看一片云。风槛波平堪洗砚，石栏香满遍栽芸。联床得践诗翁约，剪烛深宵酒半醺。

山连城阁水连村，罨画墙头见树痕。柳外人来鱼最乐，茶余客散鸟能言。新花渐逐吟毫发，芳草还随坐席温。归日及看荷景好，湖风为起藕丝魂。

珠泉老人新葺梅壑草楼落成二首

廖润鸿

连峰不断西来爽，东望苍茫岳麓秋。百尺青梯窥洞府，四围红树拥烟楼。黄冠老去山堪买，白社人来酒可谋。况有岁寒三友在，更添嘉客共觥筹。时洪毅夫太史汝源亦至。

云密山深不知处，却从平地踏青瑶。楼在山半，地皆青石。林间扫石安琴荐，岩下疏泉养药苗。奇境正如书乍读，小诗中有画难描。公先有诗。几时乡社寻秋去，设位何如此一招。距祀乡贤祠不远，祠在大雾山。

三月二十六日珠泉老人督僮客分秧招饮藤花栗叶之楼

廖润鸿

草庐一记卅年过，早识高情在薜萝。涉世偶登征士录，课耕仍守力田科。兔园余兴三间屋，鹤发豪吟百岁窝。鸡黍他时新酒熟，开轩还待话秋禾。

九月祭大雾寺新祠感前代避寇事赋寄珠泉老人

廖润鸿

雾里遥山翠一堆，寺门前对岳屏开。秋池杏老阴笼石，古庙龙归雨洗埃。供佛旧饶香米饭，荐馨新酿菊花杯。茱囊且喜人长健，岁岁看君策杖来。

深山劫火避红羊，豹隐犹闻此发祥。王府旧田余野史，鲁公家庙费平章。溪云凉护三朝树，寒日风凄九月霜。数典自难征志乘，欲寻翁仲话沧桑。

按：廖先生润鸿，字振才，徙字种垞，宁乡仙凤乡人。清光绪癸巳科举人，以乙未明通榜考取国史馆謄录，复由会考中式内阁中书，改官广东，署西宁县知县，会逢国变，幅巾还山。先生家贫力学，家无藏书，至终岁读《康熙字典》，其勤苦有为人所难堪者。廖氏自元延祐间，有名庆云者，由长沙迁宁乡衡田。子五人，支裔分居各县，惟四曰万熙，仍守衡田。公与先生固同为万熙苗裔，先生实为公之族弟也。齿少于公廿余岁，与公子基棫年相若，且同岁入学，甚相得。公负经世大才，文学特其余事。先生则于书无所不窥，凡过目之书，浓圈密点，朱墨斑斓，纵或假借于人，亦任意涂抹。故先生诗文，根柢甚厚，惟政事非其所习，而偏喜谈时政得失。与公论学，尤多不合，至期期争辨不少休，然公固始终爱重之也。先生以民国二十八年卒，所著《春海堂诗钞》六卷已刊行。

寿珠泉先生八十

傅绍岩

八十神明双颊红，飘然鹤发称颜童。华阳遁迹陶贞白，禹穴探奇陆放翁。同是盛名登大耋，独标高识表流风。晚来自有田园乐，高卧东山一谢公。

茭源回首辟银场，铲废锥新意独良。生计百年犹利赖，军输万灶此输将。退闲自得长源术，却老羞谈五利方。天阔四山风月夜，还容清啸踞胡床。

吾宁作者罘罳集，并世珠泉与颉颃。学逮古人高惜抱，诗型后进峙文房。百年湖社争坛坫，一代湘吟孰主张。弹指期颐还介雅，追随吾亦鬓毛苍。

前朝记我趋三径，总角欣看三小童。儿辈行看周甲子，孙枝况复作人翁。一门才彦同徽献，两汉京师重向歆。我是彭宣惭末座，何年重拜后堂中。

按：傅先生绍岩，字梅根。清监生，纳赀为知县，著有《东池草堂诗稿》。公主湘矿时，檄委先生为驻汉湘矿转运委员，先后任职六年，散金结客，颇亏公帑。公爱其诗才，曲为调护。公主湘矿日久，大府深相倚重，而忌者隐思排挤，每谓公子基植治事之才，远过于公，公闻之笑曰："此鱼藻之义，美宣王所以刺厉王也。然其人可谓巧于排笮矣。"国变后，先生自辽回湘，重赞矿政，县人刘遁樵其达亦同在矿局任职，每闻局中旧人追话前事，于公子基植始终推服无异词，于公微若不慊。其达疑之，举以质之先生，先生慨然曰："廖公办理水口山，既著成效，然已深知办事之难。及主省局，以人才难得，不务恢张，全省仅留水口山及平江黄金洞、新化锡坑山三处。当时湘人以为口实，讥为守矿，实则今日宁尚有如廖公其人者哉？今廖公去位已久，除固有之常宁、平江、新化三处而外，不闻别有卓著成效之矿，则亦可以知谤者之妄矣。"其达常为人称述始此。

上巳后四日随湘绮珠泉两先生重游梅墅遇大风雨

童锡笙字絅钦，宁乡仙凤乡人。清光绪乙酉科举人，历署陕西安塞、永寿诸县知县，著有《仲松堂诗集》三卷。

山灵招熟客，秋草春已绿。而我亦从游，迤逦入深谷。登楼山四围，爽气延清馥。无雨岂垫巾，有笥欲扪腹。狂飙挟势来，波委复云属。涧松卷惊涛，岭篁戛碎玉。睠诸遵回途，斗风逼岩曲。舆夫喘且汗，身轻悸失足。归来酌酒劳，肴羞匪麦菽。二叟相顾笑，幸勿迷大麓。仰瞻霁月辉，兹游愿赓续。

过廖荪畡世丈珠泉草庐赋呈一首

黄应周字艇芝，宁乡汤泉乡人，清长江水师提督黄公少春之长子。湖北补用知州，著有《弢盦遗稿》三卷。

稳占溪山恣卧游，翛翛庭院自清幽。烟痕淡抹高低嶂，柳色平分上下楼。池水一泓新月濯，楹书万叠绛云收。陶密庵王九溪以后推尊宿，岂仅诗篇埒卧侯。隆无誉，学者称卧侯先生。

春日留宿瞻麓山庄即席赋呈荪畡世丈

黄应周

小楼俯影镜波涵，雅与琴书共一龛。花鸟娱春能养寿，林泉徇隐不名贪。风流逸老龚芝麓，渊博文章纪晓岚。好向柳阴重续梦，夜阑卮酒惬清谈。

奉寄荪畡世丈

黄应周

幽芳兰芷楚骚才，杏树坛边讲席开。公曾主讲玉潭书院。直汇群经通马郑，即论古藻亦邹枚。文能谀墓羞金馈，公作先公哀状传志，搜录事功有为世所不及知者。功在平戎草檄来。周渭帅督办川黔军务，报销折出公手。试数湖湘几耆旧，灵光高峙白云隈。

吟笻花拂立轩楹，淡沱风光两鬓清。文笔有锋攻造化，公开水口山矿，苦心卓诣，竟收大效。砚田分润到苍生。湘省赖此矿大宗进款，而人民资以生活者甚众。才疑苜蓿盘中老，公任清泉训导最久。诗似珠泉腕底倾。晚节芳菲谁可撷，契怀松菊似渊明。

赠廖荪畡先生

潘芬字斐泉，宁乡城区人。清诸生，著有《斐泉诗稿》。

消寒无著启郊扉，野旷阴凝白日微。旧侣独瞻云树外，离情重感雪花飞。人喧晚市年将尽，宅卜南村愿又违。欲共炉头沽一醉，晴泥满郭共污衣。

闻道贤劳废啸歌，诗情酒力近如何。灵峰未信回鸿雁，怀沼时看闹鹜鹅。水混自难将石见，树高谁念梦风多。艰难计国酬知己，但祝廉君绩不磨。

杭州送别廖荪畡广文游虎阜

潘　芬

廿年乡国知名久，邂逅湖堧亦夙缘。夜雨喜联徐孺榻，春波还送季鹰船。离情且复倾杯酒，下噀何时买薄田。惆怅金阊城上笛，雨抽新绿远连天。

和荪畡广文虎阜七绝四章

潘　芬

舟停水尽山塘路，泽国春寒林壑荒。共拨榛芜留胜迹，东风吹雪野梅香。

石磴欹斜辇道摧，题楹无复仰苏台。百年歌舞宸游地，输与呼风数鹘回。

数声烟磬叩禅关，说法生公去不还。几度劫灰无问处，台前空笑石头顽。

遥峰叠翠涌平州，灵秀东南莫与俦。白虎久亡金气尽，一坏聊为看山留。

荪畡学博新成精舍志喜

丁焕奎一名流堃，字籽莹。清布衣，著有《听松草堂诗稿》，临没，属其子送交公子基械，谓必能不负所托云。

吟罢梅花带月锄，莓苔护径俗尘疏。绿杨掩映高人宅，红杏浓丛学士居。水绕半溪新雨后，山光满郭午晴初。辋川风味南阳景，过访时停长者车。

秋夜读珠泉草庐诗

刘世溥

贫居无酒亦无泉，清冷山居悄不眠。永夜灯窗吟绝调，频年簿领忆华颠。歌骚汉魏无余子，风雅苏黄恰比妍。读罢草庐酬唱句，令予回首一凄然。

野兴和珠泉老人原韵

刘世溥

散步池塘俯曲漪，花开木槿补疏帘。微风秋逼凉生面，细雨寒轻爽透肌。绿茁稻孙荒陇遍，香炊栗子晚村知。年丰归路逢人说，不管云山夕照移。

按：公自叙《纪年录》云："里人刘世溥，字毅人，貌古神清，工诗善饮。人多避之，独余与之交善。见其穷甚，思以济之，探囊适丁其乏。以治矿有获之人，而橐中无物，非矿人之穷，毅人之命穷也。"又，公子基棫撰《世溥传》略云："世溥字毅人，沉默寡言，不好訾人短，好为诗。嗜酒，每岁暮自塾归，必酿酒一巨甕置床头，日饮不足，或夜起复饮，饮复卧，尝曰：'吾一生无他求，惟有酒则万事足矣。'终身不娶。衣履垢敝不可近，然其诗鲜洁有逸致。既没，其友廖基棫择其尤雅者，编为二卷，藏于家。”

珠泉老人梅壑招饮

刘世濂字硕凡，徙字石硕，宁乡横田人。清布衣，家贫，敦品自好。光绪二十六七年，公延主家塾，课两孙。

却从豁壑访庞公，似隔泉源无路通。心远地偏饶发白，亭高人卧醉颜红。百年落得闲身在，廿载争夸妙手空。白水盟心神所鉴，山中猿鹤不须恫。

一番棋局一长嗟，甲子编年处士家。偶聚亲朋共情话，闲招诗侣斗尖叉。青山白屋容耕种，怪雨腥风遍海涯。我本山中顽钝叟，暇时相过话桑麻。

奉寄廖珠泉姻丈清泉学署时兼办芟源银场

杨文锴字卺荪，为运昌次子。清末纳赀为盐大使，需次扬州。为公玉潭书院弟子，有《循园诗钞》八卷。

苜蓿秋深满画阑，岳屏山色入毫端。汉家经国筹盐铁，南服关心策治安。夜雨凉堂琴榻梦，寥天孤月雁声酸。莫因莼菜兴归思，闻道司农仰屋叹。

寿珠泉丈六十初度

杨文锴

东阁梅花破冻开，双凫新踏岳云回。跻堂共奏南飞曲，入座同倾北海杯。满架遗书征世泽，三朝乔木郁风雷。遥知井底丹砂伏，抱郭珠泉一线来。

秦陇西湖次第游，山川风月一囊收。撑肠合有五千卷，买犊聊为二顷谋。乡国文章推巨手，江干车马驻通侯。抠衣愿献冈陵颂，翠柏苍松晚更遒。

珠泉丈于所居三里许之阳和塘山中构一草楼泉石幽奥林竹翳如种梅数株署曰梅壑甲寅八月招同毅夫岚岩两丈杖芸种垞佛筇兄暨其哲嗣次峰叔怡谳集以落之珠泉丈种垞有诗作此奉和

杨文锴

苔磴延缘入翠微，林阴微雨昼霏霏。泉声咽石琴丝润，云气当阶树影肥。便拟耆英开洛社，恰宜小筑傍岩扉。待寻月夜罗浮梦，香雪漫天翠羽飞。

庚申人日冒雨赴珠泉十丈之招过佛骨仑云气弥漫咫尺不辨途径得诗一首即呈十丈乔梓

杨文锴

山雨浪浪晓未休，不辞泥泞试春游。偶寻旧磴甦行脚，为践佳招过岭头。身裹白云穿树出，泉喧碧涧带冰流。饥肠得酒寒应减，准拟登堂倒百瓯。

呈廖珠泉丈

陈方赞原名俊，字策襄。光绪壬寅补行恩正并科举人，截取知县，分发河南，后任陕西政务厅及赣南道尹。

长公夷旷号诗仙，千历年来剩口传。湘水满江清见底，沩云接岭远无边。全收浩大乾坤气，归入悠闲琴鹤篇。辛苦故山耆旧在，草庐风雨一珠泉。

高谈喜接拂衣初，老去撚髭兴有余。太白称臣惟对酒，亚丹富国几成书。闲敲铜钵观时局，懒向金门赋隐居。嗟我行踪逐蓬梗，锦囊新咏未能如。

奉呈珠泉老人

刘宗向字寅先，号盅园，宁乡城区人。清诸生，京师大学堂毕业，考取中书科中书。

三绝才名楚鞠延，遥遥继武见珠泉。哀时并饱沧桑味，论世重勘荣木篇。日暮礼堂传七叶，星瞻处士黯中天。耆贤渐谢红巾满，未拜庞公便惘然。

呈珠泉老人用黄山谷次陈靓过陈无己书院原韵

廖应庚字砚农，为祖桢兄子。清廪生，为公之门人，著有《横塘吟草》。

吾师鲁诸儒，鼎彝充旧第。茫茫尘海中，玩此古窑洗。桃李满墙阴，小草存山荠。矧兹乔松姿，千岁蕴根柢。贱子承家世，玉壶清彻底。无缘器当途，笙簧渥酒醴。近亦学吟咏，俚鄙无定体。再拜几杖前，何以为予启。

奉怀珠泉太世丈

张光楝字鏖伯，号曼公，宁乡释禤乡人，清广东按察使铣之孙，时务处提调茂滉子。清诸生，工书画。

新词高唱楚天秋，岣嵝风云烂熳收。玉垒关山看草檄，西湖烟雨忆维舟。沧桑历后身还健，乔木低徊我欲愁。好避弓旌弃轩冕，长林空谷任闲游。

灵境珠泉抱膝眠，乱离文字壮诗篇。高风遁迹同周党，薄宦生涯似郑虔。草长蘼芜悲旧友，年来湘绮、葵园相继即世。歌残桃叶惜华年。摩挲老眼看尘劫，大地荆榛莽夕烟。

挥手风云十载余，比来杖履复何如。唐宫法曲谈天宝，楚国南金启地储。满径松萝晨命酒，高斋风雨夜摊书。乡关烽火连年起，闻说黄巾拜郑居。

酡颜鹤发想仙姿，白傅年华杜老诗。文献曾编耆旧传，姓名终逸党人碑。南湘词赋宗风在，东鲁灵光物望推。惭愧雕虫余薄技，天涯流水有锺期。

廖荪畡太姻丈与湘潭王湘绮先生游大沩山归赋诗沕山寺壁间家大父令次韵写呈

成嶙字采九，克襄孙。曾任工商部工业司司长，暨全国度量衡局局长。著有《莡庵诗词稿》。

祇园灵踪记此山，传灯先后足追攀。飞来杖锡开烟黛，散去天花认翠鬟。百叠晴峦护兜率，大千法界拱琅环。南邦耆旧风流在，腊屐来寻石室间。

呈廖荪畡先生用杜工部赠韦丞左丈韵

徐崇实字笏丞。清诸生，
湖南高等师范文史专修科毕业。

丈夫生末造，未达善一身。上无明圣君，悃愊谁与陈。开卷对昔贤，欢娱似嘉宾。茫茫隔千载，契合在精神。草庐甘淡泊，篱菊意相亲。愿舁香山舆，愿结浣花邻。斯道未陵替，仙源终问津。悠然北窗下，梦见羲皇淳。夷风渐中夏，颓波日沉沦。鲰生更何能，荏苒四十春。坐视乾坤覆，寰宇尽风尘。兵戈更饥馑，灾黎长苦辛。抽矢射封狼，壮志曷由伸。天池未振翼，深涧且潜鳞。甚知我公厚，甚信我公真。耆颐耽讲读，汤盘日日新。伏郑老传经，坦忘贱与贫。后生思学步，竭蹶虞逆踆。泰山共瞻鲁，北斗永依秦。踯躅湘江畔，怅望珠泉滨。灵光诚岿然，圣代有遗臣。琅玕傥赠我，切磋得雅驯。

荪畡族叔招饮梅壑作诗二首奉呈

廖士宏字子勋。清诸生，为公
之族侄，曾受业于公子基棫之门。

松萝旧巘犹嫌浅，笠屐来寻物外幽。四面弯环连古刹，一峰窈折建危楼。丛条拥谷山含笑，曲涧凝苔水碍流。更有老梅清节在，花时飞雪满罗浮。

世乱年来万事艰，不辞岑寂掩重关。携琴喜傍桐阴坐，放鹤时从竹里还。岩溜乍添经宿雨，药苗闲种驻衰颜。此闲奥趣宜中隐，石磴崎岖几度攀。

珠泉草庐师友录五

赠 诗

题珠泉草庐图诗

王先谦

桃李松槠梅杏茶，泉香石怪竹横斜。江山清自元延祐，林壑奇于晋永嘉。学道故应幽意惬，多才未免世缘赊。自言蜀郡扬雄宅，恐是洛阳司马家。

按：公《联语摭余》云："王祭酒先谦，字益吾，晚号葵园。督学江苏，所收多知名之士。及归长沙，专意著书。性质厚，不忍以不肖测人。光绪末纪，东南竞崇实业，以为真有益于国与民也，到处投赀倡导，尝规之，则曰：'故知忠告，然已受累，奈何？'语以'速止犹可及，过是欲少味矣'。甚然余言。国变，老死不侮，可谓知耻矣。挽云：'皭然湖外遗民，抱蓉裳琼珮，守意自如，憔悴江潭无所恨；允矣中朝硕学，与湘绮曲园，画疆而霸，垂声宙合各名家。"

蔡枚功

三朝老屋尚岿然，绕屋平畴落槛前。怪石当春留藓印，清溪入夏点荷钱。鸿妻进酒眉齐案，麟子传经韦绝编。欲结茅茨傍君宅，近来无奈橐空悬。

按：蔡先生枚功，字与恂，湘潭人。清咸丰戊午科举人。为王先生湘绮之舅兄，公与论交似在湘绮之前。

皮锡瑞

尘世几沧海，乾坤一草庐。膏肓在泉石，勋业付樵渔。膝抱安龙卧，眉轩谢鹤书。沩山幽胜地，谁叩子云居。

耕读承先业，田园恐暂芜。雄心历关塞，归梦系江湖。冰雪携诗卷，丹青托画图。季伦金谷序，有此胜情无。

富国非无策，环瀛颇倦谈。风潮九洲外，烟月五湖南。盐铁论方急，金银气不贪。脂膏何必润，佳处有茅庵。

生意幽含草，吟情淡入烟。藏书富玉海，灵境擅珠泉。欲夹清漳宅，将求下潠田。披图触霞想，矫首益茫然。

按：皮先生锡瑞，字鹿门，善化人。清举人。时贤谓湘中治经学者，惟先生最为笃实。著书满家，诗文特其余事耳。攸县龙侍郎湛霖督学江西，延主经训书院，所成就类知名于时。公自辑《纪年录》云："光绪二十四年，长沙开南学会于又一村后之孝廉堂，宣讲为臬使黄遵宪、浏阳谭嗣同、凤凰熊希龄、新化邹代钧、长沙皮锡瑞五人，惟皮君所讲，能依据经义"云。

李宝淦

楚南英杰天下无，中兴勋业焜寰区。宁乡二湘实鼎峙，继踵武烈兼文儒。道咸以来，惟湘乡、湘阴及宁乡得人最盛。君子之道异语默，施于有政功岂殊。吾庐歌啸足千古，苜蓿何让牲牢腴。琼琚玉珮有奇耀，名公倒屣承风趋。曹郎积薪聊戏耳，膏肓泉石那可渝。先生以校官为大府敦迫，治矿常宁水口山，嗣改官部郎，处之泊然。拥书百城田二顷，菟裘小筑山之趺。地灵磅礴盖有以，寒泉瀌瀌鸣珍珠。延祐肇迁溯别子，耕读仕宦无华朊。门庭穆行式乡里，陶母莱妇贤声俱。服畴食德五百载，真隐已画桃源图。岸上牵船太矫诡，墙东避地诚安娱。庞眉皓首健腰膂，陟巘嗔被孙曾扶。百年文献赖耆旧，灵光长岿天南隅。平生羞道桑孔术，汉冶周矿皆皇谟。书生作用贵法古，芸人舍己甚矣诬。治矿不用西法，而所获什百于他处。近来富媪改坤吝，求之有道民其苏。阴阳为炭炊万物，财恶弃地非囊储。匡时濡迹圣所尚，北山未敢轻卢胡。萍踪邂逅荷折节，绪论顿起蓬心愚。疮痍待哺殷望岁，秋稼芃碧连郊郛。朝来猛雨涤烦溽，沩水乘兴翩轻舻。嗟余尘鞅百无用，长铗未遂归来乎。君不见，季鹰知几托忆鲈，寻阳薄宦三径芜。岂知城市有大隐，抗迹邈尔羲皇徒。南山酒熟酡颜朱，泉甘庐好德不孤。手种梅花松竹梧，林有猿鹤池鸥凫，白云黄石同怡愉。

易顺豫

天未斯文丧，依然涣有丘。《易》“涣其躬”、“涣其群”，言文其躬、文其群也。《吕览》《说苑》皆释“涣”为“贤”，曰“涣其群”者，言朝廷之上多贤臣也，盖引申其义。则“涣有丘”，言贤有丘，亦犹言丘有贤，故下曰“匪夷所思”，与《诗》所谓“云谁之思，西方美人”，亦古圣人求贤之深意也。伪书乃曰“无遗贤”，此不达于政之谬说。文明大同，世固无不贤者。嗟乎！使在野而无贤也，天地不将毁乎？今天下言教育者，皆欲造就国民，窃以为当造就国民皆为贤民，东西作者，固当不易余言。溪声闲入梦，山意淡于秋。当代能青眼，高歌自白头。珠泉清可挹，莫遣世人求。

按：易先生顺豫，字叔由，龙阳人，为笏山方伯佩绅之次子，与兄顺鼎齐名。此诗自署同征后学，当指光绪二十八年举经济特科事。查俞抚部荐牍中无先生名，盖亦柯学使劭忞所荐举耳。

胡元达字蕃周，湘潭人。增贡生，中书科中书衔，候选训导，初任官矿总局文案，后升提调。

延祐流风六百年，故家堂构尚依然。公先世自元延祐时即卜居于此。三朝乔木参霄古，十笏名园拓地偏。高阁枕山收夕照，平畴绕屋暖春烟。门前一派珠泉泻，试茗频添活火煎。

溪堂镇日对松筠，俯仰宽闲寸抱春。趾美徽猷传彩服，用公家宋徽猷阁直学士用中先生之故事。耽精典籍谢蒲轮。前湘抚俞侍郎荐公经济特科，辞不赴。才名世已推诗伯，余事天教作矿人。展读高文征道力，公曾书大著《珠泉草庐图记》横幅见贻。合将图记镂青珉。

程璟光

珠泉庐畔万梅花，疑是孤山处士家。竹雨帘栊闲展卷，松风庭院听煎茶。图书东壁吟怀健，馐膳南陔乐事赊。惟羡邱园多逸趣，定知场圃足生涯。

门开绿野课春耕，闲看傭农叱犊行。泉籁书声清昼永，溪烟林雨画图呈。一畦寒菜兰成感，三径孤松靖节情。宋玉年来更高蹈，升沈何事问君平。

按：程先生璟光，榜名颂芳，字海年，宁乡吐蛟湖人，为子大先生之从兄。清光绪壬午科举人，官广东乐昌县知县，历署陆丰、始兴诸县。著有《讷庵诗集》。

程颂万

如云诗思共平章，八景楼台七宝箱。风箨自饶坡笋味，灵泉吹落涧亭香。置身时局惊非昨，握手乡情老更狂。何日从公引杯酒，珠泉穿漏养堂墙。

震薄雄心不复论，待翻渔父竹枝音。五千道德自孤往，七十红颜犹壮吟。丑石晚扶幽磴步，老梅香暖隔溪襟。霜缣物色弥今古，圣处终须买棹寻。

释芳圃

殿前不作绯衣相，林下先开绿野庄。戏彩老莱娱母重，含饴大长弄孙忙。朝耕看叱田中犊，夜读忘沾月下霜。儿女溪山真乐备，羡君余裕在行藏。

不勾留处尚勾留，六十栖栖老未休。东踏千山浮浙水，西游万里戾甘州。孔融荐士从人显，君所荐之人多登显贵。鲍叔分金不自谋。多年矿务而家窘于财。湘绮年来最知己，等闲身世付灵修。

张祖同

槃涧心遐拓地偏，泠泠晴日响珠泉。深山云护三朝树，浅草风横二顷田。独爱衣冠存旧族，即论图画似斜川。幽居最有平生意，林壑春闲望邈然。

大湾池馆识君初，一别惊心廿载余。草径已荒刘蜕宅，果园今见仲长居。早闻湖上传名句，最羡山中却荐书。此意从知真在此，比邻吾欲结茅庐。

按：公著《联语摭余》云："长沙张祖同雨珊，居黑麋峰下，有《湘雨楼诗草》。总角时，彼此以诗往来，顾不曾谋面。光绪丙子，晤于宁州陈氏蜕园，雨珊题余《珠泉草庐图》句'大湾池馆识君初'是也。此后相见日多。后其弟冶秋一年没，联云：'四海一子由，荆树飘零，听雨湘楼虚旧约；众中识䤼蔑，笛声呜咽，题襟江馆感当年。'"

邹同寿

列宿长沙夜吐芒，大沩云气郁苍苍。一盘苜蓿轻台省，万里焉耆纪战场。清洁在山泉水白，淡香满径菊花黄。东皋舒啸南窗卧，懒逐征车向洛阳。

天津桥畔听鹃啼，安乐窝前万木齐。抱膝襟期诸葛老，白头吟望少陵低。携锄偶出开山骨，看岳归来倦马蹄。三径近闻芳杜若，高峰何日得攀跻。

陈蔚章字剑溪。

松竹森疏拂涧泉，平冈横枕一庐偏。人宜此地逾清绝，我为斯图亦洒然。世味岂居潭水外，宦情已让岭云先。休谈周党登朝日，且说嘉陵奉敕年。

世事无功似徙薪，将携耕插伴闲身。不知上界何官府，只认农星有丈人。老屋三椽仍旧德，积书千卷未曾贫。梅花本具清修福，妙契如君合写真。

欧阳述俶字曼翕。（按：原
刻《芰源银场诗录》误作欧阳述。）

闻道珠泉叟，皤皤鬓已霜。早能空色相，端不负行藏。抗志沧溟外，澄怀沩水旁。匡时先富国，艰苦独登场。

飘泊江南久，归来喜识君。汪洋黄叔度，拓落杜司勋。声闻凌霄鹤，闲看出岫云。苍茫频俯仰，荣谢若无闻。

遁迹成长隐，林泉独往还。烟萝新宅舍，风月旧江山。白社联吟后，青灯课读闲。杖藜随徙倚，幽趣有无间。

慷慨披图册，青毡老郑虔。一官余苜蓿，万意薄云烟。不必夸金谷，何妨傲辋川。幽然草庐外，谁咏卜居篇。

陈梦湖

芳鲜澄澈美君诗，用陈伯严叙先生诗语。太息吾宗乃特知。亦愿取斯为品拟，小窗凉月沁人脾。

诛茅聊结三间屋，漱石长娱百岁心。有道先生悟消息，一泓喷雪写澄襟。

新阳傅子为余说，此老新诗多似珠。采采离骚供咳唾，芬芳吸卷洞庭湖。

元　祥

湘人多讲矿学，而荪畡先生独能以毅力开利源，普惠于乡。余耳其名旧矣，乃不出与世接，仅于珠泉结屋，肆力吟讽，几数十年，逍遥以老，是又可惜也。其乡人傅子绍岩出图属题，勉以应命。

不仕能经济，闻君矿学精。山林启蓝缕，泉石寓心情。如此诗无敌，泠然纸有声。南游吾未见，湘水溯清名。

涂景涛

在山泉水清，出山泉水浊。大沩山人不出山，恐负山中好花木。山人家近珍珠泉，结屋诛茅忘岁年。将泉醒心涤尘想，但愿作图追辋川。石田沈翁山水癖，因写珠泉泉上宅。山庄云水拟龙眠，隐士风标如鹤格。披图甚爱山水居，我亦归寻山下庐。凿石开泉服云母，养生同读紫芝书。

贺国昌字莑生，江西萍乡人，官至湖南巡警道。

沅湘耆宿几人在，今日披图意洒然。拓地不忘三径僻，识名已在十年前。荷戈出塞寻陈梦，种树编书有旧田。我亦饮泉爱清绝，西邻茅屋倘留椽。

刘 镇

占得蓬壶小洞天，敝庐无恙自年年。一池荷盖翻珠颗，满地梅花落玉钿。过眼早教空富贵，置身应不羡神仙。扁舟莫向桃源问，未许人寰结俗缘。

丹青一幅画图呈，杖策人从辋水行。洗净红尘飞不到，泻来碧玉细无声。春风蕉馆闲评史，晓雨桑田便课耕。只恐白云难久卧，时艰望正系苍生。

王之春

喷薄珠泉里，幽人此寄居。高情却旌币，夙好寄琴书。骨老梅同瘦，心清竹比虚。达生陶靖节，吾亦爱吾庐。

膳养南陔洁，三公不易荣。挑灯听夜读，扶杖课春耕。燧燧从无惊，箕裘善守成。小园足游钓，应胜子山情。

按：公著《联语摭余》云："清泉王之春，字爵棠，光绪季年，以广西巡抚罢职，没于长沙邸舍。官湖北藩司时，俄储游鄂馆之晴川阁，与相渥洽。及充使俄大臣，太子已正帝位，时倭侵北洋日剧，之春乞俄入援，已画诺矣，会中日议和而止。编有《谈瀛录》，论使事能详。挽以联云：'七万里乞援强邻，和议书成，吾谋弗用；数十年讲求专对，谈瀛录在，公去谁来。'"

傅绍岩

先生家近安阳里，云物天南自不凡。尽有高斋能避俗，不缘采药故还山。瀼西卜筑犹为客，阳羡求移总缚官。何似连州栖隐处，吟情长寄翠微间。

十载银场历苦辛，朱颜鹤发自精神。谁知九府输将绩，犹是西曹著述身。兰菊丛生池馆静，图书布列鼎彝尊。幽栖山阁何潇洒，惭愧乡邦后起人。

平生邱壑秋蓬感，湘泽仍求半亩宫。春水浮天思舍北，青油为幄忆江东。买山避地虚求点，闭户笺经识向雄。安得结庐泉水畔，一椽茅屋近庞公。

欧阳俌

百门泉侧驱车过，探幽祓禊池亭边。池底珍珠错落出，迸碎十亩玻璃田。康节祠堂对其右，开轩读易风悠然。今披此图忽追忆，淇左别派沩山沿。铜盠铁篴古鼎外，竹树阴翳椮参天。朝餐小漱石齿齿，夕茗净挹凉涓涓。枕冈藉邱日晏眠，鞠井之后陶庵前。回廊曲磴起闲步，齐雪继海觥为船。田水声中倚杖虔，荷椝雨过相澄鲜。欲知主人奚所便，安乐窃比窝居贤。悬岩千尺堕马下，折毁一帽形神全。每日清晨炷香谢，打□四可摊诗笺。学人之诗才人笑，语虽陈腐思清妍。怪君智珠藏有渊，遇物烛理随方圆。独于拈韵骋雄骜，华岳劈破三青莲。气盖关中轶豪士，趣契濠上非顽仙。此道时人寖阁县，山鸡顾影徒自怜。读君篇什见风骨，犹可独到垂千年。泛桡何必趋斜川，谳客何必规平泉。即兹辟坠愿止足，秦火纵裂桃源偏。书成蜀碧箧不及，安土自重宁论迁。君看鹿门高隐士，茅庐入画溪林烟，嗣子守郡襄阳传。

李瀚昌

甲辰夏五溽暑，访芬畡老兄会垣矿局，见示沈明府所绘《珠泉草庐图》，因忆去夏衡州之游，尽睹常宁水口山矿状，部勒千夫，信恺恻而有条理，尽举所见，敷衍成篇，顾白发红尘，于心戚戚。尝赠余言“得以接羅花下坐，相看常覆掌中杯”，兹师此言，转相赠耳。

山城烁日人浮瓜，炎毒蒸雨汗如麻。我来访君见此册，一团凉气浮轻纱。长松马鬣风吟壑，比屋鱼鳞烟绕郭。平畴不旱碧参差，夜气舒寒珠错落。笑君挟画可忘归，画中之庐是也非。度岭寻君岁凡几，造庐见君日已稀。衡阳旧贡金三品，焦源新掘银三井。岩间力士驱五丁，穴里珍腴逾二丙。琉璃湖畔烟尘秋，眉山父子良弓裘。宝光璘彬月皎皎，诗情啸傲风飕飕。但取脂膏润吾国，焉用渔樵守泉石。何况沈君图此图，直似幽人宅尔宅。不然出山宁似在山时，问君消夏将何之。固知吾庐亦可爱，岂其三顾来相谘。

黄培英字子璘，宁乡双观黄氏。清光绪己卯副榜，周提督达武延主张掖舫得书院讲席，回里后，主讲玉潭书院。

清水源头证性情，出山虽浊在山清。老来淘洗浑无玷，为写淇泉绿一帧。

杨文锴

晴鸟寒猿自在啼，三朝云木绕庐齐。霏微楼阁涵空迴，潜演陂湖入望低。春雨杏花耘下陾，秋风寒菜长芳畦。门前屡扫征车轨，老守床头百瓮齑。

插架牙签自抚摩，从容杖屦日高歌。才名十载江湖远，野屋三分水竹多。经国早谙盐铁论，传家尤重力田科。毫端历历林塘路，曾记元亭载酒过。

徐崇实

郑公香草正盈门，乔木参天长石根。万卷藏书人独乐，五朝遗老道还尊。风生暖阁春如梦，月浸寒泉夜有痕。何似浣花江上宅，羁栖吏隐未须论。

隐隐诸天抱蔚蓝，维摩禅向赞公参。瓣香儒雅期千载，衣钵宗风托一龛。谁信异才能寿世，方知嚼苦待回甘。西京父子传经在，好共如来证幻昙。

珠泉草庐师友录六

笺 牍

四觉草堂书札

陈宝箴

荪畡仁兄先生史席：春杪返自里门，值先慈大事方殷，未获饫聆清教。遂尔扶榇东归，辱荷台从步送江干，谊隆情渥，感篆良深。比维进德崇业，日新有功，堂上康和，百祉蕃集，至为颂仰。小儿仰被教泽，闻亦粗有进步，望风铭感，我怀如何。惟失学之人，如久旱之植，生意萧条，必日有以灌溉之，乃有发荣滋长之效。尚乞先生日将四书经史等书，与为讲解，即示以作人立志之方。此外古文时文，随时讲解，使义理浸渍，志趣有卓然向上之机。则生意悠然，庶几渐有长进。高识以为何如？去年读大著古今体诗，极为佩服。然鄙意学问须识大，头脑当先立其大者，所望从事圣贤，务为有体有用之学，则所成益大，所诣靡涯矣。刍荛仍乞教鉴。不具。愚弟陈宝箴顿首。

前肃谢函，由刘朴翁转寄，并询贲馆之期，以便专迓，乃久无覆耗，翘盼殊切。而尊府又未知在宁邑何处，无从探访。正在踌躇，适接周渭兄寄函，具道曾晤台端，同此悬系，并开示府第地名，用特专人走迎，伏乞择日贲临。或即偕去人同来，或先将书籍器物，付来足挑下，均请裁夺。宝箴拟于日间先驰回里，卜择葬地，再来湘扶榇归窆。

相晤万一不及祗候文从，当命冢儿及舍侄辈拥慧恭迎也。手泐。即请道安。

暌教忽已经年，每憩闲园，未尝不企想清谈挥麈梧竹生风时也。次奉惠书，并观与儿子长幅手翰，词旨隽远，著纸欲飞，读之有凌云之概，想见游心翰墨，抗迹古人，所获多矣，把玩慰喜无量。弟今年奔走风尘中，迄九阅月，光阴坐废，须发半苍，顷复重寻磨辙，终日旋转，不离故步。五十如此，百年可知。仰观骏采，直在元龙楼下矣。辱承奖饰，弥益内愧。家人罗湘，书画均有意致，诚如尊教，已留在寓中。第主人非萧颖士，又不足以资其温饱，终复飞向高梧耳。宝箴手叩。

大作藻采缤纷，如闻琼琚玉珮之音，自然合度。七古如《会春园词》诸作，俊丽芊绵，置之樊川集中，几不可辨。近体亦纡徐卓荦，大雅不群。惟五古体格稍逊耳。近读曾文正公札记，谓作诗须克去徇外为人之见，屡以此痛自绳警，即此可想见公之意量深远，而古人诗教之本源，亦不外此。故公之诗词，亦皆卓然有以自立。三百篇且姑弗论，即如陶渊明、左太冲、太白、少陵诸人，其性情胸次，学问根柢，真有不可及处。故数千百年后，读其诗者，足以鼓舞悲愉，激扬志气，盖其精神有独至者，故久而不敝也。孔子论诗，谓可以兴观群怨，事父事君，此岂研摩声音磨切体势所能至哉？光景易驰，斯道甚大。连日获观诸君子所著文词，各臻妍妙，不禁望洋之兴叹，有失学之悔。然尤望与同志友生，交相敦勉，务厚植其所以为立言之本者。斯本末交修，所到愈不可以道里计矣。高识以为何如？

俞侍郎书札

俞廉三

日前令郎至，承寄新疆出土汉碑，人间所存无几，洵堪宝贵。刘君画笔能品而已，世兄学画于沈咏荪通守，笔力极为老健。然鄙见初学入门，务宜循守规矩，学成之后，放笔为之，自臻精妙，若一意放肆，稍不收束，便入狐禅矣。质之高明，以为何如？北事日棘，讹言繁兴。水口山夫役萃积，已饬派刚旗步队澄湘水师，分驻联络。台端办事，素有条理，尚祈将工人役以束伍法部勒之，勿使勾结滋事为要。矿务自弟去岁赴都后，半年以来，略为松手，以致积成巨亏，值此多事，销路不畅，其将何以为继？日与修原诸君筹商办法，分别裁停，以期自立。务祈阁下将本局截至六月底止，存银若干，存砂若干，估值银若干，开一简明清单交来，以备综核。勿迟是盼。手此，敬请文安不宣。弟俞廉三顿。

按：公第五子基杰，字叔怡，幼嗜山水画，见纸即涂抹，公恐妨读书功，辄加呵责，然终莫能禁也。县人刘书舫启事愔，精六法，曾充内庭供奉，公子基杰之外曾王母，为启事之妹，故张氏藏其画本甚多。每至外家，辄取以临摹，久之，得其神似。公居矿局，遂命学画于山阴沈翰之门，称高足弟子。俞公亦工山水画，见公子基杰作品，亟为赞赏，屡出纸索画。书中称刘君画笔能品而已，则指书舫启事也。沈翰字咏荪，号醉白，以通判试于湘，本非吏才，而又用财无节，故终岁不得一差。俞公特赏其画，委以事。又亏公帑甚巨，自是以鬻画为生，然每至断炊。以民国四年卒于长沙，无以为殓，县人黎新辅，其女夫也，为之营葬。所藏书画，尽入黎氏，今亦散亡矣。

昨得畅谈为快。顷辱手书，钞示两函，阁下之谠论，蓬洲之虚怀，均堪佩服。训饬四条，具见卓识。诸生之敢于多事者在恃众，尤恃学官山长之徇庇，条内豫为道破，不为缓颊，难为曲全，自然帖服矣。大著五篇，留之案头，容再细读。台旆旋衡，遇有地方紧要之事，随时示悉。行书八行，取其简便最好。手此即颂行安，廉三叩。

按：蓬洲乃衡州府知府唐公步瀛字也。光绪二十八年，唐公实授衡州知府。公任清泉训导，致书唐公云：“欣悉已得真除衡郡之信，朝廷用人之明，疆吏汲引之当，均令闻者色舞，不仅末吏得所恃赖已也。汉治最为近古，其要在于重郡守之权，近世官制益繁，守之上临以督、抚、藩、臬、监司四五公，层层辖制，办事乃如束湿。又禄薄不足自赡，恒仰给属县之供亿，于是察吏安民之事，无一能行。

独公率其廉直刚明之性，不受上下羁绁，用能发摅，当躬用弭此邦将生未生之变，此岂寻常所能庶几？今望已尊矣，效已著矣，下怀倾仰，夫复何言？然数月以来，窃见公嫉恶虽根于好善，有时亦病其过严；刚正固出于无私，一发微嫌其太尽。极知经权互用，外虽示以威严，中怀仍多慈恤。然外人能知此旨者鲜矣。若能稍示涵宏于旌别淑慝之地，但精内鉴，不示人以形人之畏，而戴之者不更多乎？凡此不过尊性小有毗倚，无伤大段，不应献暗规于明达之前。然人情于素所爱敬之人，则相为之情益切，抑人当名位渐亨之际，则自恃之气易流。禹之戒舜曰：'无若丹朱傲。'夫圣如虞舜，何傲之有？而犹不免于云云者，爱之深也。近代方灵皋序其座师高素侯之寿，至虑其无成，素侯不以为忤，当世两贤之。区区之诚，亦如伯禹、望溪之谊也，抑孟子所谓齐人莫如我敬王也。公倘不以为忤乎？"唐公得书欣然，谓此后当以师事，不当以友事也。公旋赴省，俞公询问唐守官声如何，言微嫌嫉恶过严，又好骂人。俞公谓君曾规之否，公具言不独随时献规，且曾具书婉劝，并言唐公得书，深以所说为然，复书义谦而词下，以得良规自贺。俞公遂索观两函，故有"阁下之谠论，蓬洲之虚怀，均堪佩服"之语。公与唐公，本为夙好，公之直谅，唐公之虚衷，弥见交谊之笃。而俞公之关心属吏，尤非后世所可几及也。

昨承王壬甫赠序，有"于是耆老搢绅作为颂歌"，知吾兄必有佳作，同寅中已将纸式寄交蓬洲太守转致。顷间适奉手书，并荷赐诗三章，情深而文明，音和而义古，两心相印，不约而同，何神之巧合耶！湘中贤士大夫，于鄙人之去，若有私爱焉。实则孱体无能，不得已而计出于此，非敢以鸣高也。执事过言之，殊愧不敢当。惟雪泥鸿爪，物各有情，异日按图而稽，独足见衡湘间一时人才之盛，后之视今，恐尚不能无递嬗之感焉。诗云："虽无德与汝，式歌且舞。"仆与诸君子，愿共伸此义云尔。大作请即书列纸端，惟祈行间稍为茂密，俾余纸多佳什，幸甚幸甚。刻正简料归装，行期在上巳前后，知念附及，手此鸣谢。敬颂台绥，诸维雅照，不尽所云。

驹光如驶，又届迎年，每念良朋，至深驰泝。自仆去湘，大府已四易矣，后来居上，抱愧滋深。午帅至鄂，屡次晤谈，意欲振兴矿务，颇以人才为念。当将阁下办水口山获效及总省局节费增价有益公家情形，向之详述，颇觉忻然，务望尽力赞襄，收此美利，以资缓急，地方受益不浅矣。近来理财者，专事搜刮，元气日伤，大属可虑。愚窃以上资国用，不损民财，兼可以养无数穷黎，莫办矿若也。然环顾天下矿之获利者，独湖南一省，他无闻也。数年来惩刁徒之勾串，杜外人之觊觎，为他人之所不肯为，始克保此利权，此中艰苦，惟足下深知之。闻水口山出产如旧，平江金矿，忽然衰歇，不知近有起色否？仆侨寓武昌，杜门谢客，颇觉安闲。故乡无一椽之覆，一垄之田，诸须草创，动需千余金，川费急切，未能归去，不得不且住为佳耳。手此，敬颂年安。

月前接奉惠书，并徐思渭委札一件。张润庭故后，复承优予恤银，昨由喻仙乔太守交来银九十六两，当即转交润庭胞兄汉关收支秋帆大令寄家矣。凡此厚意殷拳，同胜感泐。秋帆属先致谢，容再专函奉达。至徐舍亲委札，亦即寄去，嘱其赶紧料理启行。兹来鄂垣，特令其趋叩崇阶，所有一切应办事宜，务求指示。思渭号典卿，乃伯系戊午孝廉，乃翁系岁贡生，均有文名。典卿幼年失学，然文理品谊，均较润庭为优，惟乡居素少酬应，于外间情形生疏，尚须加以历练，将来可望有成。弟与之戚谊，颇为相近，诸望吾兄推情关爱，视同子侄，遇事教诲而提携之，从此得以成立，皆大君子之所赐也。专托。敬请著安，诸惟爱照。不尽。

自别芝仪，至深驰溯。即维襄劳矿局，综核宣勤，惟愿持之以坚，使利权不至旁落，庶不负义宁创办之初心，与执事赞襄之实力，弟亦与有幸也。弟离湘后，以无家可归，因循至今。春间始向亲友借得暂居之屋，得以回籍省墓，匆匆月余，仍来汉上。小儿差事届满，已有替人，将来或宁或苏，暂作寓公，此时尚无定向耳。

阁下珂里言旋，宣劳局务，杜外人之窥伺，辟本地之利源，定能日起有功，藉补湘中贫瘠。次帅濒行赠别之言，至为深切。次帅虚怀，与阁下直道，均可佩也。弟本拟东归省墓，因怯春寒，惮于远涉，遂令小儿恭代，往返月余，近始回鄂，一家团聚，日以课孙为乐，孱躯粗适，堪慰雅怀。仍珠观察，不及另函，希为致候，并达鄙意。是所拜祷，专此奉恳，敬请台安。

久未致书，至深驰溯。遥维新岁嘉祥，百凡如意。湘矿发达，倍蓰于前，荩筹之效也。鄙人武昌留滞，暂作寓公，物候惊新，欲归未得。去冬喘嗽衰颓之象，甚于往年。小儿随侍晨昏，不令远离膝下，至今未赴江南需次。身眷粗适，足慰雅怀。

多年契阔，音讯阙如。侧喜槃槃之才，见知当道，主持矿务，荣登剡章，为国家保利权，为梓桑兴实业，得时则驾，有志竟成，预贺预贺。弟忝管储胥，兼司法律，资政院方筹办选举，亦须随时集议。三处奔走，竭蹶不遑，衰朽计虑日疏，一得之愚，未必有裨时局耳。手肃奉布，敬贺大喜。

昨承降临畅叙，至以为快。世兄画笔雅秀，大有进境，至佩。本拟奉约小酌，因天寒日短，敝署公繁鲜暇，特治家肴四色，为世兄洗尘，即祈哂收。另小屏四幅，请世兄临古，或由大笔一题，不必急急，尽可回湘后从容著笔，再为寄来不迟也。日前面交空册，以一页录大作，一页恳世兄作山水，将来汇列全册，并付石印，可传之永久也。廉三手叩。

湘绮楼书札

王闿运

苏畡老兄先生道席：正初还山，得游尘外。龙狮灯鼓，犹见承平，咫尺桃源，方成独乐。想耳闻教士，目见金山，傲世居卑，别有寄托，偃觗兴孔，送考收租，又一快也。闿运乡居一旬，稍理笔砚，拟呈尊太公墓碑录，答称美之志。虽不合八家法门，于汉格已为详切，幸斟酌之。两月期满，督部又必有鸿文。科举更张，教官必有山长，闿运引退，盖以避贤，不知矿能世守否？堆金润笔，企予望之。弟王闿运手叩。

按：光绪二十六年十一月，公在清泉学署，命公子棫、朴、懋、栋，迁葬王父芬田府君于近宅神山庙之原。时先生主讲船山书院，公乞撰碑，文云："君讳含章，字芬田，宁乡人。其先自泰和宋端平时，有为长沙将领，留家湘中。元延祐时，占宅新康。当乾隆初岁，租万石，号'衡田廖氏'，君即其世裔也。幼而和静，识量闳朗。父讳锦江，有三子，君居其稚。年十五，即授之室，令守衡田，缵承祖业。姻族惊异，观其基构，乃和谨以接物，勤俭以饬内，曾不十年，旨产赢倍。遭丧哀毁，祭丧以礼。两昆析居，各有积债，然耻于相累，反谓宣骄。君创议同居，爰谘阃内，陈其泪义，执意不迁，捉襟固谏，遂裂襦而出。仲兄感焉，竟还合爨。长老闻者，佥曰好名，君委曲将持，怡怡如也。内和外睦，既翕且湛。诸子长成，乃悉推家田，俾兄子与己三子均分无异，然后论者悦服，名闻远方。既蕴才智，不忘经世。浏览史籍，赅通政学。尝欲脂车怀铅，观国上京，朝官劝隐，于是辍辔，老犹悔焉。以命孙子曰：'士不能用，犹康瓠耳。'厥孙树蘅，聪听彝训，文行有底，见器州将，君之志也。受性恺悌，汪汪不测。语如恐伤，而人意醉然。年六十有八，咸丰五年八月乙卯卒。于是湘沩戒严，报葬前冈。越卌六年，岁在庚子，乃卜葬神山之原，县南乡也。树蘅追滂弘铭三老之义，用敢采述逮闻，刊勒明德。其词曰：懿矣明德，实尧之胄。衡田万石，食沩而富。季子承基，于宗有庆。友于兄弟，是亦为政。研说坟典，目营四海。壮心洸洸，施于孙子。神冈养芒，左林右原。舒此长道，表为灵阡。"

积热得风，休息一日，乐可知也。篆额俟归时令写，字价稍减于兄，而犹过其父。不可远致，明当入城。来示当告胡程行箧无具耳。新诗一首，伴肉尚乞正削。敬颂夕安。

前闻赉羊，心欲得之，以例却，未便再索耳。果荷重赐，感悦无似。冬笋六筐，来自嘉平，与公赐时辽远，岂使者之訾言耶？令人又悔失此十筐也。俞举早有成言，昨阅名单，天下阔人不少，但少老人耳，得公魁之，使此科生色，不可辞也。石门阎生，似又删去，尊处见折底否？与小儿同举，居然年伯，虽辞免，已辱矣。呵呵。明当相见，适有客在，不具专谢，并颂台安。

按：公自辑《纪年录》云："石门阎镇珩，字镜蓉，以所著《北岳山房文集》交其门下陶履谦致赠。旋来相访，偲论文章风会得失，甚有意识。惜其目眵难久视，步履亦艰，不能常晤谈。随以历年所为散文乞序，明日至所寓遐龄庵报步，已脱稿矣。文刊集首云。"先生函中阎生即指镜蓉先生也。又按：先生长子代功，字伯谅，一字吉来，与公同举经济特科，故先生以谑语调之。

二十六日请客，故言二十七日断炊，其实早买零煤矣。分送则不必，反劳费也。不通卷又来四百余本，系辞馆先已出题，不能不看，斯文扫地矣。特科又生谣言，盖考生先发制人。报纸之为害如此，经济先生何以救之？

会试人京城呼为煤炭客，以其不谙事也。新法煤亦成矿政，又成大宗，犹瞿、张之发达矣。先生银煤并运，而闿运较贤于亨大利，则矿人之利薄矣。明年辞事，尚须为我再济，期之春水生也。送上十七饼银，不足无补，多即犒押船者。并前诗一纸，直幅一张，联则未逢暇时，俟后呈上。敬颂道安。

送炭船来，奉手教，洋洋乎洋洋焉。知王介甫之非以去要君，为鬼怪辈害事也。功成身退，自然之道，龟山蔽之，斧柯奈何？午后兵备来，谈及唐、刘佩服之诚，方以不得大用为恨。公论自在，私意将不得申，闿运亦随风转舵，又附于在矿言矿之例，知去就理多端也。且如公去，则明年送炭又靠何人？然则为国求贤，公私两利，孰若附和一人，徒增林下一诗酒朋友乎？恐公以买炭亏空，辄送卅六元交五世兄，以清前款。黄色人不肯杜后患，粮课之来，日内正与圣贤相对，此百五十石消得著也。凉秋始还，其期甚遥。张制军有巡江之议，进退维谷，窃恐公亦拜巡矿之命。则夺我凤池而仍栖枳棘，又洋人所不料耳。专复申谢，即颂近福。不具。

积雨新晴，方欲待路干诣谈，已复雨矣。今年恐不能步也。前承代运石炭，久不问价。买卖固无不取钱之理，苜蓿亦非送炭之官，今送上二十元，多即见还，少则更索，以示光明磊落之概，毋染山阴习气也。呵呵。

凉雨潇潇，归帆好发，水涸沙行，舟轿并困，故不诣送，亦以相见在即也。诗卷呈鉴，白马巷裱店所裱，物换星移，已不可追矣。公视今胜昔耶，昔胜今耶？《泰山》一篇，乃压卷之作，彼时所未有，故跋语自负，非谓书佳也。炭已大惠当领，贤劳少得为佳，所谓少许胜人多许。即颂夕安。不宣。

治具未虔，致阙酬献。次日即愈，二十四到城，闻已入山矣。承临问，甚感。重以大牢之胙，敢不拜嘉！初四日当得一聚，先此附谢，即颂秋喜。

知公先我而来，又后我而到，行踪轻简，宜其胜湘潭人也。但送炭是其专责，况正当雪上。今遣船来，所未可知，自往松柏耶？亦又出尊处余积耶？乞示为幸。明午当见，先此恭颂道安。

明日能为罗汉寺之游否？夏临郊雨，均可赏也。园中三梅树，仅结四子，极可笑也。当往耒阳求之，得则以上。隆传草草，不足谢，附上乞鉴。到此尚未开笔，幅纸并扇，是弟一生意，即当如命。专复，顺颂大安。

按:隆山人无誉,本穷愁枯槁之士,无当世之名。公既介于陈侍郎父子,为刊其《罘罳草堂诗集》。卒后,公为词哀之。光绪二十八年,复乞先生为之传。于是人莫不知有隆山人云。先生所撰隆传,通行之八卷本《湘绮楼文集》未载。编集过早,晚年之作,既未收入,亦未续刻,兹附录于此。传云:"隆观易,字无誉,宁乡人也。父任侠,为里豪所仇,观易年十余,避走衡阳,易姓名,居莲湖书院,从生童诵读,颖异劬学,诗文幽苦。衡阳欧阳生时为馆师,察异之,诘其自来,具诉其冤。生女夫曾国藩,属以侍郎治兵衡州,移文宁乡,悉反其事,捕系其父所怨家数十人,欲穷治其狱。时骆秉章为巡抚,以国藩侵官权,固不乐。里豪乃偏诉,其县吏士因左宗棠告巡抚,径下檄,用便宜斩其父,事又大反。观易甫归,遇奇变,即又窜走山谷间。有廖翁者,知其冤,容舍之,资其衣食。观易日长,学亦日进。既逃徙不敢出,唯与二三相知不涉世事者,以诗写其忧,不袭于古,自发摅其愤,所遭际然也。岁久,事益解,而怨家犹盛,不敢入城市者二三十年。县人文武达者,皆无因与相识。后乃识廖树蘅,树蘅奇其才,哀其遇,稍稍言于官士间。义宁陈宝箴,好奇士也,得见观易,特以为诗人之穷者,又隐扼不自拔耳。然尤喜其诗,为之刊行,间以示人,人亦未之问也。观易既久抑不得奋,思游关陇,从军绝塞以自振。光绪初,过宝箴寓邸,辞而行,行未至嘉峪,道卒,年四十一。妻某氏,困约时所娶也。有子志毅,贫不能自存,树蘅合其友数人经纪之。出其诗以示王闿运,王闿运曰:自军兴以来,搜求振拔,文武之材多矣。曾侯尤好文,一介之士,一语之善,未尝不知赏也。余居家,亦汲汲于遗才,自谓无遗焉矣,乃初不知有隆生。知之矣,不知其厄穷之由。夫文章易见耳。当吾之身,百里之内,而使斯人颠倒侘傺以终,可不悲乎!"

昨使来,适有稀客,未能作答。来札甚谦,意甚厚,惜引喻失义耳。豚肩之赐,以拟换羊书。苏黄年辈略相当,奈何欲拜门乎?茭苋秋疏,比韭花之佐肥羜。恨拙笔不及杨少师,然皆诗料也。弟诗不苟作,酬方家尤难兴到。会有报,与寿酒皆遵命展至九、十月,唐侯当不作裕公也。廿四日有郡馆之邀,会当相见。日内童仆尽出,竟不能出游。此简命船夫走送,用违其才,亦当赋舟人之子耶?专谢颂安,唯望不具。

久未奉诣，昨遣探，始知在署，苦热未得过从为歉。周云昆旧傭孙姓远来相投，衡州绝地，以系武字枝流，尊处能位置否？不思斗秤金银，能于渭公少壮时足矣。辄以奉干。

今日始将联纸涂鸦，尚未署款，即复承润笔。鱼鲜来箕之惠，益自恧也。君豫撰著丛残，须就簏搜之。既不识其子弟、其兄，又与文人隔绝，恐不可得矣。如不问诗，不待应昆之诿讹也。省城有为鬼国辟天街之说，盖玉池所早料者，弟已为佻巧之刘崐耶？

正月闻高升总局，初不为婵娟思归之说，以为不还衡而遥揽耳。三月间，以贵县南轩祭田事，又寄一书。昨到省，乃知仍吾同学也。得赐函，荷承奖谢，不以为浅弱而加美词焉。水陆之珍，山家顿富，邻里皆知仁孝之厚宠也，敢不拜嘉。园梅正熟，妇女压糖，忽得蔗冰，尤为适用，一家欢笑，以为得文章力也，过百朋矣。承示并欲书本上石，闿运但习挂帐记名之书，殊不能佳，敝同事黄觐虞、徐叔鸿亦不恶劣，公直患转折耳，俟再至长沙代谋之。时局殊无定，中外骑虎，群儿皇惑，不值静者一觑。然以矮檐下牵率忧天，公私俱无旦夕策，况长计乎？此时尚何颜拥皋比？仁兄居官当差，旅进旅退，反裕也。拙著乃群弟子敛钱本经，捐俸适中其计。学官正事，则亦可矣。来使早发，奉候午祺，并谢。不尽。

送别以后，以为必追湘舟聚谈坡局，乃廿五日，女船已到。官绅均不许嫁娶，赵家姊又系未出阁之老女，不租屋主婚，众议留待明春，以省往返，不得比袁本初回籍之例。以此独居空馆，静待岁除，视先生还山围炉，虽儿女满前，究无故山芋栗，以此为负也。将与谭兵备作消寒诗，甫开一社，苦无题目。其前一集，为咏物四首，俟缮写来院，方能钞呈请和。第二集即送袁锦旋，诗尚未暇作。余寿平亦竟不至。此间又派兵援桂东，军书旁午者连日，想公尚不知也。今年水仙甚少,云系烟客不来之故。此又一题目,诸郎想能知之。专颂岁禧,中外禔福。二十一日。

得惠书,匆匆未复。闻关到南昌,已闻湘报子龙去而士龙来,极天下平庸之选。学堂瓦解,朱唐失望,王刘欣然,复有生机。梁焕奎不得手诛,胡子靖自然缠足。真足以推倒豪杰,开拓心胸也。银砂坐拥,以听浮沈。不必私忧,唯堪一笑,应与鄙人同师漆园。家摩诘诗云:"一生几许伤心事,不向空门何处销。"郁轮袍,凝碧池,一时涅槃。城中冷热人,谁能解此?闿运每于此参悟,尤愿与知我共之。求差辞差,俱为多事。官中堂云:"混而已矣。"伯严昨在此一见,梦犹未醒。建议七十五县,县派两生投倭,以宾兴经营供给。老夫目笑存之。昔黎樾乔见程晴峰陈说军务,程云:"四哥高见。"长沙围城,众绅士同见钦差议大事,既去,或问何人何见,罗苏溪曰:"如麻雀嘴喳喳,我并没有听他。"今以此法对付三万九千九百九十九人,亦红顶心传也。初到日,对百客何足为劳。因感迁移,急书鄙见,如有新事,仍当续闻。敬颂道安,无他驰企,惟珍卫开通为幸。

按:公自辑《纪年录》云:"任官矿总局提调数月,以人百其心,徒劳无益,意拟脱去。时先生在江西抚幕中,遂邮书以商去留。"先生复书如此。公尝谓先生笺启多谐际,间有深至语,耐人寻思。如所言"求差辞差,俱为多事",谁人解道?经此提撕,遂真守官文公之训,不再上书求去,授浅夫以退为进之讥矣。

得七夕前手书,快若对面。官士传观,胜报纸之开通也。子龙又投本初,不知择主,岂天时所会,非人力与?矿局学堂,以时鼓动,得吾两人者镇之,居然顽固矣。客不可久,非若矿局自随,已于前月底辞馆退居,待水而西,渡醴还湘,践珠泉之约。然有急事不能刻待者,平江李世兄之馆也。次山许以帮办,老兄又已金诺,乃系稽查,何其轻当世士耶!如次青者,犹将十世馆之,况其诸子,而令侧陋,想公明恕,必不以复。劼刚一座矿等千户侯,愿无印刓而不忍与耳。专此仰干，顺颂道福。展重阳日，当遇我于藩墙。惟照不尽。

两次入城，均不得见，提调之旷官可知，殊不及日日摸麻雀者善于其职也。闻有煌煌大文，整顿三公司，徒托空言，亦非真混，今日岂尚可庄语耶？有长沙徒弟黄伯仁，初学钱店，颇通书算，求随便驱使，与以一碗饭可矣。弟近建议开吃饭学堂，专收桐油罐，此人尚非全无用者，可添修凤楼也。秋清且游华山，冬至还湘，想又回珠泉矣。必须预备家釀，不再负约为幸。

珠泉放筒屡愆期，会山中销夏，暑气全消，旧居林密，定胜新村。乃自入火城，输我羲皇一席，中元日近，又想还山矣。八月十五看月，或可同也。端去匆匆，不督为憾。前五月相见，已知茶饭无心，未料其遂从小儿乘桴也。新使例请回避，此除或又是一计。其人傭俗有余，亦士龙之流，揣摩无益。仁兄拥巨赀而坐观成败，所谓振衣千仞冈，权力过于倭人，何混之有？蒋少穆颇为郴人所訾，将有京控。此公有官不做，有钱不留，而仆仆风尘，当佐杂市侩之差，殊不可解。弟以为亡友李申夫之知己，因友及友，颇欲进规，无缘相值，台端倘亦引为同党，乞将此书示之，否则作为背后鬼话可也。闻学堂复有变动，何吾湘无福至此！东南宜废学，西北宜兴学，圣人复起，必从吾言。樊云门文采可观，行事亦辣，慕天贶之所为，而心地未副，得公赏鉴，南北增光。然直道难行，众人皆醉。有转移于枢机者，又有转移枢机者，又有转移转移者。总之，见公银砂，则束手归命。十樊藩何能为闿运求图书馆，不得，更何敢望俞生？但银砂不能转移我，则差堪自信。暂时课孙训女，以遣长日。秋凉当一出发舒。手此颂安，毋任驰企。

前留信，想得见。天雨不止，遂不能出。吴竹庄一肚皮话，无从说起也。妻弟蔡叔止贵县门婿，想闻其名。兹有至戚名条，求量宜即用，统压群班，破除他人情面，作弟情面，其所关情面不少。书此以博一笑，余俟面言。

别又半年，惭无新养。似闻来雁，云欲飞凫。顷奉手书，知期正岁。猥蒙忆及生日，饰以鸿词，兼媵多珍，捧承惶悚。百朋之锡，前已拜嘉。重贺叠施，谦云助作，虽知贫同于鲍叔，而炫富有类王阳。诚恐下士闻风，争夸五凤，则点金无术，将累老兄。不许原辞，必从隗始，即送考为虚行耳。且谢且笑。闿运以嫁女入城，中丞以次，制序赐寿。既为从来未有之典，又当不可称庆之时，叩首固辞，抚藩蔡公，坚执不肯。岂洋务亦染华风耶？日本笑人，行将及我，先生闻之，当又莞然。贵提调亦倡率祭酒，甚妒公之先鞭也。在城度岁否，尚未可定。日内颇为烦冗。手肃先谢，迟当续启。

六日从游，勤款周至，虽宾礼太过，而心赏俱欣，陶李当年，知未能及，但游记不易作耳。节日还家，满堂全福。闿运计程稍远，方羡遄归，及至郭家亭，偶见旗亭有敝县告示，询知已入本都界首，遂得捷径，由银田驰还，甫及初更，遂行百里。舁夫饥渴，曾不告劳，教练之有素也。又不肯暂留，未能酬之。归美主君，专此致谢，并叩同福。余续不宣。

按：《湘绮楼日记》光绪三十二年丙午正月人日："得荪畡书，约至其家，天气未为佳，既约不便辞改，且扶病去。夜检衣被，便还山也。"八日："阴，颇寒，幸无雨。待廖迎力未至，以为改期，晏起，闻夫力已来。便舁至永兴街，又换一力，出城渡水麓洲，二渡已将午矣。小憩龙王市。从柏叶铺过杨厚庵墓前，宿黄泥铺。径路幽静，亦时有舁担，但无年景。店亦可住。"九日："朝晴见日，风起俄阴。出善化境五里油草铺，入宁乡。欲寻智亭逗留之地，无可问矣。卅里至龙凤山。周尚书祠在山北，童家屋稍在其南。山更在山，非高山，盖葬家名之耳。又五里，廖遣人来迎，舁至南田亭。又遣灯迎，时尚未昏。行十里，至横田廖家，荪畡迎于门。又见一客，云王章永字杖云，王学士之族曾孙，新化教谕。廖二、四、五、六子皆在家，出见。妇女馔具洁清，旧家风也。然有更夫，则又官派。"十日：

“阴。晨起，苏晐已兴，议游沩山。杖云告归，早饭后去。游廖园，楼旁一室甚佳，楼不可住，房屋在古今之间。小坐，仍还廖书房，围炉杂谈。书门匾一额，五郎请书联一幅。设正酒，客去无陪宾，苏晐外孙梅童子及二、五、六郎同坐。良农不出，似熊师家，盖不接俗客耳。”十一日：“晴。本约晨发，朝食后已巳初矣。苏晐为我雇舁夫挑子，共四名，自用八名，并随丁二人，计十六人。上道，从田豅出停钟桥，云断卡豅旧有寺，寺僧梦老翁云：‘明日上升，请无鸣钟鼓相惊。’次日大雨雷电，白气漭空，僧讶其异，鸣钟鼓助之。倏大震龙堕，水涌没寺，僧亦漂死。今有和尚桥及沉鼓潭，著其故迹，未记其时。苏晐云：‘采铁地陷所裂，今湘潭下弯、常宁水口，皆有其比。’小憩佃户家吃茶。五十里渡沩水，饭于双凫铺，通安化铺路，湘鄂军援邵自此。进廿里，宿横铺市，刘克庵次子有钱店在焉。近因捕盗防仇，欲建堡城。去市二里许，有云山书院，今改学堂。”十二日：“庚辰立春。朝霜大晴，至午阴云。廿里饭黄柴，云黄木江。《沩山志》云：唐敕建密印寺，材木自此入山，故名。大中年赐额也，初曰应禅，后建同庆，今曰大沩。山皆循沩左行，平沙坦途，林壑幽胜。余评之曰萧寒，苏晐云清深。十里至鄢弯，李湘洲称其杉竹。十里渡沩西。大约往来频渡，东西其大略耳。至同庆寺，过门未入，急欲见沩山。过二阜，皆不峻绝，然颇盘亘。初入山，五色飞岚，甚似庐山五老峰。第二重少逊，亦自幽静。到沩山寺门，乃不知何者为沩山。村人送龙灯，不入寺门，余亦未便舁入。与苏晐步入，知客寮二僧知客留宿设食。苏晐云：‘斋僧一堂，不取饭钱。’未入方丈，宿僧值寮。”十三日：“住持僧寄云来接客，同饭客寮，同游沩源观瀑流。传云石泉入石池，散为莲花。其说甚诞。有三流皆不成瀑，无因激散也。在寺南可六里，亦非沩源，陶记似在一山，尤诞矣。沩出益阳，今属安化。此泉入沩，以寺名盛，因移山水耳。还寺午斋，遂行。放参一堂，用钱三千。过同庆寺，看唐碑，已折，商于苏晐立之。僧诉江姓占僧塔，欲谋挂扫，皆痴也。循来路至皇木江，苏晐急欲归，促行。夜进至横铺宿，夜雨。”十四日：“晨发，欲一日还家，路滑不得驶。至东鹜山，苏晐已偕黄少春武庙宿客，强余夜谈，且息夫力，遂止不前。饭后，看灰汤，不成池，甚垢秽也。至紫龙寺买鸭，云此处鸭骨独有髓。余因悟东鹜冬鹜也，野凫家鹜，亦或通名。此有汤泉，凫多宿止，或有异种流传为灰汤鸭。苏晐赠余二双，聊赋一诗，为沩鸭故实。又至蒋安阳祠，并祀刘将军。苏晐云是刘敏。夜宿关祠。”十五日：“元夕佳节。早与苏晐分袂各归，苏五十里，余百里，自以为不至。天气晴暄，节景甚闹。时时逢乡傩，鱼龙漫延。行五里冷水井，过坳稍高。四十里饭郭家亭，前下四铺，偶见告示，询知即湘潭七都地，喜知地近，遂从银田寺驰还，到寺已暮。急行十里，至灵官庙，见月。月中行廿里到家。惫矣。野月不及家月明，山家又不及城中明，此理无人说过。乡人闻余归，欢喜送灯，月西乃至，自出接之。龙去乃睡，睡醒犹未曙也。与书谢荪畡。"十六日："晨晴，大风，巳正微雨。以五组飧廖傭，谢遣令还，各酬四百钱。"按良农指公四子基懋，字稚荪。公子基棫撰《四弟稚荪墓表》云："弟幼读书，塾师过严，甚苦之，毅然弃去，习农事。然有记悟，暇则喜读诸史及中兴名臣奏疏，终身不忘。与之谈者，多为弟所窘云。"先生以基懋少习农事，故屡以良农相称也。公自辑《纪年录》："光绪三十二年丙午正月初九日，王湘绮先生自省城来，邀作沩山游。十一日启行，宿横市。十二日，黄材早尖，申刻抵密印寺。十三日，方丈寄云陪观优钵昙花泉。春晴水涸，非复飞花溅雪之观。泉之左为香严岩，遍生忍冬花。十四日，渡沩水，经滩山铺，穿麦田，未刻至灰汤关庙。饭后偕湘绮观汤泉，夜宿庙中。十五日，早起，湘绮分袂回湘潭云湖桥，计百里。余以午后归家。连日湘绮皆有诗索和，余不工，步韵勉应之。"

按：公与先生之抵密印寺也，方丈寄云适不在寺，知客僧一名忍吾，湘乡人，一名佛岩，湘阴人，皆粗俗，不知客为何许人。公与先生互道姓名，仍漠然不解，遂为之不欢。以公卿倒屣之人，而受窘于山寺。公尝举以告人，以为笑噱。及检阅《沩山志》，崇祯时，县人陶密庵汝鼐与湘潭李湘洲腾芳同游沩山，故公诗有"百年游事赓乡衮"句。先生于陶记颇有微词，公笑曰："湘洲之文，亦不让沩人专美也。"按：与湘洲游沩山，乃汝鼐弟汝鼒，游记亦汝鼒所撰，《沩山志》误作汝鼐，先生与公均未及考正。

自数月以来，奔走未遑，昨长君见过，亦未相遇。正欲凭船寄书，一报新事，适从儿处寄到二月间所赐手函，并改和二诗，律法弥细。笠云二篇，当家合作，压倒廖王。信乎诗各有宜，不待调查也。游记检原笔未得，辄录五言一篇，以了前案。闿运因船山书院命终，特来料理后事。山水赫怒，一夕漂荡无存。彭雪琴六万金之工，仅存泥沙。天废不兴，于兹征信。鄙人遇灾不惧，后天奉时，暂避城中。俟九疑还舟，仍归山塘避暑。昨过清泉学舍，垣墙尽圮，水亭倾倒。昔年觞咏地，遂成泥坑，亦不待裁教官、改学司、费青年英雄立宪也。端抚一来，湖南全省化为异族。昔与郭筠仙论王文韶不能亡湘，今端方竟能变湘，弟之无能如此，亦何颜更设皋比，再列小脚？唯有拜受康子之药，饱啖阳虎之豚，以卒余年而已。表弟蔡溶春，垂老病盲，还湘学稼，薄田十亩，子女八口，不足自存。阆运外家，只此一人，赓堂先生之族，零落如此。方今疏通翰林之日，仁兄尤念乡衮，未识矿局，有一数金闲差，令执鞭守门否？若可位置，比李次儿较胜也。来此两月，专待道州船便行。雨既不止，水又复涨，上泷升天，未知何日。然意兴未减，眠食愈安。知起居日健，以为至喜。丙午闰四月八日。

按：先生撰《游沩山寺记》云："湖南佛寺，沩山最著。盖地幽而不僻，去使府近，而无都会之嚣。宿德新参，栖心习静，代有名人，守其戒律，遗规具存，香田足给，隐然若世业绵祀国家之相传也。湘潭壤地民俗土音，皆亲宁乡，其先本一县析分。然近靳远沩。沩水出益阳马头山，今安化东，地当益阳西南。马头山即沩山也。'马''为'皆取兽形名山，因以号水。水有四源，当以最西者为沩山，而今以山泉悬出者为沩源，近在寺西南六里。唐时有相地者，以沩水有青莲花香，寻源入山，得地建寺，则移沩源而并移山。山两崖，不似马头，亦不似母猴，非旧《图经》沩山也。凡游沩山，率至寺而已。寺在山阿平田间，无登陟之劳，不独不见沩山，亦不见沩水，但相夸以游山耳。明末时，宁乡陶密庵检讨与湘潭李湘洲尚书同游，陶作游记。按其文，山水奇胜。顷者廖荪畡典籍以书来约，续陶李之游，为两县故事。岁首人闲，访廖横田，时正月八日，大风渡湘，几不得渡。行六十里，暮宿黄泥铺。明日犹寒，至龙凤山。廖遣夫力来迎，晡至其家。明日设酒议游事，以二舁三担，并从人凡十六，出门西行。循乌江水至沩水北，沿平田越陌度阡，率百步九陟。八十里宿横铺，市西二里，有云山书院，县人刘氏所建也。刘果敏尝抚陕，故从罗山讲学，因于里中作精舍，规制始具，犹未暇兴学，新议尽改书院立官学矣。明日立春，大晴，从者欣喜，二十里饭黄柴，黄木江也。《沩山志》云：唐大中时，敕建密印寺，官运材木至此，待水引入，故曰皇木。今沩山樕材，犹自此结簰出沩入湘。云柴者，柴积之，非结寨也。自柴入山，皆循沩北以西，平沙坦途，山色交映，光影萧寒。入山径稍陂陀，稀逢樵汲，间有民舍一两间。度两山，冈峦不高，而崯岈如门。迤右为同庆寺，灵佑师塔在寺中，有唐碑，郑愚文。《志》云：'先有密印，后有同庆。'盖佑师不起塔本寺，故徒众复为建寺护塔耳。从寺外循径越山，曲折缘跻，随步稍高，数百步便已造坡顶。平望对山，紫翠重沓，绝似庐山五老峰，唯峻峭稍减。复下入山径，更度一重，经接龙庵至在山亭，岚黛不及前山，亦自幽静。山农方荷锄，沿道披榛填坑，问沩山，但云不远。余按陶记，登山先见瀑泉，又寺后有高峰插天，以沩山之胜如彼，迤逦转行，豁见平田，依山列垣，有寺临溪。众皆云已至山而不见山，唯寺后倚一峰，高与垣齐。入客寮，问优钵昙花泉，乃在寺外，与陶记全不合。然游山探泉之兴未已，以日暮止宿焉。诘旦，命异往探沩水源。主僧导余等出寺渡小桥，东南行五六里，登一山，云泉出对崖。复下磴，践石沿谿。两山嵚崟，皆纯石苍秀，有瀑泉出崖腰，悬流五六丈，如急雨檐溜，次者如决浍水，更下如竹竿通枧。水高下参差，引涧潺潺，不能成潭。所云飞瀑落石四溢，溅雪飞光，激上若千叶莲花者，或云春雨盛流有其势，而涧底无平石，必不能承泉流，文人推演无实，以欺未至者。如陶记所云，文中之沩山尔。余与荪畡皆不以泉源为沩山，故此不得言游沩山也。泉流成涧，北屈东行，过同庆寺前而会正流。游者还寺，亦别僧，自循来径，至同庆寺，看断碑。沩山远不可穷，于是俱返。复循水至横铺，更南寻东鹜山，看汤泉。泉与山隔乌江，亦未成池。有三孔，皆热如沸，旁多养鸭者。紫龙寺僧专其利，一鸭至千钱。宁乡令以供长官，应征求，辄取肥大者，然真汤泉鸭乃瘦小，骨髓满而肉不腥。鸭即鹜也，山其以物产名与？时已上元，乃别荪畡，南北各还。余由冷水井度岭，三十里即入吾七都地。初夜还山庄，记五日游事，而以游山寺为主云。”

昨遣足递笺，由省转达。伻来，知尚未入览，而鹅鹅盈笼，冬鹜山旁复得佳产，即共温泉之浴，必有补髓之功。来示乃欲取肥如某中丞之论鸽，恐家凫将随鹅去矣。去岁所馈，在舍复生二子，不知何人盗去，并母失之。谚曰：母鸡公鸭。佐食须得雄者，然不必温泉种也。今此八凫，不知几雄几雌。赐生必畜，虽公来不敢烹耳。媵以多珍，盘餐增色矣。学堂岌岌不保，惟存古尚可支持。久当往衡，缘女病未痊，窃比袁绍。承示少俟，谨迟高轩。唐碑知已重竖，折本尚未细审，然心愿满矣，亦他日故事，可入县志者。尊使为家傭所留，必欲报蛭席之赏，恐累其暗行十里耳。呵呵。

去冬面许光临，新年扫榻，每逢晴日，企望清尘。鱼翅早煨，舒凫待刃，及今逾月，知已趋公。虽不比魏其之快望武安，亦如冯星槎之钦迟窓帅。蓬门减色，云峰笑人。春分催花，巾车将驾，相逢又在夏秋矣。去岁所假官票，未及挥霍，而陕藩寄到殷官之数，陕抚即墨令，又贻我周星。一时地上钱流，遂不遑取用。所余五十二两，谨遣送还，余半斤未补，以示真率。有敝同年赵梅卿之孙，家道小康，欲尝局位。弟不干当道，如有驱使处，幸传见察用。重宴鹿鸣人，于榜谊未敢忘，不以停科改意也。名条附呈。即颂潭福全喜。二月十日。

山塘简率，加有病人，接待荒疏，恕其仓卒。旋因衡学将散，议取膳赀，恐十年之功，废于一旦。由陆奔命，庠门尚扃，仍复折还。幸小女已有起色，又复到馆，于佛日开学。打鼓上堂，宗风复振。望八之年，漏尽不休，诚可哂也。夏竹公于六月朔下葬，三世交情，当一临穴。坐此淹滞，让公与小鲁周旋。诗句画图，不遗在远，展读来章，惟有钦企。山中消夏，亦足傲余。欲罢不能，则恐同病耳。谭猛系岑猛所嗾，因败为荣。又出一梁鼎芬，非安都之比也。辱承谬奖，惟祝其保晚节耳。大世兄顷有书问，亦以发财为耻，志趣高远，具见渊源。匡庐未若九疑，犹绥臣之不及闿运。倘于夏至后一访旧游，便于松柏上永一月联镳，不更快乎！九年一行，非百金不办。幸有学费，无取矿金。聊报沩东，亦壮行色。专此奉约，即候潭福，惟望区区。

七月半遣人到省，闻嫂夫人捐尘上仙，不胜惊怛。以为群纪之交，必当遣赴，迄今逾月，消息渺然。想尊府自依国故，不吊不赴，然无端遥唁，亦非审慎。展转思忖，辄令山庄诸女探明，专使谨致薄意。城中儿辈，各自营生，无人知此礼也。仁兄老年失助，哀恼可知。但逝者达生，必不以百龄为限。宽怀俯育，以慰诸郎，是所切祷。又闻窀穸已就，家政益繁，衡州之行，想可暂作排遣。遥望杖履，无任悲钦。诸位世兄，同此奉唁。八月二十日。

按：张夫人之丧，在光绪三十三年七月十四日。公不喜铺张，越日而殓，六日而窆，不散赴，不宴客。时先生在衡州船山书院，久始闻知，爰于八月远致吊唁，其祭轴题“珠泉寒恻”云。

使还奉书，知尚高卧。矿人渐有官气，宜为巡抚所留也。承示上巳行春，将临扫径，山林之乐，非物役者所希。衡席久虚，将于清明上船，作舟中寒食诗，不能作兰亭集矣。子鸭之馈，不欲使小儿女叨赐，亦求俟他时也。新成祠庙，诸男济济，此福为同侪罕有，惟有企羡。闿运为孤女所累，行止不能自由。去腊今春，吟情顿减，密坐畅谈，庶可销忧。遵谕寄书，无任驰系。十六日。

十三日上船，十六日始发，十八日还山。踯躅盛开，燕子已来，樱桃犹繁于瞿园，惜不得诗人共赏之也。久在城中，心目一朗，俟分秧后，或再入城耳。家谱呈上。来弁求一依止处，想左大人新矿须人，可顺便一嘘植否？敝处冗食者无数，若得大才为之疏通，不减唐子明清查饭数。然八字所招，爱莫能助。昔颜渊箪瓢，而孔子欲为之宰。而贫家乃有余粮，财神无患此矣。到家万事粗足，唯未向高楼一宴，以为缺典。专肃颂安。不具。

昨月一跌，几于不起。江督远来问讯，窃料仁兄必闻消息。正欲续报平安，果承专使，发函欣慰。兼拜重赐，并云可作贺仪，则一举两用，信富翁之惜费矣。同进士比于如夫人，乃至贵至珍之品，岂可与老病夫同年而语乎？宜以维多利亚之花，不宜华盛顿之餟。且翰林封滕，唯送西瓜，将俟仲夏，泥首局门，求赏差使，恐新瘥之后，不得登楼耳。碧浪新亭，经省城众议停工。闿运依《湘军志》故事，俯伏服罪，此足发公莞尔。来足早行，灯下作此。四月五日。

消夏山中，相去七舍，以触热不宜过从，致阻欢会。屡次遣人问讯，因循逾月。想北窗高卧，绕膝孙曾，比块居者独有福缘，况尘中人，敢希清境？兹因俗事，奉扰高贤，来信并呈，当蒙照准。此事久不提及，昨藩司行札到县，始得消息，云只须贵局取消，便可请抚台批了。是否无碍，希即示知，以便回报周生也。周本躬叩，弟为公省轿夫饭，令其去矣。新作食瓜诗呈鉴，知公不尝生冷，聊付两蒂，以贻细君，并付茶鲊，用佐秋供。顺颂道安。不具。

舍亲得芘，正拟申谢，适承寄函，欣快览之。大作及弟子诸诗词，并经细读，老斫轮不待言矣，两世兄挥洒莫比，尤为胜事。惟词中未留老翁地步，用意偶疏，兹为批出呈鉴。次公送赵诗，不及翁作，则地位使然，赵赏不足凭也。应酬诗姑置不论。委和楼诗，潦草塞责，实非极思，因未身到，无可说耳。今年樱桃实少，新笋不生，惟山菌颇佳，嫌同肉价。送春多雨，未得闲行，遥想清吟，无任离索之感。专复叩安。附呈五纸，惟望幸甚。三月十九日。

前闻七日不食，舁疾还乡，甚讶甚念。即欲专力走候，旋得来教，细字谨书，较当时倍加工整，乃知神明之旺也。所患症候，似是伤寒转疟，乃大幸也。天不欲困财神，勿药自愈矣，亦暗合仲景法也。山中消夏，自是清福，前约相访，正可畅谈。但避暑宜在河房，故将东下，俟初秋送爽，相见珠泉。闻新起一楼，定胜湘绮，恐有金银气耳。炉瓶拜赐，然窃有一说。以公本非匠家，托人置祭器，未宜把式。工价犒赏，仍当送上，乞即算价，再请饬匠作一副，小者为弟专祠之用，则可曰廖先生之所赐耳。本欲遣人来调节，因傭工已升碓坊老板，无人知府第所在处，今特令园丁问路前来，若不迷方，一日可至，否即须多一日耳。三儿昨俱在乡过节，行期已定十一，归期约在初伏。陈伯平前辈闻病重，闻蔡伯浩降留。想可不到苏州也。

山中消夏，近伏乃凉，未识杖巾优游何处。珠泉银局，心远自清，热客夏畦，城乡同病，亦不以归去为高也。承命撰刘碑，并示大意，遵即序次。并本店自造之文，非汉非唐，似传似论，后世有阊运其人，毁誉正未可料，愿公无遽灌米汤耳，即求转发刘世兄为幸。专颂道佳。不俱。六月小暑日。

按：先生撰《通政使司通政使署理陕西巡抚刘果敏公神道碑》云："中兴儒臣曰刘果敏，讳典，字伯敬，自号克庵，宁乡人也。其先自赣来衡，再迁沩山，家世良农。父讳智新，有八子，君其次也，以兄殇推为伯长。十岁能文，通程氏易、朱氏孟子。入县学，肄业省城，与湘乡罗忠节讲正心絜矩之学，伤时靡敝，慨然有经世之志。忠节起诸生，为名将，方攻武汉，遂往观兵。至则罗薨，送丧还里，群帅攀留，憣然不改。编次遗文，叙其学志，由此显名，时望钦焉。隐居教授，仍修儒业。而寇盗延蔓，莠民扇乱，官政不行。爰兴团练，巡抚采名，专檄委君。始议条约，已闻告变，躬率十人，袭擒四魁，明日巡乡，党众骇散。良莠既分，县团遂立。咸丰十年，两湖强富，官士稍恶骨硬，疑君专擅，飞语浸闻，乃谢乡人。适左文襄援浙，遂从东征。于时曾文正困于祁门，苏杭鱼烂，左军初起，屯于景德。饶婺乐平，往来奔命，溃围收众，强寇卒逋。累功擢直隶知州。东路肃清，告归省觐。文襄抚浙，手书敦促，代统六营，分屯婺源。同治元年，合大军分道攻寇马金，偏师先进，一战大捷。进攻遂安，克之，还屯常山。浙人称婺源、马金、遂安为左军三大战，皆君力也。诏求浙臬，君膺其选。起家径授按察使，虽立贤无方，人惊奇遇。然军中七年，始跻三品，比诸湘人，已为晚矣。时蒋果敏度岭援浙，就补藩司，君始募军，与同袍泽。蒋自恃宿将，不肯合军，自攻汤溪，遣君游击。君椎锋赴急，曾不芥蒂，蒋服其义，倚防徽饶。三月战于渔亭，我众四千，寇三十倍，夺险斗穴，收歙克黟。曾军名将，婴徽城守，曾文正下檄，责其无耻，嘉君胆识，手书推奖。事闻，加阿弥刚阿勇号。江东逋寇，西轶南奔，并百战凶徒，瞬息百里。客军留镇，诸将雁行，扼遏浮梁，进攻湖口。前锋挫锐，勇气弥厉。独战青山，出奇制胜。西抚归功江将，知者哂之。九月，闻父丧，委军告归。有诏夺情署事，更募新军，至袁州，寇充斥塞道，朝命帮办江西皖南军务，转战崇仁、宜黄，遂进弋阳，竟合浙军。江皖肃清，申请终丧，诏开缺帮办福建军务。时寇散无纪，蹈隙汀漳，蹴踏靡常，降叛反复。方攻南靖，已奔大埔，左公逾岭，君在寇丛，四省来军，均受节度，分援合击，昼夜戒严。屯于坎市，众军四出，寇瞰空虚，万众奄至，战士三十余人请弃营据险。君谓统将出走，军吏离心，大营骤空，归众必溃。持刀当门，令能死者从我，惧者听去。三哨俄还，逾时寇至，方欲摩垒，外援并赴，解围遽去，明日请降。于是闽疆无寇，移还南赣。左公檄军西遏，君策其东，裨将迟回，已闻东警，君喈曰：'总督虏矣。'督军夜发，己亦继进，日行八十里，遂会大军，同围嘉应，大战城下，歼渠抚众，卅年巨憝，一朝平定。然后释兵反服，辞荣养母。诏封三代一品，予云骑尉世职，赐玉刀荷囊归。八月，诏起署甘肃按察使，帮办陕甘军务。明年，以三品卿衔募军二千五百人入关，屯渭南。明年，督陕军署巡抚，屯三原，抚叛回，降土寇，招流亡，免里差。里差者，云自汉以来，岁敛民钱，大县至数十万。君询疾苦，首除其苛，礼三原举人白生定法而颁之，西安知府争之不得，遂尽免之。阎文介奏称：二千年敝政，一扫而空，民食其福，以此为仁政之大。然左公气陵同列，惮君强直，可共患难，难共安乐。两不得志，君复告归，布衣蔬食，三岁食贫。左公手书慰问，赠以己俸。君自陈止足，闵念独劳。与者辞者，仪文并美。光绪元年，左军出关，复奏起帮办，至则鳌核百营，分别留遣裁省，截旷银二百万。诸将失利，或怀刃请见，感其恳款，自失而退，穷无可诉，出乃自蹈河。其任怨如此。前在岭南，奏核银六万两，官中公费，不以入家，众所共闻，无以仇也。三年积劳，以通政使请告，未行而薨，年六十。诏依侍郎例赐祭葬，予谥果敏，湖南、江西、浙江、福建、广东并建专祠。徽州故有生祠，夏炘为之碑。夏炘字弢甫，年七十二，多见名人，闻君儒将，至屯溪相访，问军粮日几何，曰四百五十石，问何日可了，期以一月。应付无阙，功不受赏，为文盛推君仁。君所至兴学，于所居旁，建云山书院，规制宏丽。为诸生时，倡建储玫躬祠、忠义祠，以旌死事。励俗维世，见义必为。家敦勤朴，以率邻党。赐碑既表其功，而难进易退之义、隐居求志之行，礼不自襮，后将何述？是用别纪风概，望古遐骞，乃为铭曰：湘将腾骧风云会，儒生逡巡独静退，静如处女决河沛。雄文九军猋以厉，收功定志皤然归。五归五起穷领柢，百胜百荐不进阶，惟君知臣遗荣怀。君子所乐性不存，生顺没安保吾真，云山弦歌声可闻，君其乐之千百春。"

按：公于光绪元年八月以事至长沙，时值省试，公因嫡母服尚有数日未阕，未入场，刘公称其能守礼。公曰："非有守也，例不能也。"刘公曰："如进取心切，独不能于报丁忧时，稍移数日乎？即此见君之不欺也。"刘公以陕西巡抚告养有年，是年复奉帮办陕甘军务之命，因劝公出仕。公谓州县吏非文弱书生所能堪，但愿为教官耳。刘公颔之，不复相强。时县城方议筹办宾兴公田，刘公属知县唐公步瀛邀公主其事。盖公之见知于刘公自此始。然公未尝随刘公征战，而推服终身，晚年犹称道之弗衰。刘公抚陕，其德政在免里差一事，他书多不载，即先生所著《湘军志》，于大埔一役，亦因传闻异词，不免失实。光绪三十三年十二月，刘公次子本铎乞公请先生撰神道碑，公历述刘公轶事，先生闻之，欣然许诺，明年六月脱稿，推为中兴儒臣云。

饯刘拟于初十日，家厨来，在女工厂设席，不可附分。家厨不来，拟于藩署代办，则须公助赀也。矿局尚有余力送人炉瓶，何云穷极？八十元已由长君约定明春送炭，公无交涉也。礼单收到，并谢。此颂午安。十一月五日。

今日北风，已遣人迎候，适得来诗，知已到城。适有国恤，知不拜道台，可否即令船泊东洲，下榻荒斋，作竟夕谈，即煮晚饭伺候，以成致飧之礼？余不多及，即颂旅安。

昨访余参议则有之，招则未也。承示惶悚三说，皆不敢违。在城不能久，今日家忌，明日可诣局楼一谈，后日斋集上林寺，观音生日归矣。三诗未及谈，对客奉复，即颂午安。

飞舁还家，日正衔山，迎船已杈待三日矣。道中闻乱军大败，定于明日出城探之。孙婚改于明年，生日可作罢论也。附上江蟹潭油，聊佐盘餐。客来过费，似可删去海菜，但用鱼肉，并戒杀鸡鸭，以符东坡之议，幸垂听焉。高碧湄诗，仅检得头本，先行送上，乞与五郎共看之。又诗一首，并呈荪畡先生道席。十九日。

按：《湘绮楼日记》宣统三年十一月十五日："大晴。欲访荪畡，兼毕祠工，试命呼舁，轿工踊跃，本欲少待，竟不能矣。饭后即行，晡时至刘家坤。闲民毕集，纷纭半日，夜月出乃散。五、十曾孙为主人，不烦佃户。"十六日："阴。晨起，以四十千买谷二十石，即用推糠泥壁，余米供食。命向三仙坳往荪畡家，初以为甚近，及行殊漫，过袋子山雨，望见垣墙廖家，雨大至矣，幸不透湿，然已失容。入门，其五子叔怡相迎，四子稚荪旋出，荪畡出见甚欢。登楼看田，剪烛具食，入暖密然榾柮，谈至子初乃睡。"十七日："昨雨未散，晨气浩弥，留一日待晴。欲遣舆夫还，意又不愿，且姑任之。写字十幅。夕往廖太翁新端墓上一看，郁郁佳城也。旋还，坐荪畡书室，谈至亥正。”十八日：“大晴。加夫二名，星驰还庄，改从长田坳渡岭，至朱石桥合路，昨饭处也。至三仙坳未晡，始朝食。宁乡店顿饭，潭店件儿饭，宁廉于潭，人顿七十。小憩史家坳，未夜到家。闻船到，自往看之，饭后笼灯而往，旋还地炮。”十九日：“阴。壬午小寒。复阴。晨起，落联款，盖图章，附书荪畡，示以小诗，并馈江蟹潭油。”

前得书，懒未作复。在衡又得手书，怪其不嗣音而不罚其简慢，虽袁公之恩遇，不是过也。蔡锷之徒，何敢异心？昨归，即大风雪，以致未走谢，若再无书，恐筹安诸君，又费猜疑，谨遣使报聘，并约明春花开时，为珠泉之游，或有酬咏，未可知也。山居幸无验契房捐之扰，然如先生挥斥多金，而始安眠，究有贫富之分，不敢以此相骄。至然糠啜粥，则俱翛然。又幸身历三朝，而依然富贵，比之胜国诸老，为有幸福矣。专此奉复，敬颂偏安。不宣。送灶日。

辞别以来，风声日幻，近乃有汤郭相攻之谣，事不关己，不宜过问也，但恐一旦被劫，致负宿诺。今遣人送上嫂夫人志铭初稿，即希改定。节录较略，文笔冗沓，殊不足赞扬盛美，恃有大匠加以绳削，则成章矣。农忙不宜闲游，故未得诣。并颂诸郎侍安。不具。

按：《湘绮楼日记》民国五年三月五日：“晨，行至三仙坳，一饭人百卅钱，恰用四百钱。又廿五里至猪石桥，越一高山，便到横田。廖氏父子庭迎，遣知会梅氏、童氏，均欲邀我至县城，辞不欲往，故来会也。”六日：“晴。待梅、童。童午后来，云在陕西曾望见永寿令与程生俱囚者。梅妻病甚，不能来。”七日：“阴。荪畡要至对山庄屋早饭，已而又改饭后去。舁行可三里许，过珠泉，已淤壅，小有珠涌耳。至梅壑楼，在山凹傍，有庄屋。须臾大风起，飞雨横吹，浩如惊涛，几不得还。欲去仍留，雨小乃行，已泥深一尺，轿屦倾危，幸不吹倒。至乃大宴，饭后告假稍息，遂睡，至戌方起。每夜待子乃散，几成例也。”八日：“阴。风小可行，乃告辞。廖遣一夫送我，踏泥亦窘步，可五里许，始得飞行。饭于猪石桥，路人有相识者，留坐饭店。主人设茶点，问战事。舁夫饭毕催去，过炭托小憩，未夕到家。"九日："留廖力一日，作书致荪畡。"又是年四月十七日："阴。作廖荪畡妻墓志铭。"十九日："遣罗童送廖志去。"廿日："廖荪畡复书，奖使十元，似乎太厚。"按先生最后一书，当作于四月十八日，至三月十九日一书，其稿已佚。所称永寿令乃童先生锡笙，程生则戟传先生，梅则殿芗先生。又按先生日记，止于是年七月朔，自四月以后，不复为人撰文，则张恭人墓志，又为先生绝笔也。

先生撰《廖郎中妻张恭人墓志铭》云："恭人张氏，宁乡人。父讳运广。先世富于资，道光时，旧族尽衰，张亦贫窘。恭人母杨，生子女三人，早卒。继母彭，有二子一女，后于父二年卒。祖母刘，痛子伤贫，悲悯诸孤。恭人年十五，谨率弟妹，上奉重帏，浣濯缝补，针灰恒具，复时婉愉，以释沉忧，贤孝之称，有闻三族。年十九，归同县廖氏。夫曰树蘅，字荪畡，衡田旧族，礼法夙名。贵女莱妇，恒当自矫。恭人习成若性，婉娩执笄，善事两姑，无劳训督。时廖亦中落，夫恒远馆，恪承羞馐，黾勉有无。子女十人，并躬自抚育。既无漱裳之妾，常嘲拥絮之儿。粲粲成行，劬劳惫矣。然习于华朊，尤持门户，匪独不言假贷，尤乐施与。辛勤卅年，乃获优暇。廖君以徇友治矿，遂开湘利，适以军功补宜章训导，当檄之官。巡抚资才，特移清泉，俾得将家，就近理事。水口山者，本唐宋银场，新收砂利，西洋估价，岁银百万，为五洲第一。将假便宜，不承台命，大利所在，喧赫一时。恭人椎髻青裙，其容不改，督饬家政，在富如贫。时诵淑言，劝夫偕隐，如此一纪，果获全归，功成身退，盖由内助。廖君年届悬车，恭人亦六十有九。光绪三十有三年七月十四日，终于内寝。卒前，廖君感异梦，衣冠临镜，章服四品，镜满落花。时犹老诸生，旋以奏司总局，由郎中晋阶四品，恭人未及受封，遽从前逝。勤勚无酬，吁其盡矣。况诸子承训，靡恃靡依，出入靡瞻，廓然何寄。既遗命薄葬，封树虚从，是用铭德刻哀，昭兹懿美。其词曰：珠泉如沸，清淑蕰灵。克配贤媛，有闻无形。爰在孤幼，已彰劬孝。提挈弟妹，成之襁褓。初笄外成，作配文儒。恭承素业，娟顺两姑。天锡多男，夙夜劳矣。有孩有婴，不遑朝矣。勤俭翼翼，耄而犹力。岂曰好勤，虔恭是职。家门俄盛，驷马喧阗。蝎来官舍，机声轧然。赢金非富，庭松伊旧。言返吾庐，提瓶浣漱。诸妇济济，嗣徽斯美。偕老齐眉，息我以死。天地风尘，吾返吾真。不污浊世，桂隐为邻。"

虚受堂书札

王先谦

惠顾失迎，至为歉疚。此后如荷枉驾，先遣管谕知，俾得肃候为幸。奉赐示并图记，仰见高怀逸致，钦佩实深。命题所不敢辞，惟近来疾苦纠缠，心如废井，稍可构思，即当奉报，断不稽迟也。敬覆，并请勋安。弟王先谦手叩。

手教敬悉。弟于经学，所得甚浅，只以半生心力，不忍弃掷，付之梓人。世局纷纭，此事已成废物，阁下不嗤其愚鄙，又从而奖饰之，感惭何已。前题册，因书字丑劣，思另写一纸，非有未尽诗兴也。病指积久不愈，恐另写亦不可必。笠云遂有东洋之行，垂老而作壮游，势不能不高兴作诗，可见诗亦有运。次青方伯之世兄，蒙台端加给薪赀，甚厚甚厚。但伊意欲得委绅，不专为阿堵物。大约局中名分甚严，不能不作上进之想。以名父之子，而屈居司事，我公能令其超迁一阶乎？琐渎惶悚之至。敬请道安。弟先谦拜启。

荪畡仁兄大人阁下：梅先生霖生请祀事实册，及家书、诗文、哀感录，一一读讫。先生天性孝友，操履清严，词曹改官，锐精读书，不少挫抑，其志其性情意量，洵是第一流人。使天假之年，当咸同军兴时，出而任事，必能有所建树，为吾楚一大人物，而早返道山，宜诸老辈之痛惜不已也。伏读遗著，如见其人，敬谨服膺，仍以奉缴。先谦因《五洲地志》尚未毕业，终日敝精考校，不克旁及他文，因台端有諈诿之言，敢贡下诚，祈转致前途，格外鉴谅为幸。敬请勋安。弟先谦顿首。

来件钞录精好，至可宝爱，足见郑重先泽，弥增佩敬。中仅校得一字疑误，折角候检。

按：梅公钟澍，字霖生，宁乡莓田人。清道光戊戌进士，改翰林院庶吉士，庚子散馆，授礼部主事，以乙巳五月二十五日卒于京师，年仅四十有四。天性肫挚，笃于伦纪，公读其家书，叹慕不置。宣统庚戌，倡议呈请入祀乡贤，约梅公之孙鼎杰、英杰、梁杰赴省，谓宜先见王祭酒先谦、王检讨闿运，以二王乃湘人领袖，一经面许列衔，则其余无不许矣。比至，大讌名宿于陈家花园。检讨先日回潭，祭酒开列职衔，允列名，但辞不赴宴。茶陵谭编修延闿，亦允附衔，而未赴席。是日到者，安化黄公自元、长沙孔公宪教、湘乡曾公广钧、县人成先生克襄，并公五人。即席推公拟具禀稿，以祭酒名位较崇，推其领衔，将上牍矣，适奸民因米贵倡乱，焚毁抚院并及学堂教堂，湘人集矢巡抚岑公春蓂，无识者遂拥布政使庄赓良代巡抚，假祭酒名电请总督瑞澂代奏。瑞澂怒，遽以入告，祭酒遂落职。事定，拟将原禀续呈，以祭酒既挂吏议，故事请祀题本，应与总督会衔，前稿遂不便呈递，若改用他人领衔，亦无以对祭酒。公子基杰谓，即以县人列名呈县申详，以省瞻顾，遂改用王公世琪领衔，集本邑绅耆联名牒县令层转会详。此梅公请祀之一大波折也。当公初倡议时，梅氏遗书尚未锓板，公属将家书、诗文、哀感录汇钞一册，先送呈祭酒浏览，故复书推服如此。

瞿文慎公书札

瞿鸿禨

苏畡仁兄先生有道：手示奉悉。再读大诗，清丽冲夷，合之双美。乞同前作，一并惠书为幸。专复并谢，敬请道安。弟瞿鸿禨顿首。

按：瞿文慎公鸿禨，字子玖，晚号止盦，善化人。清同治九年进士，入翰林，授编修。光绪元年，大考翰詹，擢侍讲学士，旋简河南正考官。明年，督河南学。十一年，督浙江学。十五年，典福建乡试，督川学，还朝转侍读学士，迁詹事，署刑部左侍郎。出为江苏学政，再迁内阁学士，补礼部右侍郎。庚子乱作，适任满，诏授左都御史。甫十日，补工部尚书，命在军机大臣行走。寻命为政务处大臣。改总理各国事务衙门为外务部，奕劻为总理，瞿公与王文韶为会办大臣，复为尚书。以扈从劳，锡太子少保衔。三十二年，加协办大学士。圣眷之隆，超迁之速，一代无与伦比。后以言党人事，忤慈禧旨。奕劻、袁世凯力加构陷，遂开缺回籍，筑室于长沙之朝宗街，罕与人接。公居矿局，同在一城，未尝投刺。瞿公典福建乡试，县人刘观察倬云实授汀漳龙道，因缔儿女亲。观察故与公夙好，观察之子本钟，尝寓瞿宅，瞿公偶言及公，亟思一见。本钟以告，公不得已乃往投谒，瞿公倒屣出迎，倾谈良久，谓公精神矍铄，当为湖南多任事。自是缔交逾密。瞿园中植有樱花，花时招集名流赋诗以为乐，公与斯会，即席赋七古一首，王先生闿运复作近体两章，瞿公复函，索公补赋近体，此书即索公并书前后两诗也。辛亥事变，瞿公仓皇渡湘，避于刘观察灰汤故宅。久之，始赴沪。以清室旧臣，当改革之际，自不免横被指目。时伍廷芳、温宗尧以南方和议代表驻沪，急电湘督谭延闿，谓瞿公乃湘籍人，望湘人对于乡先达宜加优礼，不当摧残。从此蛰居沪滨，数年卒。时宣统犹未去帝号，予谥文慎。与公书札颇多，类皆散失，仅余短简，录之以存其概。

黄太史书札

黄自元

苏畡仁兄先生道席：久不诣谭，惟兴居曼福为颂。命书两件，勉书奉缴，恶劣愧无以对佳茗之赐，殊自疚也。手肃陈谢，敬请台安。不具。弟黄自元顿首。

按：黄太史自元，字敬舆，安化人。清翰林，河南道监察御史。晚岁寓居长沙之刘勇介祠。工书法，公每乞其书字，则曰“君之书字姿态绝伦，自书弥佳也”。公不以书名，而为太史所推服如此。

珠泉草庐师友录七

笺　牍

散原精舍书札

陈三立

苏畯仁兄我师足下：旧岁春暮，于永之愚园，得奉惠书，并留别七言二首，词旨之婉挚，声情之绵邈，而我两人数年来性情学业踪迹，莫不一一综括其中，读之旷乎其若思，茫乎其若迷，悄然怒然，不知其何以一往而深也。嗟乎！人之相知，贵相知心，夫岂声容文貌之为哉！是以自君别去，益无聊奈，大有海宇苍凉之感。此其故盖亦可以思矣。大诗浑雅之中，复有雄直之气行乎其间，大似苏黄，每思次答奉寄，稍摅鄙怀。除夕前数日，始由永州抵湘，而永衡归舟，遂以无诗。抵家后，人事牵迫，今岁更为帖括所溷，以故不复成句，殊歉也。无誉凶耗，正月下旬已得宁夏喻太守书及所寄讣函，闻之怛悼伤怀，雪涕无已。以无誉之才之学而止于此，岂非天哉？岂非天哉？幸其业粗有所就，庶可托于无穷。然无誉憔悴坎坷，未一展施其志，因不能终竟其事于文术，乃年未衰老，而以饥驱客死于万里穷边之乡。呜乎！此古今志士之所为仰天而悲也。昔人有言："诗人多穷而多夭。"是耶？非耶？而三立所为疚心者，所代为校刊诗篇，以字画讹舛，展转迁延，未能早日告成，使无誉以一见为快，而不虞无誉之遽止于斯也。悲夫！悲夫！用是历日以来，更为重校遗篇，而再芟其可不必存者凡百数十首，务令尽去疵累，以归精纯。其校勘之役，近已觅得东墅太守馆师吴君蓂阶代为料理。此君温实通雅，尤精训诂校雠之学，将来工竣，必有可观。其得稍尽心于死友者，如是而已。承示恤孤之举，此朋友之责也，尔时当徐图所以报之。从者游息园林，真趣洋溢，吟咏必多。顷者更奉教言，始悉复有客游之事。此行如果可遂，务乞假道会垣，为闲园数日之聚，一拔此抑塞磊落之怀。眄甚眄甚，慎毋金玉尔音也。家君已于日前还里，约以三月中领咨北上。舍弟暨辅臣辈，仍读书园中。家君近于里中，为延一工小试文者为之师，闻此君亦已他出，而鄙人又不习此道，是以文字尚无所就正耳。拙作诗文，为近所得者，屡欲奉写尘览，因无便足，辄用中止。兹特附呈，祈教正所不及焉。匆匆布复，所怀万端，不尽百一。弟陈三立顿首。

前月奉惠书，懒未即答。日间朱君至，复承寄示，敬谂动止嘉娱，颂仰无已。拙文数首，谬荷崇奖非分，徒滋愧疚。赠杜秀才序，首段过于繁冗，诚如高论。然此文前后皆属凑衍成篇，诚不仅“友也者”三语而止也。大诗绵芊都雅，风格在元遗山、高青邱之间。其颇有率意处，足下但再三苦吟，矜炼而出之，仆知其必有合矣。隆山人诗稿，日内可告成功。惟山人自宁夏寄家君七律四首，敝处又将原函失去，今欲以此诗补续卷尾，无从据录。忆从者当钞有底稿于日录，如此稿尚未失落，即乞于一二日内，惠录原诗，迅速递寄，便付手民，至为跂祷。三立年来，已绝意百家，殚心一艺，然制举文究只作得十数篇，甚矣趋时合变之学之难也。先生文兴，当有佳胜，愿暂无以吟咏易之，其可乎？近今时局，略有更变，想早知闻。敝乡李雨翁，以明洋务起家，号为干练，其莅节湖湘，或总署以上年有洋人交涉之故耶？然此君当必能以综核之术，一变混沌之风也。蓬洲大令，果毅有为，诸吏中罕其伦比，而以治益阳，尤当乱国任重典之义，教化整齐，良有厚望。足下通才远识，委蛇其间，倘果可补阙拾遗，亦似不必过深出位之思。昔人有言：一命之士，苟存心于利物，于人必有所济。君子之自待待人，诚有非流俗所能识也。三立归试,拟在六月初旬。家君还辙,亦在秋节差后。实君数次寄书,必问讯足下,顷又奉台从一书及《二语合编》四本,今送上二本,乞登存之。又隆山人诗刻,邮寄较难,如贵居停胥役有来城者,即属其至闲园取上,庶为妥便。烈日炎风,挥汗如雨。喋喋布达,不尽所怀。伏维裁察。

闲园小叙,顿有琴尊之乐,更多沧桑之感。惜文驾匆匆别去,尚不能罄此积抱也。日前奉手书,敬悉敬悉。三立归试,即在数日内矣。文章不要平仄,或能与贵乡举人,后先辉映,亦难预知。然愿从者亦不必过于谦抑,他日富贵逼人,恐无解于满口同年,到处老师也。呵呵。隆诗已刻就,拟以三十部留伫闲园,敬俟台从携取。元穆已早到,甚盼惠临,隆诗俱已分饷之矣。家伯宿疾,将近全愈。家君日内亦可出都,附慰拳注。杨芷生屡以饥驱乞援,近益窘急,三立深哀其穷,而无能为力,徒为之怅惘而已。顷私念益阳公局势颇宽大,又能书法,与芷生略相类,不识能以阶前盈尺地位置寒儒否?此盖鄙人尧舜博施之心,老佛慈悲之量,抑亦措大无聊之思也。先生以为何如?三立手叩。

别又数月,想见钞胥之苦。刘果敏碑文,顷筠老已交来。舍弟与云秋等所拟,似不尽然,一笑。此稿请即寄省卿太守,如有眷口尚未行,并可以此寄朴公,并乞先生致朴公一书,为述鄙意,便不加函作郑板桥字也。上巳碧浪湖修禊,会者数十人,君不可不一作鲫鱼,午刻必至。肫甫如回,亦望邀之。此颂著安,并候回札。

违别以来,复更寒暑,天时人事,互有歧异。每鸡鸣月夕,鸟语花晨,每怀良友,劳思如何。三立自罢试南旋,残冬时始抵湘寓,尘状录录,一无可叙述。故虽两奉笺教,勉欲裁答,而所思万端,每一把笔,辄觉无从说起,盖非徒疏懒之病而已。近晤朴堂观察,知今岁一意治经，而以读《论语》为主，严立课程，以期自得，闻之忻企，感愧盍可言喻。念三立与足下，资质性情，盖皆颇异流俗，只以不能实用其力，故无以自拔于汶浊之中。岁月如流，相见数回，便成老大。牛山之泪，其可胜洒邪？三立日来，心气尤痛，日即昏愚，不解何故。拟不久附入校经堂内读书，看以习静为致力之方，可能有益此身否。又校经堂肄业相识者为成赞钧、何璞元、袁绶瑜、朱恢元、杜云秋、陈伯弢、胡子威、王吉来、王麓波，凡九人，亦甚可收切磋之益也。现在用功，于经拟先治《礼记注疏》，于史拟先治《通鉴辑览》，而以立乎其大、达于世用为本。至于词章考据，虽不汲汲，亦姑不舍置焉。先生将何以教之？俄夷之事，海内疑愤，主和主战，皆无把握。盖廷臣泄沓于内，疆臣颟顸于外，万事堕坏，无可措手。时局至此，可胜痛哭！足下为有心人，倘亦发愤无聊形之咏歌者，盍寄我令一击碎唾壶耶？隆山人节略收到，当勉为撰述，用报故人。其令宗廖君者，久所企仰，朴老亦曾言之，惟今日天下，正英雄坐困之时，恐终无由令寒士欢颜耳。杨芷生穷饿已极，百出气力，莫能援手，拟为图一暂局，藉活目前，然四顾萧条，无能冀其一盼者。惟念益阳县试，定在春间，假阅卷之名，获半菽之惠，质请贤主人，尚无不可。且已托朴老言之，是芷生之企祷无已者也。又，前年衡山僧所托募缘一事，顷默安等均已来省，谓工已粗竣，催取颇殷。忆足下言，于乡间已捐得二三十金者，并乞掷交，以了此案。三立更不能向人乞与一钱，此亦彼教之所不能责望也。敝家粗适如恒，家尊于前日往衡州勾当公事，听鼓逐队，了无好怀。知注并闻。暗窗尘几，拉杂言之，淡墨枯毫，不复成字。惟珍重。不尽千一。

久不通书问，方深怅跂，日前彭纪至，接奉惠书及大撰日记一册，具征向学日新，读书求道，勇猛精进，披诵往复，且慰且惭。从者平昔论议，务为透快，颇不免偏激之病。近日见理论事，渐近平实。学养之力，有益身心，固如是也。尚冀立志坚卓，超然于万物之表，而不为流俗所移，以扩其才而充其业。天生我才必有用，名山竹帛皆可位置，荪公其益勉之而已。三立材质薄劣，百无一成，虽谬为朋辈所推引，若可以稍语当世之务者，而懒漫空疏，不适时用。荪公知我，果何以教督其不逮而裁成之耶？近者家尊荷承简命，移巡河北。中州为天下心腹，而三立于河工水利，亦颇欲藉资阅历，略事考求。惟是舍旧图新，大非家尊本意。又三立日与知交相远，切磋愈无其人。对此茫茫，孰能遣此？文从于初秋过我，一话别离，欢喜人天，不胜延伫。隆山人传略，纵属不文，谊难却谢，稍迟当报嘉命，或从中州寄达左右，想无不可耳。其诗稿刊板，亦当托存尊处，俟惠临时，一商其宜。至罘罳原诗稿四本，已遍搜架上，无复踪影，竟不知为何人持去。然山人诗佳者，实为选本所尽采，遗珠亦属有限，或于不朽盛业，无甚关得失也。《余园杂志》妄为评阅，今缴上，乞笑存。《南村草堂集》，敝处偶检得一本，并附呈，以免残缺。会城新事，无一可述，惟日内城隍又须赛会，妖童靓女，喧阗衢巷，知佛心必为怆然下涕也。校经堂诸子，时相过从。伯纯亦于日前来长沙，行又归去矣。缕缕奉复，不尽伉伉。

读大著论时事书，识议通伟，生气勃勃纸上，自是先生本色文字。其言铁路一节，与仆去年之意相合，而与今年之见相违，至其所以相合相违之故，仆不能言之也。无誉哀辞，笔致凄淡，惟中叙家君缘由，已累半纸，而后忽接以江西陈伯严等字，未免突兀可笑。凡先生粗率之处，大都类此，此三立与元穆于所托之事所由疑而不敢放心也，其可无详询确访以补前过乎？所论隆山人传二节及姜君所云云者，均为老成之见，大与狂生殊异，请先生即执笔删润之。第上书左公一节，纵有不实，终觉无妨。盖作文者仆也，于隆氏一无所与，即令左公见之，亦当一笑，乌有累朝元老，而肯与少年秀才较量者耶？郎君诗句，似瓣香无誉，直欲摩乃翁之垒，他日掩君诗名者，必此少年，可严防之。此间风景都非，家公为政，粗称平善。所可喜者，所兴水利约可溉田六七百顷,余则多非巡道之所得为已。近况何似?朴堂观察无恙乎?急盼惠音,顺颂侍奉万福。三立叩。

按:先生撰《隆观易传》云:"隆观易,字无誉,长沙宁乡人也。幼奇慧,年十三,以诗谒湘乡曾文正公,由是数从曾公游,遂通经史百家之书。父蓺虎,为里豪所中,陷于狱。蓺虎故才士,亦曾公所引重也。观易乃阴干曾公,豪闻而惧,私念蓺虎交厚曾公,罪当出,即出当杀己,因贿卒毙蓺虎。观易哀愤,穷日夜谋杀豪以死无恨。未几豪病死,观易于是谢绝人世,敝精力呕血为诗词,斗室空山,憔悴枯槁。其志深故其道隐,其怨长故其词约而多端。同治中,县人喻光容者官甘肃狄道州,招观易。光容起自兵间,为牧守,顾雅好儒学,与观易相得甚欢,为留二年而归。当是时,相国左公次第定回疆,规善后,观易客游其间,就所知陈书相国,言边事。相国高才素嫚,又观易乡里后进,而相国更事久,益儿子蓄之。得观易书,笑曰:'隆氏子亦上书言事耶?'然观易所言,实良策,后相国所施设,竟多与观易合云。观易既归,益放其意为诗,自比苏轼、陈师道。光绪三年,复就光容于宁灵,至数月卒,年三十九。观易少负气跅弛,喜言大略,议论踔厉纵横,机牙四应,无不人人屈伏。后更摧挫抑敛,恂恂如处子。人有称誉,则惶恐引避。有毁之者,必谢过曰:'死罪!诚如公言。'终不复辨。卒之后,湖湘间颇重观易诗,后生学徒,多效其体,观易之名寖昌矣。所著书曰《禹贡水经考》、《经义新知录》、《六百日通》、《西征续觚》、《西征续集》、《宁灵消食录》、《罘罳草堂诗文》,凡若干卷。赞曰:业业隆生,狂狷之间。固穷无恶,猎蓺斯专。观俗秦版,咏志湘川。风犹孔硕,留规后贤。"

昨诵大牍,明黼居然有效,既可为书生争气,亦可为相信有素者解嘲,此可相视而笑者也。自后日起有功,可以想见。惟公与仙翁皆不事王侯之人,一旦动以血诚,受此劳累,每一念及,辄为三叹。虽然,世变亟矣!有其事无其人,尚堪问耶?公与仙翁有见于此,当亦恻然有所不计也。又闻沅帆言,公最畏磺气。盍别觅净室居之?弗以损小费自伤。至祷至祷!时事想有闻?顺循引见,发直隶。差遣人急去,草颂眠食百福。

腊中奉笺教,以专卒急返,未及裁答,方以为歉。新诗鲜秀名贵,不独无豆腐气，亦无矿苗气，退之所谓“天葩吐奇芬”者，庶为得之。具此好怀抱，不禁且羡且慕也。顷又得书，则专言矿事而无诗。明礶主人竟获此奇效，以张湘矿之先声，而关言者之口，何快如之！然诸公闻之者，多不以为经济过人，而以为福气出众，闻之代为不平，执事聆之，亦当大笑亿千场矣。尊厂去松柏市不过十里，家公还节时，自当往视，但只在尊局留一便饭，千万转致龙大令，不必供张，致开此端，滋流弊。上年出巡，沿途皆不用燕菜，不用新绣花铺垫，无不照办。龙大令盛意虽殷殷，家公请代为转致，毋稍过费，以符儒素之风也。匆匆奉复，敬请勋安。

前解洋元二万元，想荷察存。日前李司事至，复承书教，益悉近状，至以为慰。买米一节，已经总局办就，仍交李司事押回，一切可验文照收。惟全州之米，家君言，已准桂抚来咨，不便出境，盖粤西亦有偏灾之故耳。似此，则全州采米之举，已有难行，嗣后宜于何处购取，高明必能筹及也。惠示明礶之法，足征苦心孤诣，惟此间闻者，咸以为疑，殆谓五金之矿，与石灰有别，且中外皆少此显豁呈露之办法，老人亦遂不能遥断。窃念公家之事，不厌详求，辨难讨寻，其理益出。如公等之雅量高致，有定力而无成见，则固可深知而笃信者也。百吉坳矿已定委黄修原及祁阳之欧绅主办，修原须节后偕矿师卜定，请以此转告仙太守知之。其所荐陈、赵二生，即暂存备用，或无不可。修原之徘徊，誉者谓为老谋深算，毁者谓为老奸积猾，先生以为何如？机器已托人在沪探购，惟矿师尚无至者，颇深焦灼。余容续布，敬叩节禧。不具。

前奉惠书，兼辱赐山谷老人所书朱搨，时正以洋鬼子入城事闹得天昏地暗，不及裁复。昨又承教，宜若可稍稍披露所怀，用塞天末故人无穷之思矣。而孙、黄求矿，匆匆告别，复不能较张胖子洋洋洒洒，下笔千言，殊自愧也。大诗别纸录还，杜老所谓“得失寸心知”者，盖天良不昧之说。公于此矿取盈三百万金后，方悟鄙人非引诱良家子弟耳。掘矿之款，打老虎之枪，均由局一律筹寄。李广文者，为之神往，何不闻公早言及？亦岂新交耶？贱子不日有鄂沪之游，惟万不敢与张胖子同舟。合并声明。

别来又已几载，沧桑之变既已至此，复骤值先公大故，通天之罪，万死何辞！独幸东南粗安，于去冬得毕葬事，差足慰故人之悬悬也。先公既万世不视，而在湘孤怀苦志，即厚爱如先生，亦有未能深知者，俟是非粗明，谣诼渐定，乃敢出而示人，想公亦以为然也。先生所治之矿仍极盛，功绩如此，处约如此，乃荷隆赙有加，感泣何已！世变未已，何时可图相见？人便草布谢忱，兼颂眠食百福。

一昨奉到长沙寄书，藉谂逸兴豪情，依依如昔，仰慰无任。大著重付精刻，急欲先睹，交邮局付寄二三册，不过费数十百钱耳，教官虽贫苦，亦何必吝此区区，俾吾望眼欲穿哉？下走岁时偶托吟咏，未死余生，聊以遣日，复安知昔有甫白、今有税鼎者？然评论至公，卒无以易也。至高怀挚爱，辄引吾乡穆堂翁之言，非三十年素心老友，不能及此，但颇怪公何所见闻而云然。岂有长沮竟不知桀溺，巢父致疑许由者耶？独家与国相关、身与群同祸之故，实不无幽愤悲哀颠倒展转于其心。旁观者或据为热中之根株，伏于隐微，遂推为诛心之论，则走固有不得而辞矣。证之贤达，其谓我何？江南为腥膻征逐之场，亦为云水栖游之地，见仁见智，各从其适。阁下既戴尧天，又入羿彀，学租不逋，矿砂不竭，终难自拔，要自有一倚门斗，一付子弟之良法。我辈皆已五六十许人，此生能几相见？虽有巧历，未许逆料。则安可命驾逶迟，不来话六朝烟水耶？嗟乎！嗟乎！公本招隐之旨，走语好游之方。孟子之嚣嚣，庄生之相视，亦道中之所存也。复讯吟履，伏维亮鉴。

以平生最爱敬之人，至累岁不通音耗，公亦当怜其插足埃壤，非复人境也。今于乡里之役，昔所谓贪嗔痴爱，已变为割断决绝，虽乡人强督，犹谥曰名誉总理，然此心既与之划拒，浮云舒卷，亭亭自如，庶可从此稍理故业耳。公之起居，时时旁闻于湘士，道坚而吟兴不辍，极慰跂仰。惟颇传去岁有鼓盆之恸，犹未敢遽信浮论，久之似非讹谬，用寄一纸幛写拳拳。又冀公岁寒朝澈，有以自广也。走侨居江介垂十年，得诗不下七八百篇，亟思就正，有所去取。公倘能于秋爽江清，翩然过我，一抒积素，何幸如之。世中事不欲相溷，维努力葆卫。不尽百一。

按：张夫人之丧，夙契如先生，亦未赴告。时先生侨寓金陵，久之寄祭幛一轴，上题"珠泉影只"四字。

疏懒之习，老而弥甚，未及数通问讯，知我公亦视为固然，不以为怪也。前奉惠书，暨名父子唱酬之什，洒然如挹珠泉，湔涤肠胃，赵提学犹嫌有教育家气也。秋深菊黄，想吟兴当益搴举。所惓惓不忘者，公能偕湘绮老人一来观江南风物否耳？今冬为公七十生日，义当献鄙词为寿，惟方为人佣，益败佳趣，或难急就，以应令辰，要决以诗文补祝，博公一笑。下走自侨居白下，约得诗千余篇，好事如郑苏戡者，挺任选政，而吾乡李、夏之徒，复抽赀付排印。念此举便利，有可慰师友间如公辈之欲阅吾近稿者，亦遂听客之所为。大抵岁杪可竣工，再寄公评论也。时局愈危，不敢纵及，惟为道珍卫不宣。九月二十一日。

久不通问，伏承道履胜常，撰著日富，至为跂仰。走以毛布政兄之官肃州，日前抵汉上话别，惜公不及与一温卅年前同游祝融之零梦也。有年家子王偲孙大令，以一官到珂乡，其入学有根柢，颇能戛戛独造，因公喜得端士，宏奖风雅，故特介绍，乞随时进而教之，知必相得益彰也。匆促草讯近安。

日日思见公，既不获，遂并书问及欲有以娱公之文字，亦迄今无以报，颓懒之性，老而益坚，知公必且笑且恨也。湘变粗定，方图善其后。达人阅世，观微观妙，倘有感行造端寓诸吟咏者乎？续集所得，极盼披讽，以证卅年前闲园寂馆，共老友挑灯况味也。下走流寓江南十年矣，乡人好事者，强取八年来长短句醵赀付印，顷已毕，因便寄呈哂教，不吝摘削，尤符夙愿。匆促即颂道履吟福。不具。三立顿首。

日来奉复书，若于拙稿有偏嗜者，此由公气味习惯，遂忘其丑，或出诸面生可疑之人，恐公亦将持湘军主义而排洋鬼子矣。兹因恪士之便，仍带呈八部，以备布施。公明岁摆落矿事，尚冀一来游江南。吾辈皆垂垂老矣，以三十余年性命文字之契，不可不再图欢聚快谈，以为五百年后之纪念也。此语并祈告芷荪、顺循诸子为荷。匆颂著安。不具。

易世以来，消息隔绝，近闻山居颐养，撰著日富，无任跂仰。贱子避兵海上，倏阅三载，祸变弥张，地维且裂，愁吟偷息，有不可终日之惧。万劫悠悠，而不免时萦心魂者，惟故交老友如公辈数人耳。颇欲及衰朽示甚，于一二年内，与公话旧联咏于湖湘间，第不念天意人事何如耶？梅根行急，略草数行，藉讯起居，惘惘不尽。

毛布政使书札

毛庆蕃

苏畡仁兄先生有道：湘垣小住，幸接紫芝眉宇，且得同数晨夕者，三月有余。每聆清言，如霏玉屑，读君诗萧闲清旷，超然万物之表，而冲乎有以自得，其胸次之高为何如！而鄙人性质粗戾，忽忽不自觉道之弃而身之灾，非我兄热肠古谊，岂能直指其症结之所在，而痛下针砭？是其交友之忠，与人之壹，又有非寻常所能几及万一者。直谅多闻，圣人所尚，如我兄者殆其人与？安得时时过从，变化我气质乎？

庆蕃还棹南州，叠见骨丹之戚，心绪即时时作恶。重以人事牵率，学业益荒。缅我良朋，愧悚无极。大著游记，文境清绝，幸录一通惠我，以践前诺，以答远想。朴堂观察晤时烦为问讯。克帅竟作古人，可胜叹惋。人行甚迫，匆匆不尽百一。附上《二语合编》四本，希察入。序尚阙如，可知迩来心境。手此敬问侍安，惟珍重珍重。愚弟毛庆蕃顿首。

按：毛方伯庆蕃，字实君，清举人，江西丰城人，清末官至甘肃布政使。与陈先生三立夙好。当光绪四年，公馆陈氏闲园。三月，毛公来湘访旧，与公同寓园庐。四月，邀公与陈先生作麓山游，夜宿县人童君光海斋中。公作游记云："毛实君孝廉来湘，梦想山中胜状，忻然欲往，招余与陈公之子伯严，从两奚，唤小舠，绕橘洲云云。"六月，复作衡山游，寓祝圣寺，听默安上人谈禅。七月回长沙，作游记云："陈君、毛君与余游麓山，历险阻，睹怪玮，余既为之记，三人者乐险好怪，无所发舒，复欲作衡山游，以六月二十六日登舟云。"

补松庐书札

吴庆坻

苏畡尊兄先生阁下：日前趋谒，值公出，未得聆教为怅。先曾祖《小罗浮山馆诗钞》四册、先大父《花宜馆诗钞》六册，新从里中印寄到湘，谨各呈一部，伏望察存。近作必有佳章，能赐读尤快。肃请道安，余容晤罄。小弟吴庆坻顿首。

前命题珠泉草庐，久未拈笔，固由从官事冗，亦以般尔之门，未敢轻弄斧削，缘矜慎而益迟回。今将北迈，诗思茅塞，谨将诗画册先缴上，留纸两开，俟诗成录寄郢正。濡滞之愆，伏望鉴恕。主臣主臣。兹呈上《养吉斋丛录》一部、《黔语》一本、《杭郡诗辑续辑》两函、《花宜馆文略》一本、《史传乡贤录》一本，伏希察览。首途匆迫，不及诣辞，归时再聆教益。不尽惓惓，敬颂道履曼祉。

奉手教，并示赠行、题墓诸名篇，诗格苍老，情韵不匮，讽诵至再，令人五体投地，自觉前送定公之作，乃真俗笔矣。属和题墓诗，容稍暇勉为之。寒家自先高祖学博君以来，代有诗集，原稿毁于兵，今方续刻，故《小罗浮诗》中有直言“诗是吾家事”句。不佞少壮后，东涂西抹，不足继前人之业，良用愧悚，恨不时时从公讨论也。复颂道履不庄，弟庆坻顿。

按：吴学使庆坻，字子修，浙之钱塘人，清翰林，光绪二年王祭酒先谦任浙江乡试副考官所得士也。任湖南提学最久。子士鉴，字䌹斋，亦以翰林任提学。工书法。国变后寓居杭州，尝致书祭酒之子祖陶，称廖荪翁久闻其名，盖湖湘硕果也。

周按察使书札

周儒臣

荪畡先生大人执事：屡接清谈，兼示篇什，九天珠玉，钦挹良深。每欲得先生大作，手自书之，以成二宝，兹送上都中玉版宣纸横直条各一幅，并团扇一柄，敬求公余之暇，椽笔一挥，文采风流，足令题拂增荣观也。溷烦殊悚，肃请道安。不备。周儒臣顿首。

按：周廉访儒臣，字镜渔，初任长沙府知府，宣统庚戌升湖南按察使，后任四川布政使。公自辑《纪年录》云：“光绪三十二年五月初十日，俞兵备绶臣、周郡守镜渔邀作麓山游。兵备调长龙船，置行厨其中，舣棹牌楼口，换舁至书院，晤监督陈善余，同诣麓山寺，登云麓宫，下山观北海碑。监督回院，余与绶丞、镜渔饮舟次，登岸更初矣。作诗示俞、周，兼贻善余。”

红螺山人书札

李葆恂

手示敬悉。廿二日朱封翁约往萱圃看花，归来当已侵夜，且贱躯素弱，卜昼已疲，宠召恐未必能赴，奈何？前上笺索赐隆先生无誉诗，未知已达记室否？葆恂得读其诗于陈右铭先师座上，特爱其风格似黄鲁直，今忽忽便十余年，故极欲讽诵，一续尔时风味也。敬请荪畡先生著安。李葆恂顿首。

湘雨楼书札

张祖同

苏畡老兄大人阁下：拜谕并荷赐题图册，长城五言，斯楼千古，惟有宝贵。公诗以真气运古律，遂尔超拔警劲，独出冠时，曷胜佩服。承示尊居结构层楼，当有住凌八荒之概，绘图征题，一时胜事。惟弟诗笔甚劣，则逡巡不敢对也。今日入乡，初八九当再至城诣谢。专此，敬叩台安。小弟张祖同顿首。

前于涵园奉教为畅。归拜谕，并承馈家凫四翼，欣谢之至。灰汤之品，久闻其名，而未尝其味，得此使老饕果腹，陆氏栏中无此也。友人昨寄六安茶一匣，借花献佛，乞哂收，不敢比诸琼玖也。敬叩台安。弟祖同拜启。

违教十余日，甚怅。弟昨自湘乡归，五日陆行三百余里，疲困已甚，尚稽走候，歉歉。张绮梅之侄世兄恪存，以书来属言矿务，弟本门外汉，大有盲人瞎马之叹。前曾面言之，兹将其原件奉阅，是否可行，求示复，以便转复恪存。稍暇当诣叙。专此。敬叩台安。

胡子威先生书札

胡元仪

苏畡仁兄执事：昨奉到代借《荣木堂集》，快甚。此集求之十余年，未得一见，今忽得读乡贤之作，大慰宿怀。先生之益我，不啻百朋之锡矣。陶先生词赋，可抗行船山，功力微逊。诗歌朴厚，跨越王山长，明末迨国初，诸先辈未有过之者。而节概孤高，流芬悠远，岂徒然哉！此集当全钞一部，不可失机宜。乞转致主人翁，宜宽限时日，明春乃可奉还耳。可惜此部阙叶太多，而乐府三卷，仅存一卷半。一卷全阙，二卷亦阙一半。此三卷所谓《嚏古集》也，私心有所不尽鄙陋。倘交好中更探闻有收存不阙叶者，尚祈访求代借。直抒下忱，随缘遇之，不敢必也。俯鉴幸甚，敬候道安。弟胡元仪顿首。

奉到大著，细读再三过，不揣冒昧，谨于每篇题上以朱圈为记，凡双圈者佳，单圈者宜略润色字句者也，未及一一标出，恐所见未必果当也。然人心之同，甘苦冷暖，不甚相远，可以意会，并非客气耳。谨作序一首，乞鉴政之。并题《珠泉诗集》短歌一章，均呈槩削。炎热道保不宣。二十八日。

前读大集，见《武军纪略序》，服其雅洁。今得读其书，叙事谨严，佩甚佩甚。言事三篇，行文笃实，切理中情，非率尔者可比也。周仲声书，知其人未见其书，承示其集，并湘绮之文，《永历实录》之诬可雪矣。船山之作此书，成于深山闭户，不足怪。《永历实录》颇称金堡，后为僧，名淡归。亦未平允。凡小有才之人，所见自高于庸流，船山深恨当事之愦愦，故不觉少溢誉词，亦此类也。吴君诗才情勃勃，矫然思以自立，美才也，但未醞酿纯净耳。弟不知其生平，暇时乞示知耳。外和诗一首，别纸书呈。

按：周仲声书，乃县人明南京户部尚书周堪赓之治河奏疏《五峰文集》也。堪赓治河奏绩，明亡，落发于县西八角庵，屡辟不起，幽愤以终，其孤忠亮节，为有明一代有数人物。乃《明史》无传，而王船山《永历实录》竟诬其降清。公题诗祠壁，为之湔雪，并由沩峤遗书馆刊其遗稿，湘潭黄周星、新化邓显鹤均为撰传，公复乞陈公宝箴传之。尚书裔孙培莹，本为廖出，为公族甥，又为公之门人，以先人蒙垢且三百年，深以为病。公告以当代惟王先生闿运能与船山抗行，得其一言，可以信今传后。培莹因恳公转求。惟王公为文极为矜慎，公将尚书受诬之情，详为缕述，乞为文以辨之，并将各传稿交阅。王公遽曰："邓氏曾任宁乡校官，陈传则据君之所言也。"及阅黄周星所撰传，乃曰："此吾潭人也，不苟于言，且生当并世，其言当可信。"始慨然许诺。尚书之诬，至此始大白于世。又按：吴诗，乃益阳吴韵霆孝廉超然之《楱慧山房诗钞》也，公客益阳时，与之论交。吴卒后，公追念故人，为刊其遗诗，原板尚藏衡田廖氏赡麓山庄。

王先生闿运《书周司农传后》云："节义莫盛于前明避薙发也。残其形，易其服，则烈士耻之，而公卿大臣多逃于僧，又自毁以明志。衡阳王行人独不然，私完其发，遁于猺洞，昼匿夜行。夫岂不能死？无死道也。湖外固少任重秉国之人，有列七卿者，则削发居寺以避征命，若益阳郭、宁乡周，其最著者。湖外风俗淳朴，山川僻远，内无攻讦之仇，外无物色之遒，故周尚书得以腊终，而王行人完发四十余年，终敝其冠巾。身没将二百年，其名不为乡校所知，犹不及项煜戚藩。孔子所谓'疾没世而名不称'者，殆非谓世俗之名。近六十年，王书大行，几比于不刊之经。而其书顾右郭而左周，所记永历事，直言周降。于是长沙人士憯焉。而其家族，始出黄九烟所为传以雪其诬。邓教谕显鹤，王学之徒也，亦据赵都御史集序之言，推为名臣。黄、赵皆同郡，年辈相接。王阻绝谿洞，传闻不实，然轻于书降，盖亦有由。洪承畴者，东南所同疾也。司农荐誉于前，承畴造访于后，以故尚书之黯淡，新经略之煊赫，造膝密语，淹留竟夜，非洪有贰心，则周其有惑志与？故其事盛传，而遂以恶洪者疑周也。易代之际，有名为患。行人尝与叛藩伪官周旋，食宴藩园后，亦受我巡抚馈粟，而人不讦之者，吴之官不若承畴之著，而潘巡抚非若恭顺王之力能登人于天也。迄今王名齐程朱，而周不过郭、赵之间。故王虽无心挤之，而周族之裔，愤懑诚不能已。古记有之：陷文不活。文不可不慎也。虽然，论人者盖棺则定。使尚书被荐得用，起僧服官，则当论其功状，乃论名节。若承畴虽为贰臣，其才略自在也。今周与王同食周粟，而周遁于释，王抗为儒师，有孰当引决，岂仍以位尊卑计乎？疏退之臣，既无死道，一完发，一自髡，皆不欲辱其形。形且惜之，而辱心耶？本朝于明故臣，褒诛虽严，王以贞见褒，而周又以僧不与。周诚重不幸，其见诬必不欲求自白也，特论世者宜知之尔。至其治河之功，陈弊之疏，又士君子之末节粗迹，故不具论。光绪二十五年五月丙辰。"

奉到手翰，并大作及各种刻本，俟缓详读。至惠诗奖饰逾分，未敢克承。然先生推许，乃期望之诚，敢引为座右之铭，以毋忘美意，迟当奉和也。元仪叩。

师伏堂书札

皮锡瑞

苏畡先生道席：顷奉手书，拜读大集，摅见宏远，蓄意深微，如论吉藩而归咎于明初封建，迥非浅识所能逮及，功力深而才思富，犹其余事，钦佩无似。弟少亦耽吟，老而废学，去年检出旧作诗文，刊成数卷，殊不足观，兹特送呈一部，即希教正。班门弄斧，惭悚弥深。容再走叙。祇叩道安。愚弟皮锡瑞顿首。

日前登堂畅叙，甚慰。世兄善于丹青，面恳作画，已蒙金诺，兹特送上小条四帧，敬求妙笔一挥，以光蓬荜。并呈拙集一部，奉赠世兄，即希费心转致为幸。容再面谢。敬请道安。

瀞园书札

赵启霖

苏畡仁兄大人左右：倾企有年，不获相见，一写怀抱。侧闻从公缱绻，风誉日新，无任佩颂。去年于璧园处，拜读惠诒之作，芬芳悱恻，袭人襟袖，诵之既感且愧，久欲邮笺展谢，因循未果。韶春多暇，检诸朋好去岁所赠诗歌，稍稍酬答，辄成一首，就正有道，工拙在所不计，取达悃曲而已。他日到省，再图瞻晤，此不多及。敬请吟安。愚弟赵启霖顿首。戊申三月既望。

连日牵于俗纷，思欲诣尊处清谈叙别，不果。明晨解缆，未获走辞，至歉至歉。前承赐诗，俟心绪稍静，当勉成和作。李司事振镛，已深荷栽培，以后如有可以垂青之处，尚乞留意为荷。匆渤，敬请吟安。不尽。启霖顿。二十九日。

劬盦书札

罗正钧

苏畡先生有道经席：省垣快领教言，稍慰数载渴悰，以匆促未及久聚为歉。旋在伯纯处得读大著，识见之闳通，条理之精密，当代罕与匹俦，展诵再三，真令斯人有不出之叹。迩维道履绥和，撰述敏富，至符心颂。兹有恳者：舍弟肫甫，颇知向学，早岁正钧承乏其间，了无裨益，来年意欲得大贤以为依归。虽椎鲁之资，上厕门墙，实为逾分，然想先生有教无类之心，当必不我遐弃。谨备上关聘，并倩周晓帆兄先致鄙忱，即望惠示玉音，不胜大幸。伯严已于十月杪抵都，正钧舟车之费，尚待筹备，动身当在春初矣。肃此。敬叩教安。诸希鉴亮，不宣。罗正钧顿首。

璧耘兄见过，蒙赐手函，正稽裁复，顷复奉惠书并关聘各件，敬谂名山养道，撰述日隆，用深仰止。大著《武军纪略》以蔚宗之整赡，兼孟坚之硕雅，而于当日用兵先后，贼情缓急，与夫山川形势、局势险顺，无不纲举目张，俾读者有所据依，不迷于所向。赵充国云："兵势国之大事，当为后法。"实深识此意，允为不朽之作，赵魏不足方也。惟如此高文，假名于尚书公，恐不见信于后世，为可惜耳。拙著《王壮武年谱》，乃前岁客中所成，微意与先生相近，而文不逮远甚。敬呈上一册，祈有以教之，幸甚。《文襄年谱》数日已脱稿，书共十卷，二十三万余言，头绪纷繁，时日又迫，不能留意于文字，惟紧要节目，未之敢遗。惜钞胥迟钝，尚无副本以呈政也。课题拟上一单，未妥处即希改定，勿存客气。至算学一门，未尝问津，不敢强不知为知，尚希谅之。伯严书来，意兴如故。云秋已派出洋参赞，至上海以妻丧告归，致壮游不遂。近日新闻李秉衡起家授皖抚，沪关鲁道以贿得官，未履任罢去，为近事之最可庆慰者。肃此奉复，敬请道安。不具。正钧顿。

睽违矩范，倏历岁年，思慕之忱，与时俱永，辰维道履绥和，筹祺迪吉，至为颂念。弟自前年奉檄，勉复北来，仍委办学务。去年叙补一缺，乃权署清苑兼绾师范学堂。时局既艰，才力短绌，勉力趋公，无所补救，爱我如公，何以教之？湘省风气，迩日益见开拓，矿政得公整顿，想见壁垒一新。修原才气无双，颇蹈诗人甫田之讥。前次旋里，心颇不谓然，而自愧无由救正之，卒以自累累人。具此才望，无所成就，实足为当世人才惜。现其身后光景若何，便中希见示。璧园闻已游宦苏州，经岁不得其书，友朋疏阔，为足恨也。伯严幸已光复，摧挫之余，恐亦不能复出矣。肃此。敬请勋安。不具。

大著已由修原分赠一部，已细读一过，时劳神往。但此册仍当珍袭以赠诗家，俾广流传耳。右丈事状二册并《拳匪纪略》一本，乃定兴绅士近日寄来，文笔劣弱，惟事皆实录，亦可考见当日荒谬之状耳。此请道安。

按：罗先生正钧，字顺循，湘潭人。清举人，历官直隶州牧郡守，最后任山东提学使。清制提学必须入翰林者，先生以办理学务有年，遂以举人超擢学使，异数也。晚岁寓居长沙社坛街，著有《劬盦文钞》。公自辑《纪年录》云："光绪十三年馆罗氏，时义宁父子居蜕园，相距甚近。罗顺循、曾觙庵、杜元穆、王伯亮、陈伯弢、文道希常至陈宅，文酒之会，几无虚日，每会必驰函相召，性耽虚寂，不免攒眉间托故辞之云。"

张太守书札

张　琳

苏畡先生道长著席：顷奉到大书，并惠赠诗章，读之大慰。惟奖饰过情，使人难任，愧汗者久之。又见示大著，奉诵累日，不能释手。《武军纪略》字字精核，深于义法。《拟陈湖南利病书》洞明数十年来治忽之原，亦得标本兼治之道，如得其人起而行之，即推之天下，大致莫易也。又赐读隆、易二君稿，均有可观。而隆君尤慨伉有烈士之风，孤愤冥情，一往终古，惜哉！闻我公搜刻其诗，复存恤其后，此种风义，亦非今人所有也。叹服叹服。琳早岁废学，游食四方，本无树立名业之资，亦颇以攀附声势为耻。浮湛溷俗，五十焦闻，尚何言哉！窃意吾湘士气，自资阳、湘乡二公加意延揽之时，为之大振，后之才隽，闻其风而悦之。惜乃不循其本，甚且东涂西抹，剿袭浮词，以盗声采而弋货利，其与中兴诸乡贤之相失，殆不可以道里计。琳前年假归省亲，见义宁方伯于鄂州，方伯极称近来湘中子弟多智慧，琳则谓后生不如前贤，正坐智慧太多，方伯极韪之。昨腊获承我公绪论，又得读其文章，盖已先得我心矣。尘鞅中末由多共晨夕，临风惘然。琳夏秋间计当得替，倚闾年已九十，决不敢淹滞风尘。舍下距珂乡百里，黄鸡白酒，请与红树青山之约。手此。敬请著安。不尽欲白。弟张琳拜手上。

客冬省门得侍，饱公之德，拳拳在怀。时艰方剧，士论日新，晨星耿耿，瞻望为劳。琳别后抵杭州，本拟勾当未完，仍理归棹，既而枫林抚部简书敦娓，重以故人之谊，遂来吴门。幸以衰病见谅，不烦以簿书之事，日惟友朋江山饮食宴乐而已。俟秋风起后，仍当得得还山。兹三小儿孝临来吴省视，留侍逾月，仍令返舍读书，兼治圃业，属其到长沙一瞻杖履，修子侄之仪。远道无可将寄，谨呈诗扇，聊作纪念。附寄稚安、少穆二公各一持，乞代分致，未另作书也。二三旧好，相见日难，想怀抱同之。匆匆，敬颂吟安。不尽欲白。

珠泉老人福履：隔离光霁，弹指四年。前年小儿归自吴门，曾具书命其过湘诣叩起居，适杖履时已还山，末由瞻仰。嗣奉环翰，语重情长，风雨如晦，益增怅想。去秋言旋，本拟稍浣征尘，挐舟长沙，招邀二三老友，徜徉于岳云湘树之间，寻桑榆之乐事，乃入门未久，遽有骨肉死丧之难。遘兹凶岁，道殣相望，劫掠时闻，贪人败类，犹且藉振抚为利市，所在驿骚，遂尔茧足荒山。春夏以来，尤为惫怠，今始渐见痊可。一俟炎退身健，拟往回龙山酬神，彼时如探悉吟筇在山，当就道一访珠泉胜概。比来新旧社会，云起飙发，老来怀抱，殆未易一语焉也。省城夏间，以数十人构兹大乱，未几而敝邑复有揭竿扑城之事。是皆变法之大效，主新议者辄以过渡时代为解。然如此风波，正不知从何处捩舵，从何处登岸。孟子言："上无礼，下无学，贼民兴。"今实见之矣！可慨可慨。兹有周盛芬字卓茂廪膳者，益阳人，吾友近三广文之季子也。近三与先五弟为儿女姻亲，又为诸季业师，橐馆觐虞太史家，与性田舍人有《莲塘唱和集》。盛芬才藻，克世其家，惜生事甚微。因往来会垣，熟闻长者之风，亟欲一望颜色，特属尺书，先导于几杖，尚乞俯赐进教，察其材质而提挈之，则亦大君子甄陶人物之盛事也。久病乍愈，书不能谨。伏维餐卫咸宜，无任颂祷。琳顿。

无缘侍教，弹指三年，家难方剧，世变孔殷。昨至省门，探悉台从假还，因轻骑趋贵邑城，冀得一晤，藉抒身世茫茫之感。既抵八公卧庐，始知府第距城尚数十程，专此走书奉恳，如能就日拨冗来兹，弟当鹄立以俟。如能惠驾，请示数行，且有极疑难事，非有道莫为我决也。初五六间须趱到，舍间有事，亦未能久盘桓耳。匆匆。敬候台安。诸维面谭，不尽。

按：张太守琳，字伯琴，沅江人，浙江知府。公自辑《纪年录》云："光绪二十年，作西湖之游。十一月发长沙，由汉雇轮东下，抵沪留一日，僦舟赴乌程双林镇，友人胡大湘春司榷于此，遂留度岁。沅江张伯琴工诗，善章疏，现主湖州榷局，胡大邀往候之，一见如旧相识，罄谭三日而别。"

海岳轩书札

杜　俞

荪畡仁兄左右：屡欲通书候问，不得其便。去秋河北之游，闻尊驾亲诣闲园，满拟聚首数日，抒积年忱悃，乃鄙人抵省，而旌旆反旋，辄用怅惘。生世只此数好友，或聚或散，天南地北，读嘤鸣求友之什，未尝不抚卷咨嗟也。河北古称重镇，中州著名才薮，至今日则百务废弛，人才之荒陋，尤不忍言。武陟小县，竟于无人可谭，斯亦牧民者之深责也。此次出游，本欲纵览山川，广纳豪俊，通习世务，以广益其所学，宾馆久客，辄怀乡味，夏末秋初，拟即旋里。梁园虽好，终非久恋之乡，信如斯矣。伯严近抱安仁之恸，益复无聊，选韵拈毫，绝非畴昔景状。弟闻安化王君村农，有妹甚美，其志识怀抱，迥异寻常。虽年齿稍长，堪与伯严为偶，不知尚待字闺中否，祈尊处专人一查。如尚待字，即由尊处先订盟约，事不宜迟，恐好事多磨也。至嘱至嘱。隆卧侯传附上。伯严此文，殊得古人之深，如叙其先世之狱，及卧侯少年警敏，中年敛抑，皆能于无字句处摹写。闻卧公亲谊，颇以为讳，此则世俗之见也。尹师鲁墓志，烦仁兄作欧阳公，办之可耳。近日颇作文字否？日记想益多，德业之进，则尤不待询问，素所树立使然也。赞君今岁仍否在校经堂？此人笃实，可药我辈浮薄，常相晤否？率书数纸，语不成章，惟裁察。不具。

苏畡仁兄先生史席：鄙人以少年恣睢妄诞之故，得罪苍昊，投界河北，日读陈言五六卷，饮酒二三升，以此消遣光阴。偶出门眺望，但见风沙蔽天而已。其人黎黑如魅，其音啁啾如鸟，其宫室如厕如舟，其地如沙如碛，无所谓乐也。览黄河之壮志，登太行之豪情，冰释瓦解矣。交中州之豪俊，徒虚语耳。侧身南望，欲归无因。兀坐斗室，上窥古哲，下念遗黎，悽怆伤怀。然于鄙人者，疏野脱略，又岂可望其继往圣、开来学，如赞君、训生辈之痴想乎？但保本体之真，不失为妄人已耳。此苏畡之所笑，而赞君、训生见此，必怒而兴问罪之师者也。又伯严谓："锐志功名，以求表见，当此乃流俗之常情，不必志士，苟非鸡鸭虫蚁，亦孰肯老死牖下？"鄙人深叹以为伯严哀悼之余，发此狂语，然亦未尝不赏叹以为至言。苏畡功名之士也，而伯严贬之如此，岂可甘心忍受，而不思所以报之耶？欲求报之，谨献一策，尚祈鉴采。伯严自去岁九月抱安仁之痛，荀令神伤，不足喻也。高堂衰病，势不能效商瞿。右丈旌节至汴，媒妁塞门，或夸咏絮之才，或述如花之貌，而右丈之意，不惟为子择媳妇，兼欲为己择亲家。伯严之意，不惟欲外舅必雅，亦欲妻弟俱美。是以尽谢诸议。安化王村农者，隆卧侯谓为诗人，谭秉卿称其奇士，家有待字之妹，齿虽长而寄怀甚远，处虽僻而读书甚多。鄙人盖闻之熟矣，遂以陈之右丈，右丈慨然许诺。兹恐闻见不实，致负推诚之雅，乞仁兄亲自到彼，察访的确。如果未字，即请竟与定婚，不必往返函商，以苏晐之精明警敏，应一见即知。至村农或有势分之俗见，苏晐晓之，自足了事。苟得此严师置之闺中，则虽以伯严伶俐之口，亦当三战三北，然后鄙人乘其新败之余，揶揄而嬉笑之。是所以为苏晐报之之道也。语戏情真。伯严之事，苏晐所最关心者，幸早赐好音。弟近来文兴勃发，十日必有一篇，因小史腕硬笔钝，暂录二篇呈教。伯严本欲作书以道契阔，所刻悼亡诗文尚未成书，俟成书时，必有奉候。伯严文亦钞三篇，外诗一首呈览。空斋虚寂，而有人焉寄文字于数千里外，远相慰藉，其情之挚为何如！苏晐亦宜有以报之。伫读新篇。天渐暖伏，惟自卫不宣。弟杜俞顿首。

南中音书绝久矣，忽得赐函并大著二首，如大旱之得云霓也，欣慰何既！答某官书，深识卓论，司马德操所谓识时务者在乎俊杰也。隆山人哀词，律以桐城家法，不无可商之处，然在时贤中已琤琤矣。世兄诗笔大进，灯下稍一流览，竟有卓诣，若非龙驹，定是凤雏也。梵公之名，曾见之无誉诗中，今观其手书，古心古谊，可以想见一班。安、宁之间，多贤士君子，往往隐居不出，想望久矣。黄河系余足，安能晤此仅存之硕果于槃涧中耶？人生遇合最苦，每念无誉诸君死之之速，则深叹生世聚之之难，散之之易。相见者既如此，则又急欲一把未见者之手，倾吐其积愤而浃之以心神也。可胜叹哉！王氏之事，弟始闻之寄陶，详之古谭，寄陶之言简，而古谭之言则未可尽信者也。所云见解之高，胸次之远，读书之多，性情之淑，大概亦不甚差殊。触其念慕之忱，故遂陈之右丈。又以伯严之意，托之吾兄，盖将以四者取信吾兄而为凭也。果能如弟所陈，则不惜数千里之远，以求年将三十之女。若无过人之才，则无须此种繁重辗转矣。来书乃不一一及之，而以陈承祚、宋子京之笔法为之，但云稍有端倪，即与下定耳。弟与伯严闻此，不肯不骇也。才貌志节四字，仅得之十许岁之童子，吾兄并未亲自到彼，何敢征信乎？盖弟固未能自信其言，亦未能信萧、谭之言，故此事自当以苏晐亲自到彼察访为要。如果弟言不谬，则好事多磨，或恐中变，自当早为定妥为好。此事办法，似应如此。兄乃以第一层办法为轻,属之他人,而以第二层办法为重,必须亲到,是先后倒置,轻重失伦矣。天下惟婚姻之事察访最难,女子处深闺,虽有过人之诣,谁知之者?里妪村老,则不足以相知,文人学士,则多高兴之谈,亦或难于取信。非有八面玲珑之才者,必不能得其真,盖此等事,比办夷务更难。故不属之他人,而必谆谆属之荪畡也。今荪畡乃安坐家中,作家中语曰:王氏乃村农之嫒,非妹也。伯严所求者妹也,而兄则曰嫒也。伯严所以求者,乃弟所谓过人之具有四者也,而兄则曰关说而已也,下定而已也。村农有妹无妹不言也,或妹已嫁而但有女不言也,或弟所言之妹即其女亦不言也,女之年貌、村农之年岁、有无兄弟伯叔、家中光景亦皆不言,而以若明若暗之疑团,玩故人于数千里外,弟不能不怨也,伯严更不能不怨也。细绎梵卿书,亦非肯冒昧者,但右丈所重在性情之淑一句,以上事垂老之舅姑,下抚无母之婴稚,断非性情坚僻者所能安也。伯严则有无穷奢望,然亦岂能满其无当之欲?但求见解、胸次、读书三件,如弟所言,斯亦足矣。以彼两意,合此四美,则任兄为之。不然伯严将于秋尽还长沙,再为商定可也。伯严尝谓宁入贰臣传,不愿娶寻常女为妻,则其意可知。弟既不敢妄测贤豪,兄亦断不至轻信人言。婚姻大事,不嫌慎重,统希深鉴。奉上近作《学规》一种,务乞详细指正。外附伯严《悼亡草》数本,查收为荷。此请著安。不尽。弟杜俞顿首上覆。

按:姜先生鸣竺,字梵卿,号畡经,宁乡九都人。清附贡生,与隆山人观易交笃,诗多唱酬。观易遭家难,匿走穷山中,无声名于时,里中友固莫夙于梵卿也。观易得陈侍郎父子刊其遗集,有名于后世。梵卿著有《耨经草堂诗集》,其稿久佚,乡人至不能道其姓字矣。先生远道驰书,倾倒若此,因附著其略,以免泯没云。

荪畡仁兄先生有道:两年不奉一书,非疏也,积思之诚,所欲言之者众,笔难罄述,遂复迟之又迟。公之两年不赐一书,非懒也,以为吾待云秋如此之厚,而渠一出洞庭遂无鱼雁,不疑为性情之薄,即视为知契之浅。实则光明磊落，热肠古道如我公，盖无月不思，无思而不挚。公亦曾于云山深处，如弟之忆公否耶？江干一旅，郁郁久居，绝少况味。惟念时事多艰，即以西南大局而论，外而两藏，厝火积薪，内而会匪，根深蒂固。蜀固有为之地，而必求所以谋蜀保蜀之策，则当事恐未遑也。长都护忠诚足以谋藏，未知其精神气魄何如。客冬函约赴招，且责以大义，谓阁下大局关怀，必能不辞险远，时艰共济。弟一则以两藏饷绌兵单，川之视藏，隔膜太甚，欲办藏事，实不易为；一则漂荡十年，顷略息机，垂白之母，新迎至川。两者交萦，遂力辞之。都护行抵喀木，以驻藏游击系弟同乡，又谆谆属其从旁劝驾，情溢于意，意溢于言，即使辞谢，恐尚有汶上之复。如果藏帅毅然任事，亦何惜以万里为遥？时局艰难，亦视乎办事之才略以为衡，兵力将力，亦皆随之以为丰歉强弱。执事留心时局，以为何如？其精者固不待言，其粗者则不足为执事言，当默喻之而已。此泐。敬请撰安。弟杜俞顿首。

游迹蓬飘，音沉青鸟。湘云迢递，入梦为劳。敬维巾扇从容，载膺多福，企祝无已。弟鹿鹿尘劳，阘茸犹昔。今春因筱帅电招，游罢虎邱，又作汉上题襟之客。现奉檄营务，无位无民，徒嗟匏系，暂与委蛇，即当鹢退，不食武昌鱼矣。

环天室书札

曾广钧

苏�先生著席：读诗集及乔梓论矿说帖，雄艳双胜，以诗系节，特呈郢政。本欲奉诣，缘近与矿徒为缘，多乞代为陈说转示，敢至于偃之室？日内买舟，暂赴沅江、湘阴查考洲内，容俟十日后归，再奉清谈也。肃叩道安。曾广钧顿首。

顷奉手书并文三篇，容当细阅加墨也。家慈为《绎雅堂诗叙》，谕作楷，以楷书久生，竟不能成，仍用行字，将原文录于钞本后，即送上。又琬芗亲写一卷，并家信一页，均送来，乞点收。此颂吟安。

袁农部书札

袁绪钦

苏畡先生道席：陈作并拙稿均收领。昨荷见惠大集，日来就冰簟疏帘间读之，兰雪洒然，胸次为远，有物之言，故入人深而置身高也。纫服无量。顺公书牍一本，遵即藉呈，阅后或仍还舍间，或径缴顺公处，均可也。暑暇当再诣，快聆伟教，藉纾历年阔别之私。匆复。敬请撰安。袁绪钦顿首。

青郊别墅书札

梁焕奎

苏畡仁丈先生执事：季海兄至，奉读惠书，敬悉体履渐臻康复，甚以为慰。迩来乍暖还寒，诸祈卫摄。老年精力，少不如前，总以养心节劳为要旨。矿事猥杂，加以万夫邪许，民气烦嚣，在在皆劳荩虑。幸而一门才杰，代职有人，伟望精筹，出其余技，可以了群公十辈，知不以为苦也。尹翁画本，十已得其七八，昨微观之，其精妙实非诸人可及，宜其矜重绝艺也。俟脱稿，即当寄呈亨达利洋商。现在加筹资本，并无倒闭之谣，所亏局款，亦已分期筹兑矣。近惟白铅砂无销路，余均较胜往日。知注并及，肃叩道安。梁焕奎顿首。

昨因还勇，肃奉一缄，计承垂览。前闻道体偶有不适，此时必已早占勿药矣。慰想无似。湘绮老人著述，新于衡郡刻有《春秋王氏笺》及《唐诗选》二种，昨询老人，云当乞先生觅之可得，谨特遵以为请，伏求饬纪于肆中访求见寄，其价若干，即当照缴。近来时局日新，非求报纸，无由知其梗概。先生沉几观变，目营八极，知有不出户知天下之乐。顷阅《同文沪报》，见其精核博通，又有《京报》、小说，可资披览，因为先生代定一份，陆续寄呈，价八元，已垫付，无庸念及，知亦所乐为留情者也。肃上。敬请筹安。

既至此间，未有不奉教珠泉者。久病之躯，惊魄未定，入山遂为风露所欺，迄今尚未脱体。拟俟晴霁之后，路干人爽，即当趋叩高斋。想一时未必出山，乘兴即来，当无俟先为邀约，至远劳道从，则殊非所安耳。舍弟顷无信来，不知时下又作何状，亦甚念也。自余面悉，不尽欲言。即请福安。

岁阑人倦，正忆清尊，使来接读惠书，释渴解饥，快慰何似！山舆承代饬工制成，已感厚爱，更有嘉赏之命，愧何敢承。揆之少贱不辞，不容不以礼经自勖，要当图他日之报，以申琼玖之好耳。春风舒和，即乘此再访衡田，过扰清斋，恐不免重拜细菜春盘之赐于行厨竹里时也。前次路途，曾得诗二章，比即写成，久未寄达，浅俚不足云诗，聊博公一粲，敬以补上。四舍弟二十一日赴江宁，约俟正杪始克还湘。大局似亦有底定之意。世有江东者，恐不如四世三公之佳，较操胜算，此亦人事之难量者也。手肃。敬请福安，并颂年禧。焕奎顿首。

承示大作，七言逼近老杜，其苍劲处犹胜坡公。联语笏老一联，早所佩服，近作以陶李二联为最，其他亦非羌无故实者所可能，殆曾湘乡所谓一卷挽联行世者矣。璧耘老兄病状如何？甚以为念。秋凉后事局稍定，当上春泉堂痛饮数斗耳。暑中敬维起居珍卫。不宣。

正念高情，忽承华札，快慰无似。读和章，语语如生铁铸成，是由玉局上窥杜陵，此亦由年力所致，不可强也。某局之举动，直可野蛮待之，万不可再存姑息。此辈欺软怕硬，无庸以理遣情恕。肃此奉上，敬请颐安。

郎园书札

叶德辉

苏畡先生著席：昨日简亵，抱歉之至。十年一觉，赢得此名，孤怀有托，不愿为方家笑也。奉上画跋一册，陆包山《罂粟花卷》跋即在其中。平生书籍字画，题跋极多。书籍拟仿《读书志》《书录解题》之例，别自为书；字画则《仿弇川山人书画跋》之例，分墨刻、法书、名画为三。非欲自夸鉴藏，不过借题作文，比谓贤于博奕也。抄胥草率异常，可笑。此请道安。叶德辉顿首。

按：叶先生德辉，字奂彬，湘潭人。清进士，吏部主事。公自辑《纪年录》云："光绪三十三年十月十八日，叶奂彬招饮郎园，出其厂肆所购《元朝秘史》钞本，将蒙古语译成文字，拟付刊以公同好。奂彬云，由柯凤荪处闻余名，凤荪称余诗湘中近来无出其右。奂彬自言：'生平得节欲之法，二十六岁丧偶，不再娶，与孙渊如略同。能早起读书，不贪睡。人皆以我为沉蹣声色之人，所近优童妓女，皆互疑之，其实皆无之，言之君必不信。'余谓：'凡气清者欲少，望溪谓平生故人，凡知道者必早折，气清则多弱也。君性清强，耽金石书画，所欲有甚于色者，外诱何足以夺之？然自我外，信之者恐不多也。'奂彬笑颔之。余初疑其难近，不敢往来，近始知其豪爽快俊，以儿杰粗通六法，尝发其藏，使之纵观。由是加邃密焉。"

欧阳室甫先生书札

欧阳俌

苏畡先生道席：日前晤教，快慰积怀。病中无暇，重读大集，击节之余，足愈歌风。命题新图，凝思不敢下笔，兹就册内邬君天津桥畔二句，衍成长篇，只觉牵强吃力，较之集内诸作，大气包举，殊自愧小巫神尽矣。肃此奉复。卷轴并缴，即希察入。敬请台安。不备。愚弟欧阳俌顿首。

日前缴上图册，并献丑题咏，谅邀赐教。兹呈上《新宁县志》一部，乃俌昔年编纂，今加厘正者，公暇亦予攻瑕为祷。

按：公自辑《纪年录》云："光绪三十二年三月，新化欧阳俌，字室甫，戆直工诗文，所撰《新宁县志》，详赡彳流。一日不介而来，亟称余所撰《武军纪略》之善，尤称余古近体诗，而指摘亦严。袖余刊集出示，旁批眉注，无一不当，直谅多闻之友也。又按：衡阳彭刚直玉麐，有登泰山一联云：'我本楚狂人，五岳看山不辞远；地犹邹氏邑，万方多难此登临。'极为一时所传诵，不知出谁氏之手，据室甫先生云，乃其少时代为集句云。"

哭盦书札

易顺鼎

苏畡先生道席：顺鼎不孝，侍奉无状，致遭大故，乃荷高贤垂念，宠颁联幛，惠赐唁函，展颂敬悬，曷胜感叩。此次伯严考功两至浔阳，与节庵诸君皆主卜葬庐山之议，而故乡可怀，先灵攸恋，遂匍匐扶护，由鄂南归，十月十二日抵家，十六日安葬。顺鼎以南皮师之约，将附舟赴鄂。知关惠注，谨以奉闻。先君著作，已刻未刻者甚多，他日当汇辑一份，觅便寄呈，敬求鸿笔高文，以垂不朽也。专肃复谢，即请台安。顺鼎稽首。

按：易先生顺鼎，字实甫，龙阳人（今改汉寿）。公《联语摭余》云："易方伯佩绅，字笏山，以戎幕起家，历绾四川、苏州藩侯。二子顺鼎、顺豫，并负才名。方伯挂冠后，贞栖庐阜，筑楼居之，时袭道装，往来江汉间，见者以为仙也。长沙诸易皆祖祓，今宁乡大沩山有易尚书墓，识山楼遗址尚存。方伯没，拟此挽之：'嘉祐文章出一家，教轼辙早成名，人间再见苏明允；使者旬宣周数省，借神仙为退步，匡庐又有识山楼。'"

听香禅室书札

释芳圃

苏畡先生阁下：久欲奉候，实苦炎热，不知昨者一雨成秋，又为庆幸。欲于二十四五日，奉屈大驾，为竟日之谈，未审此数日中，以何日为暇，乞为添注，以便扫候。此系专诚，未可他却，届日尚乞早至为盼。手此即颂大安。衲芳圃和南。

旧句时时改，无非悦性灵，我公亦能如是。敏而好学，老年弥笃，压倒湘绮，无怪其然。天雨寒甚，恨不能再坐春风，一接清语，以免玉楼寒粟也。游沩山及汤泉鸭原稿，均附呈，乞察入为荷。

前者疏食之微，而劳故人系念若此，至以布棉厚贶，茶莲贡珍，意欲少却，而贵管致主人命，情意醇挚，只有拜领登受而已。解衣衣我，推食食我，此情何日能忘！挟纩披温，饮和食德，长存记念耳。闻不日旋里，奉上杭茗二瓶，枣圆二篚，聊以将意，乞莞存为荷。

昨由乡间回山，始知我公惠顾，有失迎侯，歉仄实深，迩维起居万福为颂。前接奉庵男诗，顿挫有致，读之令人爽快，真宿手也。拙作去腊尊处尚未收到，今为补录送呈，乞教正是荷。

按：公有《悼笠云上人》七律一首，序云："余与上人相识于麓山虎岑堂，时堂畔六朝松犹存，往来唱和，甚乐也。上人工诗，前年游日本，与其国人长冈子爵交善，名益著。近居曾文正祠，余自昌江归，遣人遗之以茶，则灭度已四日矣。闻其临终作偈曰：'千江有水千江月，万里无云万里天。'掌未合而绝。可谓通知了义矣。"

珠泉草庐师友录八

笺 牍

刘观察书札

刘 镇

苏畡仁兄大人阁下：山居已两度蟾圆矣，日月推移，又届针楼乞巧，比维道祺康吉，潭福增绥，引领祥云，曷胜藻祝。近来清兴何似？著作想必日增，指日即当快读，良所钦企。阁下宏才卓越，办理矿务，积有岁年，每念矿务发达，由于湖南，湖南矿务之兴，由于水口山，其在水口山经营辛苦致有今日之效果者，皆阁下一人抟心一力之所致也。恭值朝廷振兴实业，不惜破格优奖，以阁下之勤劳卓著，定当仰荷褒嘉矣，固应当道倾心，即弟等亦群相佩服。现在局事，虽一切如恒，但既分调查、开采为二大宗，一切详细章程，仍须略为商酌。务请即日命驾惠临，不独弟等可倾听教言，即此局之裨益，良非浅鲜。素知关怀局务，谅必慨从所请，即帅座亦相需甚殷也。秋渐凉爽，无任翘企。专肃布达，敬请台安。不具。愚弟刘镇顿首。

涂观察书札

涂懋儒

苏翁先生大人台鉴：上月席间一晤，未尽欲言，久思趋诣崇阶，藉倾积愫。继闻台从吉旋，道履覃祺，均称佳鬯，允洽颂私。懋本无宦情，兼多私累，第以慈邑之事，冒昧经手，不得不竭力求全。乃愈出愈奇，自甘引退，其中细情，有非楮墨所能尽者。夏间禀请给咨回省，复因午帅慰留，以股本未收，终非了局，劝令改省。顷奉护宪之命，襄办矿局，猥以谫陋，素乏讲求，何能任此，致诮滥竽？久仰我公精于研究，巨细靡遗，既熟情形，复任劳怨，钦佩之忱，结于念虑。幸能朝夕追陪，得叨大教，庶韦佩有资，益增学识，欣慰奚如！侧闻台端上护宪一折，持论宗旨，无不与鄙见相符。方今财政困乏，开源之道，无逾于此。惜治事者好事浮夸，终鲜实际。自维朴拙，未敢放言高论，附和时趋。而人微言轻，虽有千虑一得，何补时艰？裕公经手事件，需理甚急，屡请电促，尚无当可之期。局中现办之事，如新邵锑矿，王李二君既存意见，非阁下遴择妥员，未易胜任。懋五日京兆，不过少事考求，以备上台传问。夙叨知爱，用敢妄陈迂拘之见，尚希进而教之，不胜企幸。肃上。敬请台安，诸维荃照。不备。涂懋儒顿首。

前奉惠复，并承赐蝯叟真迹，前贤名笔，洵堪宝贵，谨当珍重藏之，感谢感谢！遥维颐福清凉，泉甘竹净，幽闲仙境，何异羲皇，曷胜企羡！梧桐一叶，已报新秋，引企台旌，无任驰念，望君之忱，侔于望岁，当俯念热海尘劳，不忍漠视，定允早日命驾也。昨读邸钞，朝廷以矿务为重，不惜爵赏以为鼓励，如果论功行赏，肃毅、威毅不得专美于前，预贺预贺。宪札殷勤劝驾，允为知人，是岂足为公幸，诚湘矿大局幸耳。肃上。敬请福安。

去秋一别尊颜，已倏数月。南樯北辙，蒙犯霜雪，一事无成，徒呼负负。客腊挈眷，行抵皖省，适有新军酿事之谣，人心惊惧。家叔以久病之躯，闻兹不靖，势难远离，遂稽留度岁，幸已消患未形。继于廿九除夕之际，接局中电催来湘，未审何事，殊切疑惧。初三即附轮上驶，十二抵省，得睹院札，准即销差，由少翁专办，不胜雀跃。年来承乏此局，动多窒碍，既须保护公司，又须抚恤官艰，更求于部章不背，面面俱全，诚非迂拙者所能办。矧新章迭出，合办禁开，非绅商合力，难以抵制。少翁组织公司，久有功于矿政，综持全局，众志成城，是可为湘矿得人之幸，而下走尤深受其福焉。念追随左右，于今三年，仰荷遇事推诚，幸免贻误，值兹交替之时，尚乞早日降临。并请代达蒋公，早莅省垣，接收各件，不胜心感。惟离湘数月，去后之事，概弗得详。现在交办各件，均已大致皆有头绪，率多奉示遵办者，余无所议。下走贱眷，既寄居皖省，起行又未克办成，尚待措资，闲寓湘中，却非久局。夙蒙知注，当能俯鉴下忱，余容面罄。敬请道安，并贺新喜。

按：涂观察懋儒，字亹亭，安徽六安州人。光绪丁酉科拔贡，以三品衔候补道莅湘。三十一年九月，任湖南官矿总局总理，兼农工商部矿务议员，兼铜元新局会办。

金观察书札

金　环

荪公先生有道：前专差寄一函，想辱青瞩。顷读手谕，推奖过当，惭汗之至。读至札尾，忽有足疾延医之说，不无疑虑。环以顽钝，谬承不弃，属兼矿局，藉以朝夕共事，相与有成，既已过班换一名目，亦如剧中之改充一角色而已。细玩来示，颇有弃我如遗之意，惊惧万状，势将使环亦不能充赋于此矣。环尝谓矿局终日所经营，群僚所奔走，库藏所充溢，无非我公水口山之赐。公殚精竭力，为湘省造一水口山，使矿局得以有今日，如公与环俱去，将来或尤能更胜于今日，虽不可知，然而殆矣。是矿局者，亦公所愿始终成就之者也。一人去留，关系全局，万勿稍有他志。现在群务猬集，环待公一言以定者，不可胜计，幸即惠然早临。环以劣质，谬膺多务，亦实有惟日不遑之势。我公素怜我，万勿屏我也。飞此布臆，敬勖起居曼福。金环顿首。

不通音问，垂数月矣。前接手函，具见惓惓念旧之至意，本拟泐复数行，奈自入春以来，日在簿书鞅掌之中，想知我者当鉴谅也。湘矿日悬鄙念，读来示，藉谂筹措之劳，抵制之苦。惟不早自开发，如穷檐累重金，盗瞰其室，终可危耳。东陲缔构，荆棘满途，艰苦情形，不言可喻。日人眈视，久以我为朝鲜第二，其经营之目的，大率不外乎此。惟其近利见小，岛夷性质，牢不可破，恐终无成。所可虑者，仍欧美耳。我不自立，失于齐失于楚均也。可叹可哭。即颂道安。

按：金观察环，字仍珠，以道员随巡抚端方来湘，任官矿总局会办，以精核著称。端方以五大臣出洋，调观察充随员，临行索诗，公为赋七律二首云："周宣汉武中兴业，斡运都凭政策来。大海泷涛悬使节，一时参佐尽奇侅。占星不少乘槎客，接伴终推作楫材。此去谈瀛征实业，不应虚费木华才。""从来立国须根势，孤注终防一掷休。宵旰宫庭方檝揭，漂摇户牖快绸缪。秺侯家世中朝重，司马文章谕蜀优。试向苏彝河畔望，鲸波滚滚接天流。"后五大臣甫出国门，即被狙击，观察亦辍海外之行，遂奉调赴东三省，犹复关心湘矿，书问频繁，惜今皆散失。

唐观察书札

唐步瀛

苏畡先生大人阁下：顷使者来，奉惠书，敬悉一是，如失所倚。固知小儿顽钝，不足以辱高贤，瀛又脱略疏慢，礼貌或多不周，良朋见弃，其必有由。前时与朴翁都转云，亦不欲以教读之务浼君子，私意欲以大儿奉托，以次儿另延一师，或先生回府，则仍有一师，可以兼顾。邑中经课事件，则欲重烦评点。箴言一席，据该首士云，云先既已力辞，弟亦怜其病，不欲强之，将欲强先生也。其终不我弃否？本年已近寒冬，大儿业已回川就亲，次儿可自为督课，先生不到馆，亦可无妨，明年仍请二月内赐驾到馆。世兄何妨同来？又将县试矣。兹将馆中存件，饬夫送上，并致冬季脩金三十两，乞察入。弟近两月来，冗忙万分。杨裔廷病故，黄石夫已回，中峰旋节，一切差务，无不躬亲。幸叨德芘，未获咎戾。迩日案积如山，又遇病魔大泄两日，精神困惫，今日乃差强转好。钱漕疲滞，将自下乡催征。新延刑席，又未即到，殊焦灼耳。知蒙锦注，用此缕陈，只请侍安。不一。

不见叔度久矣，鄙吝之萌益甚。顷接刘朴翁信，惊悉云先先生已于前月二十五日去世，为太息久之。因思云先遗稿必富，不知有为料理者否？想先生必留意及此。剞劂之任，弟当分其劳。平时敬爱云先，必思所以存其人，然后于心安也。以为何如？此请侍安。不备。

近日读《礼》，有疑思就正于左右，畏暑不敢出门，亦欲多积一二事以求教也。早间见省单，新委吕公佩璃广西人署理珂乡，此公即用知县，而明白事体，是大有用者，可以奉贺，并为士民庆。特此布达，即请文安。

启稿奉到，感荷感荷。词雅饬而情意深挚，洵非大手笔莫办也。疏稿俟抄完后，即行奉缴。敝处近阅《申报》，亦自觉如坐闷室耳。此覆，即请道安。

承阅经课卷，感荷之至。奉上五子《近思录》一部，龙井茶一瓶，聊供清赏。令友团扇涂鸦，奉呈诸公，爱忘其丑，只增我愧汗耳。此颂文安。

别来渴念无已，连日探听文旆尚未晋省，甚盼。顷归见名片，忻慰之至。今日约至好数人，在贾公祠小聚，省卿在座，先生能不弃，到彼一谈否？仓卒奉约，殊不恭，弟又俗务匆忙，非藉此无由畅叙也。肃此。祗请道安。不一。

日来微雨生凉，甚适。昨归见惠函，并致铁真书、代渭臣奏折，绝大经济，绝妙文辞，有德之言，洵非小儒所能道其只字，钦佩钦佩。方植之《汉学商兑》五部，并收讫。昨夜燃灯，将书涉猎一过，似于书目商兑二字未允，他日必又有驳之者，重为枣梨之祸。其曲护程、朱，痛诋顾、黄，阮氏之论，极为平正，亦被驳斥，实生后人争端。仆近十年，颇喜朱子之学，从下学入手，有门径可寻。至其聚徒讲学，高言性理道统之说、传心之说，则私心有所未安，不敢附和也。高明以为何如？

苏畡仁兄大人阁下：别来倏已匝月，思仰无日不勤，徒以公私匆匆，不暇拈笔，遂未修函布候，歉仄奚如！承评阅经课卷，偶撷数篇，爱不忍释，因命人钞前数艺，备他时选刻私计，此愿明年当可偿也。今年尚有一课，即请由尊处命题，评定后送县填榜，择其尤佳者录数艺交弟处，以备选刻，不胜感荷。陈右老竟被议，幸老兄未作浙西之游也。闻朴堂得督销局宪，果尔，则大幸事。肃此。祗请侍安。愚弟唐步瀛顿首。

于役湘阴，征装甫卸，忽朵云自天而降，捧诵回环，如获拱璧。我辈交情，正不在形迹间耳。前时荣补宣章，曾以函贺，继调清泉，复呈贺柬，未知二函曾否上达？来书未提及，想皆付洪乔也。弟之思公，每形梦寐，而懒于作函。生平至好如沈孟南、毛旭清，恒数年不通信。邬筱亭正月将赴衡，拟泐一函奉寄，函未作而伊已行，迨后亦竟不能作也。筱翁亦梦鄙人衣冠拜别，可见至好关怀，或且畏其死。鄙人应死者数矣，皆不死，窃恐乱离之劫，仍将目见。阎罗不要命，殆不怀好意耳。回川之说，曾有是言，一时颇难就绪，而牵绊甚多，此愿亦只空存。惟决意引退，不复登场，志颇坚定。天下大势，不可思议，在朝廷亦莫能如何。湘中或暂安旦夕，公所办矿务，不特湘省为第一，恐他省亦难及此，可见得人之效。若非公之精诚才识，乌能如是？为湘中生财，即是为湘中造福。处难为之事，专赖贤者维持，尽一日心是一日，切莫学衰老无用之人，遽思求退。固知公不欲富贵，然则将欲贫贱也？随遇而安，是为上策。如何如何？肃复。祗请荩安，诸希垂教。不尽欲白。

苏畡我师大人阁下：晨兴奉惠翰，颂不忘规，真君子之言也。鄙人何幸得与公为友，藉非知我之深，肯为此言乎？此后弟当以师事，不当以友事也。自维言语多有过甚之时，存心却不甚刻，以后言语亦当谨之。公亦如有所见，宜直言无隐，弟虽愚，然能知规我者望我好者也。到湘以来，心折者三人，惟公尚在而交又最厚。公能时时规我，即不弃我也，何幸如之！前数人来贺我，心窃自危，今乃当自贺也。谢谢。肃复。敬请道安。步瀛百拜。

岁晚务闲，雪境可爱，能过我围炉共话否？昨有人馈我晚菘甚美，当煮以饷客也。步瀛拜启。

前日面谈一切，甚畅。学堂旧斋夫决不可留，新斋夫未能雇定。三学公首事均回乡度岁，须灯节后方来，两县均不可责以此事，无已，仍乞费心，想尊处必有可信之人，不妨先雇两人，权作看守学堂。统承鼎力，不胜感荷。

昨奉手教，读悉。适程岖樵回，询悉省中近状，我兄得次帅保举，稍慰十余年之辛苦，与弟所得，同一虚荣。然只此乃好，设令送部引见，便为难矣。我辈做事，但尽心做去，平日不求人知，人亦未尝不知，不求天佑，天亦未尝不佑。嗣后惟有力求尽心无愧于己，庶可以对天对人。学堂一事，见地不同，所处地位不同故也。设易地以处，我兄能不竭力经营，以求学堂之有益乎？弟自住衡州，学堂办成以后，较之从前各书院恶习，则有霄壤之判矣。我兄自谓顽固，岂知弟之顽固亦甚。凡省城各学堂之怪模样、怪议论，恨不禁其书而严治其人。西路学堂之开通，始终不许可之，非顽固之甚者乎？本地人不合充教习，又系弟之执见。唐生拟送东洋矣。复请著安。不备。步瀛手叩。

早间奉手书，读悉。学堂款太不足，似规模尚好，无中西两路习气。矿准七钱，弟犹以为未足，而总局以为重，不知此乃衡郡之产，宜衡郡人之有奢望也。矿痞办法，幸公正之，如上台所行，必致为贪诈所使无疑，当如赵王读《汉书》浮一大白也。午帅调京，交卸在即，局面又一大变，当是方伯护院，廉访又属谁耶？仍公同事，必深相契。窃以为湘省大吏，如此公者不多觏也。弟近得潘小农示以报章，有自行禀请过班之例，不费一文，便可升官，拟弃此铜符，振翮高骞矣。日来考试甚苦，复有厘局要案，与道宪会审，委员查办切实，不能无碍手之处，殊以为难耳。

近日郡城荒甚，痞徒气焰枭张，各处平粜，几有不能弹压之势。今日已招募勇丁二百名，请提台派人管带。尤可虑者，河洑之天主教神父张衡，江苏人，初到时，尚不甚坏，近日从教者日众，彼竟胆大妄为，干预词讼，异常猖獗。经桃源罗麟阁禀其劣迹多款，弟为照会方主教，因此结怨。伊倡言勾结匪徒，烧毁教堂，以为诈索之地。此实可恶，防不胜防，似可宣言之。乞兄与小亭、叶、唐，不妨令上台知之。倡言于众，以占地步。如何？

昨晤教，畅谈甚快。弟于晚间，已奉官矿总处之札，可以朝夕侍教。此后我兄于公事可无掣肘之虞，弟则一切仰仗。拟不选到差日期，明日早膳后，即到局也。

顷奉手教并丸散各药，亦何多也。谢谢。承询王舍亲之为人，其治绩历任皆可观，在湘省实为良吏，惟嫌其溺爱不明，治家无术，数与弟函，竟至不通，盖其平日，一切世故皆若毫无所知者。然既负我甚多，又望我甚奢，弟谓其长于做官，而短于做人，故不满之。至于细行克谨，又可取也。

别来又数日，未克走送，深以为歉。上峰清查三公司之十五万金，而不得其详。弟奉札后，于十六日往谒，云我兄曾有言，不能查，不必查，后闻少穆言，乃略知之。查查可也，不能穷究也。因力言少穆之贤，请于禀辞时，催其明正早来。上峰并要弟催我兄早来，似甚倚重也。

来书读悉。官矿事我公主之，葛君亦夙闻其人，昨已言之，何又以函商也？慎重乃如是耶？弟于严县丞一事，大有悔心，不应自食前言，嗣后仍当遵守前议，不妄出一主意，不荐一私人也。成都司系贵县人，闻系黄太守所荐，未免猖獗矣，不特司事工匠受其凌辱，即防护之飞翰营勇，亦肆口谩骂。似此情形，使弟处之，岂复能耐？叔明气量，较弟尤狭，宜其又吐血也。此人决非永年之状，心甚怜之。成某决不可留，道宪已有禀陈，不知上峰之意如何耳。

昨由驿飞递一函，想必先入青鉴。今日田孟卿大令来，畅谈逾刻，得悉其详。成都司乃黄观察所荐，非黄太守所荐，此亦桐轩之误，我轻易函达。不免轻听轻发之病，老兄当笑之，知人甚明而自知暗也。叔明于矿务甚精，而整顿则不足，是赖有人焉以维持之，惟当优待乃相宜。田君信美材，弟亦钦服也。

弟于初八日到省，闻兄元宵节后可以到局，日日盼望台驾，必为雨所阻。弟于明日行矣，不克晤教，良用歉然。兹启者，上峰欲派人赴日本学速成师范，世兄中必有一二能往，如能往，可以请派官费。弟亦令小孙随行。仅仅六月之期，来往不过八阅月耳。宜无不可，请速示为幸。

近月以来，有人提炼矿之事，心滋不悦，不愿闻问。以为中山君必无成，而矿务将受人挟制，大局不可问，我公历年辛苦，付之流水，深可惜已。今午程岍樵兄来，云有人由外洋自广东归，极言水口山矿砂之美,邓君所弃渣滓,尚可提炼云云。岏樵欲照从前价值,每吨廿二两之数,用现银买十吨。如炼不出,伊自赔本,炼好再议,乞与公商之。弟闻之颇喜,果能不受制于外人也。乞公与仍公商之。望即赐复。

昨细阅矿章第五款及二十四款、三十七款,部章极为详密。似勘矿执照,应查明始发,各路公司似仅据矿商一禀,即移请给照调查,局但凭公司移文,即与填发执照,似勘矿无关紧要,必俟开矿时再为细查者。不知勘照既发,一遇不肖州县,因以为利,而弊不可胜言。高明以为何如?请与洪君言之。

今日奉手书,读悉。台驾须二十五日始克来省,令人望眼欲穿矣。弟于矿事,全然不晓,一切均问子焘,幸子焘甚明白,然亦必有与老兄相商者。前函黑铅砂不贱售,弟深佩服。晓青来函,痛诋兰青,殊难为兰青解。人之不易知如此。

昨奉环章并梅君一函,今晨已交去。岏樵试炼,必三十六两,恐当作罢论,鄙人亦不复与闻矣。弟自问吏才甚短,故思引退,无识者乃以治绩与筱公并论,弟何绩之有?筱公善于做官,不开罪一人,弟则只知做人,于官场格格不入。如仍珠观察乃真钦服之也。

昨夜在方伯处与言矿务,似亦以鄙言为然,水口山宜可保守矣。弟云以平江黄金洞听其扩充,以观其效果,办之有效,再作他议,办之无效,亦不至大受其讥弹。方伯深以为然。晓青今日必到尊处,不妨以弟意,以平江委之。

今日彼此相左,想老兄必有所闻。西路矿商与鄙人反对,并诵诋蒋少穆,谓其迎合上峰,仍议与布某立约。此殆黄某一人耸动。西路锑砂甚少,惟南路甚多,少穆已与南路各商议妥,何至复有异议?不信该商人等有如是之权力也。弟请假数日，本无大病，不过伤风咯嗽，因家中有忌辰数日，藉此休息耳。今日销假矣。

日前系不慎为风寒所欺，牵患脚疾，遂至委顿卧床者五日。午间承使者询问，感不可言。今晨已能食粥一碗，干饭一碗，拟明日销假后，能出门即到局。贵县煤矿一事，重伯今日禀来，欲心未息。送呈台览，请拟批。

顷奉环章，推奖太过，殊抱不安。就山开炉炼铅，其利甚大，益以见我兄之为大局计者，可谓尽心竭力矣。佩甚。周生累问阅卷事，只贪利耳。仆之不多请朋友，亦吝财也。考后以佛番十尊送之如何？即颂刻安。

有吴御史保龄奏参鄙人一事，尊处必已闻之，得毋诧异？弟自入仕途以来，蒙保荐者颇多，独此一事，未尝领过。今老矣，略尝世味，可以训示子孙。坚白之操，何畏磨涅，殆非自夸之词。非老兄前，不敢发此狂言也。闻参款中，有矿务炼厂受贿事，岂非奇谈？知念并布，即颂晚安。

今日藩辕牌示，贵县已委朱捷臣直刺接署，是在清泉接廖子材之后，而能卓著政声者也。得信后，喜慰不已，为贵县庆得贤宰官，此目下所大不易得者也。矿事另有函。中峰欲令江生试验，弟以为必当如此也。即令虚掷，不可惜也。黄金洞乃有白金并金钢钻，岂非奇事？湘矿将大发矣。可喜可贺。

珂乡匪乱已息，我公必到省矣。曾几何时，局面大变，芝公调署关道，为日无多，交卸后必无再署劝业道之理，势必回本任，鄙人亦必回本任矣。请公与少穆言之，暂时小有不合，不妨忍耐。鄙人虽有退志，亦当为二公暂留，去年曾有约，未尝忘也。少穆与杨京卿等联成一气，矿务可卜兴旺，实湘省之福，只恐外人觊觎耳。交涉事不知如何了结，侧闻赔款甚巨，奈何奈何！衡郡颇安谧，乡间亦并不空虚。知念并布。

顷刻之间，遂成大变，较之鄂垣之失，尤为速也。城内安堵无惊，街市称贺，人心已去，大局奈何！湘失而鄂无援，两粤亦岌岌，风声所到，有同日并失之谣，未知如何。我兄回乡办团，以防土匪，自是正办。看此局面，内实有人，外援既绝，不能有剿灭之望。朝廷意在排汉，此以兴汉为宗，宜人人之悦服也。泽生殉难，身首异处。同日被杀者，闻有一王观察，或以为劝业道，似不确。长沙沈大令又申大令锡绶营务处委员、中丞、廉访，不知下落。方伯在署未出，坐以待毙。关道已上洋船，巡警道早已逃去，首府亦不知何往。昨闻有搜杀满人之说，庆云阁已先逃。弟前日得信，即知我兄必行，曾致一函叙别，此后无相见日也。谘议局为发号施令之所，又为杀人之场。弟近在咫尺，亦不惊骇。目下尚无必死之道，亦且偷活，好在无官耳。如到不能不死之时，何能贪生苟活！我兄知我者，他时定有佳篇挽我。弟卧病多日，近又两日不食矣。衰老如斯，又值乱离，可胜浩叹。肃此。祗请著安，诸希爱照。不尽。

按：唐公步瀛，字蓬洲，四川乐山人。清举人，以即用知县分发湖南，历宰剧邑，卓著政声。后升衡州府知府，调常德府知府，升岳常澧道，调衡永郴桂兵备道，最后任湖南劝业道，以年老致仕。其署宁乡县知县，在光绪元年。时县人刘果敏公，方筹议宾兴公田，设钱漕局，果敏属唐公邀公主其事，公与唐公缔交从此始。唐公病宁士专习帖括，捐廉举行经史诗文课，缀文之士，争为有用之学，风气为之丕变，发议则固由公也。明年，以新主纪元，州县例举孝廉方正，唐公以公应举，力辞之，唐公亦不另举。五年，唐公官益阳知县，招公课其二子，兼阅课卷。公教督严，唐公之太夫人颇务姑息，公郁郁不欲久居，翌年即辞不赴馆。唐公致书云："固知小儿顽钝，不足以辱高贤。良朋见弃，其必有由。"公感其意诚，不得已复留二年。益阳县署有憩园，余地甚广，池宽十余亩，茭芡铺水面，厚数寸。唐公置艇其中,月夜泛舟池中,置酒欢会,公为唐公撰《益阳县署园池记》。八年,唐公再署宁乡,复任公以课卷。公校阅佳卷至多,择其尤者都为一帙,以备付锓。二十六年,公署清泉训导。明年,唐公授衡州府知府。同居一城,过从尤密。唐公为政,风裁峻厉,公病其过严,直言规之。初不能容受,每至动色相争,各不相下,事后唐公终服公直谅。尝曰:“吾辈风尘俗吏,固知君之不见许也。”公任官矿总局提调,唐公后亦奉委为总理。公与之论交,几四十年,踪迹常在一方。国变后,公仓卒还里,唐公最后一书,有“此后无相见日”,其语殊为凄痛。未几,唐公没于长沙学宫街寓庐。民国九年,湖南驱逐张敬尧,战争剧烈,乱定,唐公之孙兆槐,奉令查宁乡、安化、新化兵灾,迂道衡田,谒公里第。公见其言论丰采,雅类其祖,为之忻喜。临别,赠之以诗云:“令祖鸣琴日,而翁上学年。伊余趋幕府,彼此未华颠。喜见桐孙茁,能将旧砚传。纪群先宿草,相向一凄然。”述曩慰今,缠绵悱恻。兆槐字植庭,曾留学日本。

沈观察书札

沈祖燕

荪丈有道赐鉴:赐读《祭山神文》,三复回环,五中钦佩,尤难在廉正自持,风励当世。今之办事者,奚啻恒河沙数,即使公家款项,无不设法侵蚀,饱飏而去。环顾当时,比比皆是,矧在设法独为其难,以兴天下之大利者乎?以洁己矢之于神,可以盟心,即可以对天。使世之办事皆如此,何至贻宵旰之忧,而刊中朝之孱弱,一至此极?言念及此,不禁感喟系之。至文辞之古雅典泽,允为名人手笔,犹其余事。景仰下风,叩服无已。肃颂道安。沈祖燕顿首。

按:沈观察祖燕,字翼荪,以光绪三十三年八月奉委为官矿总局总理。公先岁由护抚庞公鸿书派充协理,观察于局务悉听主持。公于光绪丙申初莅水口山,有《祭山神文》云:“荆衡贡金,厥惟有夏。黄金丹砾,并归大冶。惟天惟地,孕毓精英。韬光闷采,待时勃兴。制国之用,今古殊程。龟贝上世,货布周秦。皇汉受命,始重金银。凿鑛裂凶,置场榷税。地不爱宝,以剂盈匮。更二千年,循用不易。轻赍易致,华夏均利。运丁阳九,藩篱大开。潜虬嘘浪,震惊金台。佳兵不祥,饵之以财。殊俗罔餍,悉率难该。帝眷南服,咨汝宝箴。湘岳之间,虹彩上腾。发地之藏,苏我疲氓。箴拜稽首,天子万年。主忧臣辱,敢弗告虔。

顾欲兴利,除弊宜先。六计弊吏,皆冠以廉。行己有耻,士行较贤。臣师刘晏,崖穴招延。帝曰俞哉,乃可底绩。试可乃已,余为汝翼。抚臣受命,旁搜远采。愚贱如蘅,亦邀存在。宜阳之鄙,九疑之委。川岳储珍,发皇有待。爰集畚锸,选徒嚣嚣。轰石穿幽,魅遁魑逃。千夫运斤,岂免欢呶。惟山演脉,为冈底斯。东来三干,蟠结中区。逖矣南龙,散为万殊。龙飞凤舞,育珍于兹。惟神效灵,迸露晶莹。土石无陨,沴戾不生。倘免凿空,亦冀取赢。匪曰予利,裕国活民。世习浇漓,竞规私利。蒙实耻之,妄思矫励。率励一身,约敕徒隶。洗手奉公,勉存朝气。有渝此言,神实殛之。天日在上,实闻此词。吉日惟寅,云动天开。告灵既飨,万福偕来。"按:此稿极为一时所传诵。精诚所格,金石为开。论者谓水口山绩效大彰,实基于此文。观察莅局,公示以此稿,故复书推服如此。又按:庞护抚鸿书,字劬盦,端方去任,护理湘抚,后调黔抚。光绪三十二年三月,农工商部咨查湘矿总局办事人职名,庞公咨复,称公"锐意攻采,已著成效"云云。公曾有与庞护院论矿书,盖其人亦有心当世之务者。

谭观察书札

谭启瑞

苏畡先生史席:顷奉赐笺并抄件,具悉。前此荐贤一牍,未足恢张万一,乃示㧑谦,兼承宏奖,惭感交并。浊世滔滔,以公才气,正若球璧,璀璨莫名。其宝而遇之者,未尝不望而知爱。况今中丞相需甚殷,遽欲引退,纵累牍陈词,未必见允。屈高贤于矿人,自是当事之过,如区区者,殆不足责。惟自咸同以来,以三湘为中原根本,果兴美利以利湘,由湘而利天下,贪弱之患,庶其有豸乎?一夫衣珠,曷若千人被褐?是又不能不殷殷然为公劝驾矣。匆匆赴省,未及走辞,闻台从亦将有星门之行,容再晤教。大稿留供寻绎,未缴。手此奉复,敬承道履。谭启瑞顿首。

顷奉大笺并总局原函,敬悉。铅矿畅销,为湘南濬无穷之利,此执事贤劳所致也,为之一快。炉炼归官,则操纵在手,尤为得计,惜当事者未必能用。盖畏难苟安,人怀此心,公司之设,已为万全,遑计其他。阅订销条约，颇能周匝，经手人当贤于昔矣。赏荷雅集，实获我心，嘉招必早到。先此奉谢，敬承道安。

五年不遇，忽接清晖，须发虽皤，雄心未改，快慰奚如！奉来书，藉谂潭第旋归，连年受福，善颂善颂。弟垂老湘中，于时无补，日来赣南拳匪，余烬复燃，中座恐扰及郴边，饬调派办防，昕夕鲜暇。新政日益繁剧，自顾无材，唯思归隐，恨不如公坐享林泉之乐。帅座前承代达鄙忱，感甚。边事肃清，明春或赴省一行，畅聆大教也。手泐奉复，敬请年安，并颂潭祺。

李观察书札

李宝淦

荪畡先生大人阁下：两月追随，备叨教益。暂违道范，怅慕良殷。别后次日，值甚雨通宵达旦，计必在县城小住。昨奉手示，知已安抵珂乡，即审杖履康娱，餐卫多福，陶尊酒满，邺架书多，偃仰婆娑，自成忻悦，钦颂无既。承示各节，具仰荩谋硕画，名论不刊。日前探明公债，百二十万之外，不复另议拨抵。此奏尚未奉文，将来行销，如径归洋行，则所虑各端，自当力杜流弊，本处谅必豫闻，应按照来指，一一沥陈。刻尚未经宣示，或另有办法，再当奉闻。炼厂事异议，至今未已。惟宪意毅然不摇，于尊论实毫无凿枘。昨学使来，言此厂如即停办，则机器等件，尚须专派典守，现有实业学堂路矿科，正议筹款兴筑，所费甚巨，值经费万绌之秋，查该厂基址尚宽，除机炉各房外，余屋尚多，可否暂归该堂借用，并担任看守之责，似为一举两便等语。窃思招商承顶之议，本系万不能成，如此转移节费，殆无不可。其机炉各件，万一有改装出售之望，亦如此类为稍近。且订明如厂屋需用，即行让还，尤无窒碍。鄙意与子炁兄等均谓可行，惟须函告台端，并回明帅座，始能定议，谅必邀首肯。昨又奉宪谕，有福建旧僚陈司马，老成笃实，拟在处位置一事，大约非帮提调即稽核之名，帅意谆切，自当遵照。查总处历年卷牍，积累如山，即我公苦心经画，亦汩没于烟海丛中，并每年逐月各厂册报，分送一阅，不得不暂归束阁。以后或按月添立简明总册，盈亏损益，一目了然，旧卷如能陆续摘叙，亦便考镜。倘皆如此办理，似公私皆非赘设，此又一事也。鄙人辱荷垂青，且悭拙之性，众著已久为时贤所共笑。惟此中空洞无求，谅见原于君子。际此论议庞杂，虽暂时僭摄，仍恐贻羞陨越。桂花香候，驻盼台旌。余尚有事件，不及殚述，当由子焘诸函布达。专肃驰候，敬请道安，诸维朗照。不尽。李宝淦顿首。

奉读环章，并宠和七律一首，及《绎雅堂集》一册，浣诵再三，具见德门家学，洽及闺襜，礼法才思，根叶并茂，览左芬、道蕴，犹不免染典午浮尚，华多实少也。钦佩无既。承示从者惠临，当在花朝以后，已转中丞方伯，同深幸慰，谨当扫除恭迓。顷复奉手教，以子焘有吉林之行，须加意维系，庶可大裨官矿。鄙见正同。而子焘因执事时怀高蹈，亦有翛然舍去之慨。昨与方伯熟商，以叔昆既往会同，拟暂加派提调一员，大约求之曾在本处者，由处详委，以期接洽，俟数月之后，再商去就。台从莅止，如切实挽留，宜可不遽远引。现已得戟门观察来局会办，虽因鉴唐公差之缺，然其才实胜不佞十倍。最明决敢言，尤为上游所重。群贤沆瀣，矿事庶有豸乎？弟暂假归展松楸，虽蒙照允，仍责以他事，尚须赴沪哓舌。计来湘将及一年，由公奖藉逾分，闻者信以为然，尚不为都人士所弃。然散樗陋质，自问无所取材，若犯难突进，更为不知自量。思之烂熟，实惟蔬粝终老为计之得，何必定俟偾事受辱，然后挥之而后去？我公此次来省，务乞留意甄拔一二人。官绅数百，何患无才？得数贤者支拄其间，凡事皆可责效，不仅矿事一端已也。

日前奉到环章，载诵一是，即审起居万福为慰。公债奏案，现奉交议。昨谭芝翁来局，云已与三家华商订明借款百二十万，以矿砂作抵。初议白铅约加一成，谓礼和有例，黑铅价每吨五十四两，在汉交易。当以礼和白铅加一，余因临时改议，不得已而为之，既无前文，不能援办。五十四两，亦与多福售数不符。汉口交易，亦非定章。力持再四，其价值覆议及长沙交兑，均已可望挽回。惟白铅加成一节，为王裕卿最所注重，如此层不能迁就，则事归涣散。旋由芝公面禀帅座。弟复力陈不便，恐永为口实，万一以后价值骤增，则折阅尤不可量，谁执其咎？谭允合同当载明“不为例，且矿局万一无以上巨款，亦不得援请”等语。此时虽未定议，亦未奉部覆，大约需款火急，该商等又持之甚坚，自揣棉薄，恐难尽副所愿。弟敷陈甚切，帅意亦俯鉴愚诚，迟回再四，拟先行宣布，如众议谓然，再行取决。总之事处两难，我公谆属之词，已无不遵达。其详细情形，子焘诸君并由芝公面述，当可参考征信。余俟奉文准驳，再行奉告。鄙意以后砂价可以不交官钱局，由处储存。盖本年如全数售出，尚可得银十万上下，先有余裕，则明年当不虑短数。惟有随时规画，竭愚虑之所及，勉贡刍荛而已。省垣无他新事。李晓春请假归里一行，已与谆约，不可求退。新化事已严批惩儆转行矣。专肃布达，敬请台安，诸维朗照。不具。

前奉惠笺，有十二三回省之语，企望正殷。昨又奉手书，知七月以来，尊体小有违和，良因炎暑逼人，偶疏调摄。日来金飙送爽，想朗卷空明，已偕皓月同其圆复矣。景仰无既。前议已一律取销，他商虽方昵就，仍未敢轻于置喙。顷闻公债有邀准之说，如果属实，则佳。成案具在，更可我行我法，即小有出入，亦必统筹全局，不致隳坏良规。淦犯难支拄，所恃我公莅局有期。今绎来示云云，似以不才偾事有弃之如遗之慨，则惟有先请著鞭，以待能者。想十余年艰苦经营，宜不忍不为公家护惜。淦近日神思荒落，驻候德音，再作计议。余托世兄代陈。恭贺节禧，诸维珍卫万福。

昨奉损书，敬诵一是，具见高怀雅抱，悃款感人，奖掖之意，尤溢言表。樗材孱陋，何以克当，悚荷无量。目击局事烦冗，必欲以不情之渎，重累耆年，自顾何人，亦复何敢出此。当将惠函转呈抚宪方伯，并婉达办事为难情状，及夙昔素心。而帅意以矿务为湘省安危所系，来轸方遒，执事非特前劳卓著，抑且日后师资，虚左钦迟，殷如望岁，即使缓议替人，亦非台从责临，从长筹拟不可。并专函敦请，饬局派员恭迓。方伯亦同此旨，情词谆挚。想大君子濡迹匡时，或蒙体念艰难，暂许稍纡高躅，下风跂仰，更非楮墨所能倾写也。冒昧渎陈，伏希曲鉴。

别逾三月，积思成痗，虽笺牍往还，未足训其劳结。前月望接奉惠书，并承录示送别谳叙诸篇，讽诵再三，芬流齿颊，就中如赠子修学使二章及郭氏园中之作，尤爱玩不厌百读。乃以行装已戒，百忙杂遝，匪特未能勉和，且匆促未遑裁答，阙然至今，歉仄何已！弟公私冗困，春夏之交，病体淹缠，颇形疲敝，近虽诸症渐平，而腹胀泄泻胸痞，不能夕食。辱承先生不遗在远，敦促回湘。又值诸公纷纷更调，府主及戟门观察亦函电交驰，属速来省，意欲假以浮荣，藉资维絷。不知山野之性，绝意纷华，故前此趑趄却顾，俟位置悉定，始行刻期就道，当于二十一日抵汉，二十四日晋谒督帅，告辞反湘。讵知造物弄人，忽闻吴兴有开缺之信，事机所会，无可规避。二十七日抵此，豫委权拥学篆。师儒右职，非孱陋所能堪，且罗隐无名，刘蕡不第，于成例亦觉扞格。力辞不及，愧悔交萦，比之歇后作相，时事可知，只可笑骂由人，暂时靦就。现定初六日交替，闻新藩莅任迅速，五日京兆，不知能幸免陨越否？路议风潮，尚未大靖，虽值暑假，闻公所债欠甚多，绝少暇晷，连日车尘马迹，烦迫无状。束沐猴以衣冠，悦爰居以钟鼓，其困可知。吴兴强毅廉明，不安其位，直道忤人，当必有去后之思。深觉怃然，谅先生以为不谬也。礼和砂价，变幻多端，约二十八日签定，忽又托词延展，此中窾窍，殊堪揣测，止可镇静以观其变。此事自去冬迄今，唇焦舌敝，劳而无功，且有意外影射，波累已成。奏案闻否？行将咨到，令人心灰气萦。嗣后当悉其详，兹不具赘。洤拥事常在公所，暂设一榻，相距咫尺，尚可兼顾一切，并托叔怡兄详述。再敝同郡金听生运同武禅行年七十有二，在洤处得读大作，钦挹无既，属代达欣慕，并托携赠近刻零种七册，虽窥豹一斑，将来大集，又多一唱酬之什，亦异地神交也。并以附呈，即祈察入为荷。拨冗布复，敬请道安。长夏如年，暑退惠临，约在何日，乞先示慰。惟珍重万福。不具。

月初叔怡兄回宁，因洤适值交替，百忙丛杂，未及附书，曾托代述歉忱。昨奉手教，敬审园林消夏，颐养安娱，想图史满前，孙曾绕膝。先生得天之厚，具有来因，以视热恼奔驰、形神俱瘁、百无一成者，真有仙凡之判矣。璧耘兄又复大病，殆皆积年劳勚所致，刻当已喜占弗药。惟已届始衰之年，仍须节摄心力，俾易复元。今年矿䃴虽出变端，仍能产砂畅旺，或亦积诚所感，同为欣祷。此间礼和借款事，诪张百变，忽即忽离。前以停购恫吓，旋又诡词探取，悉置不理。近闻抚节西移，始渐就范围，而借据内仍欲隐涉矿砂，为以后藉口之地，经戟门变色诋诃，洤复稍与转圜，删除牵碍字样，并请郑方伯暨各司道公司研究，均谓可无流弊，欲于今日三面签约，仍以七十万定议。购砂合同，亦经签定，须公到来，再请补诺可也。抚篆交替，当在月初，奏调之员，须奏咨回省，近日尤不容含混。孰知府主已移乐土，意欲将洤等置之不顾，听人去取。而鄂省官场，素如鬼蜮之搜闻，已有在新抚处中伤，于弟如靦颜变栈，必遭倾陷，乃竟付诸不问，不肯咨遣，加膝坠渊，寒心已极。比来本系蛇足，然迫呼之急，实迫于万不得已，如此分携，可谓无情。拟桂月初，束装径去，以后变迁，付之自然。《谷风》之诗，去年即诵之已久，所以苦恳早退，实有所见，先生闻之，当亦爽然也。戟门已由新任两电挽留，而渠意亦颇迟回，弟未便武断。总之，聚散有数，在湘年余，谬荷先生奖藉过当，此外亦无谤讟之词，藉此收帆，已为大幸。矿事经营，仰赖先生苦心毅力十余年，亦既根蒂磐固。幸与诸公终始撑持,再俟推扩,虽居局外,亦当望风抃蹈也。承示贵县丰穰情形,为之欣快。去年粜六存四之议,及通饬确查,曾剀切转陈,非止一次,施行未力,仍等空文。来教指陈利弊,洞若观火,其如人微言轻,且官如传舍,实行尚复何望?或可俟诸异日耳。近日为葵园先生作寿言一首,匆匆未及录正。新凉已逼,台从约何日莅局?后会不难,奚必聚首一室,然后谓之契密耶?沈令景爵委勘平江炉头矿苗,因樾老力荐至四五,戟门亦不获已,商令姑试。札中细饬逐层查明,复候核夺,绝未假以特权。知注附陈,惟垂鉴之为幸。手泐。敬请道安。宝淦顿首。

邹提调书札

邹代钧

苏畡先生侍者:八月以来,世变日亟,株连之祸,竟及义宁,想尊处早经闻知也。右丈乔梓,问心无愧,却不以得失介意。惟湘省失此福星,且诸善政经营,方有头绪,遽欲中辍,不能无怅怅耳。矿事成效,常推尊处第一,惟右丈既去,而贤者行藏,亦难预定。弟辈处此羁绊,颇不易脱,势不能不再作两三月之留。山中诸司事,尚望属其照常办理,可作小收束,不可便停废。我辈办事,能始终如一,即所以报知己。老斫轮当以为然也。敢布区区,即颂道安。不宣。愚弟邹代钧顿首。

按:邹先生代钧,字沅帆,新化人,清知县。当湖南之初设矿务总局也,以刘观察镇为总办,以黄公笃恭与先生为提调。观察性长厚,局务悉委之提调。黄公才具恢张,大权在握。公初至水口山,见山体受戕已深,不易施工,因创为明之法,事经前请,允予试办。及牍上,忽奉总局批云:“该绅于水口山情形,考察既熟,深思博访,创此明之法,又与喻守光容筹商,亦称其至善,策其必成,足见询谋佥同。但此法为中外所罕闻,此矿亦与煅灰采煤有别,又舍孔明车简便通行之法,而改用龙骨车,本总局未能悬揣。该绅拟开明之地,系仍旧,抑系别开新?以西人矿学之精,讲习历练,尚须钻机乃能深悉,禀中称银砂所聚,何以知之?其别有神术乎?又禀称夫所指之处,夫系何姓名,果精于矿学否?前委张都司查勘,据称照旧开挖为妥,今不从矿师所指之口,而遵夫所指之处，是礲夫反胜于矿师矣。从此开入，果易见砂，不致虚縻巨款否？该绅既勤求有得，而建此议，毅然自任，谅必确有把握，不致亏耗官本，自贻后悔。仰即详明禀复果能收费损效速之益，本总局乐观厥成也。”公奉批后，具禀诤之，复奉总局批云：“该训导创开明礲，本总局当即详悉批示，又奉抚宪面谕，另致一缄，于方深二十丈之明礲所以不可开之故，反覆论辩，以为古今中外所无，决其窒碍难行，必然劳费无成。该训导果有独得之秘，何不明白禀覆，效徐元直之事有不至至于十反，来相启告？本总局毫无成见，自可择善而从。若考求未真，尚无十分把握，即当俯纳本总局之说，停此大工。乃该训导一切不顾，辄于五月初八日大开明礲，独不思矿务何等重大，当此国帑艰难，岂容视同瓦砾，肆意一掷？即现在抚宪札委本总局提调邹令代钧前往查办，该训导当与邹令虚心以求是，毋再私心以求胜也。”两批词极丑诋诮让备至。公知其蓄意为难，不能辩争，不得已将民夫遣散，静候查办。幸先生尚无成心，到山体察情形，知公持之有故，乃极力赞成。迨先生回省禀复，总局始有“明礲既确有把握，仰该员切实办理，以慰本总局乐观厥成之意”之语。自后公始得悉心经营，略无牵掣。不数月，明礲竟奏奇效，浮议始息。查水口山矿之得以成功，纯恃明礲一举，而明礲之未能挠坏，又在先生之一转移间耳。光绪二十九年，公奉调为总局提调。黄公遵令交卸，主进八年，经手浩大，时以二品衔候补道入都谒选，频行应交出局中公款三十四万八千两，院委任道国钧与公监收，催促甚急。公与任道皆知一时难于遽集，为之缓颊，卒由省城商号八家出具印折承认，有廖广隆者，认至十四万之多，天申福、保和亦各以数万计，余五号亦设法代缴。后黄公以疾终沪上，群商受累，倒闭极多。其事详具公自辑《纪年录》中。当黄公入都谒选时，湘人控之总督，谓其擅挪公帑，入资为道员。藩司某公，奉令澈查，属公代为拟稿。公具稿云：“查黄训导笃恭交卸矿局提调时所亏公帑，已由省城八家商号代为缴清，并无蒂欠。至其捐升道员之款，是否亲朋告贷，贸迁有无，苟于公款无涉，即不必问其由来。”藩司据以详复，遂得免议。公尝谓“士无坚苦之操，而谋高掌远蹠，罕有能善其终者”。而公亦可谓不宿怨矣。黄字修原，湘潭诸生，保训导。

龙大令书札

龙起涛

苏翁仁兄大人左右：风雨满城，正深离索，顷间朵云远贲，发函伸纸，恍若面谭，缱绻深情，感慰何似。尊处矿事，闻日有起色，来宝之歌，当不难十分酣畅。阁下清介拔俗，办事认真，为今世所罕觏。中峰倚任特隆，可见赏鉴自有真也。将来纵面陈委曲，恐仍不能洁身而去，以避此世习骫骳人规自便者。呵呵。手肃，敬颂道安。不具。愚弟龙起涛顿首。

前信方去，后信旋来，以为必有急事，令人失惊，及开尊函捧读，又复大喜。世事奇幻，乃复如此，此人能破悭囊，竟允捐二百元，蒲节在迩，当为公先浮一大白也。王比部归，羡公经济，尤佩公学问文章，为湘中有数人物，亦足见慕善之笃也。楹联付刊，适遇岭南吴桂樵至，改用隶书，正复可观。敝幕自省归述，省垣争设西学，可谓得风气之先者，中国振兴，在此一举。鄙人亦欲于常宁开一织布厂，集股为之，前托友人往省打听，究未能得其要领，阁下若有熟人，乞留意及之。泐复，即请崇安，并贺节禧。

前信方去，尊伻忽来，令人一骇，开函捧读，知鼠辈敢尔，谨遵大移照办矣。此次大裁冗官，实为快事，喜而则之，不足为劳。若无关紧要，使若辈照钞，正自不妨，慎毋使颖士奴耗东山费矣。宋明以来，言路滋弊，曾文正集中屡言之。鄙人在省时，与郭筠仙中丞言及，引为深痛。中丞欲鄙人作谏官论一篇，刻入拙集中，当时仓卒赴桑植任，未暇也，返则公已归道山矣，念此为之腹痛。渠辈不知任事之难，好掣人肘以报私怨，况可效彼人设议院耶？康梁二人出都，此说似可息矣。裁官本极好事，然初裁亦不宜太多，此中恐有张元昊、牛金星辈。在明季因裁驿卒为乱，矧伊辈皆士大夫耶？惟京外微员，留之以消纳庸钝生事之人，卓见最高。鄙意不欲裁之，且欲增之。即以常宁论，如白沙距县太远，去岁邓均山欲起事，若非矿局暗通消息，任彼竖旗鸣鼓，亦所不知，得一巡检在该处，不患此矣。时务学堂之设，藉以镇定人心。近日《时务报》馆，屡有瓜分之言，痞徒闻之甚喜。会匪滋扰，煽惑乡间，渐多拒捕事。地绅晓事者来谒，谓本欲开民智，适以摇民心。此之为弊，上之人不知也，即对官者，亦罕有所顾忌故也。故鄙人于此，首欲尊经，壬遁一门，不过从旁及之。又恐人废易不讲，以此歆动之，以为与兵事相关，原非设为专科也。其实北魏崔浩，料敌如神，不过精于火乙行九宫法，为洋人所未梦见，不得以小道视之。至于国事制宜，自有正大道理。迩来教堂跃跃欲动，莠民又阴为勾结，以图一逞，鄙人以平等法抑制之，不获伤我良善，而投教者自少，自谓于邑有功，然妙不著迹，不欲为外人道也。十三日为祭武庙之期，颁奇章公胙，以贶山人。惜为数无多，恐不能饱廉将军之腹也。一笑。此复，即请勋安。起涛顿首。

伻来，接奉手示，浣薇三复，顿首者再。所有代缮示稿，业已印标判行交来手。纸博尊题画语绝佳，可谓秀语夺山绿，令人不复忆寥子也。至称右帅在湘，誉毁各半，弟在常宁亦然。从古为政者，无每人而悦之理，以此深叹夔帅为不可及。顷接省信，令人诧骇，兹将原单附呈。弟每谓中国不可开议院，恐自相水火，酿成门户大祸，惟近日团练一著，最中肯綮。邻邑叠有警信，省中人与山中人不知也。弟在此一日，则尽一日之责，尚将资比部为臂助。一邑之大，不能多得数人，为可叹耳。草复，即请勋安，并鸣谢悃。不一。

近日省信甚稀，亦无新闻，岂若辈亦不敢谈时事耶？有自省来者，谓节署一空，只剩右帅一人。又谓敬帅自湖北回，与右帅一见，相持而哭。此亦情理中应有之事。古人吊失位亦曰唁，弟前拟作一唁函，以慰义宁，私念义宁胸中，自应作天王圣明之想，而属员并难著笔，为之中止。前闻台端于月杪晋省，拟函托叱名请安，祈此公为时珍重，俟再起时，为民请命也。顷接来示，欲作新中丞贺禀，今世兄经此，亦必不能少之件。向来州县用三套头，一履历，一手本，一贺禀。公事则用便中示及。再谣传两宫不协，皇上欲轻骑减从，游幸各国，效赵武灵之胡服故事，审如是则事可虞。林、杨二人果无辜，不知樊将军头何日可还也。为之一慨。肃复。此请近安。

前接锦函，浣薇三复，其中左右近习语，允当书绅，已将门者更换其人矣。来示引左文襄是非不明等语，尤为切中肯綮。渠等因初禀贿赂公行，变乱是非，批以空言诋讦，再禀指四事以实之。比部前译西文，多切华宦黩货，此弊不除，有才适足召乱。近人著论，径欲去道府而存州县，与亭林郡县大同。然十年前犹少此弊，近则江河日下，黩货者接踵而起，至死于其中而不可复出，徒供彼族揶揄，亦召地方怨气。阁下处穷山中，静观世变，当思何以救之，毋徒以寂寥寡欢，倚诗酒为生涯也。

顷间捧读大集，其中陆离斑斓古色苍然者，正复不少。陈序只称芳薜澄澈，似不足以尽之。又承赐和章，奕奕有神。朱衣帘影一联，尤令我口角流沫也。阁下气魄才情，似左文襄一流，终当以此发迹。天之所眷，必因其人。以兹山为安石东山，惟我公足以应之耳。此请近安。

久别芝仪，倏逾蒲节，辰维莛猷宏启，潭祉增绥为颂。顷闻台驾还山，觉岭上白云，涧中青草，皆翩然生色，恨不插翅飞来，开口一谈天下事也。然他端不敢知。县城斗大，远不过百里，乃竟有两次匪徒潜入县境放飘之事。前此为白沙，此番又属烟州，烟州距尊处不远。匪徒暗中蔓延，殊非好事。该处隔江为耒阳，闻耒阳城中亦戒严。幸日内办团，可免无知者阻挠。第水口山一带，户少丁稀，将来仍须琐费清神，一为激励。季孙之忧，不在颛臾，未知今日谈洋务者，以为何如也？沥此。即请近安，诸维爱照。

日前使者回，信内有石，信外无之，几以羊叔子善欺人。俄而尊伻至，捧到奇石二座，使满署生光。而尊伻一到即返，进言者谓石既到手，诗可不作，且老瘦之人，姑食前言，足以自肥。鄙人期期知其不可，且恐乃公以为债而索之，因搜枯肠，勉强为之。昔东坡至扬州获二石，自戏作小诗，为僚友一笑。予非东坡而亦获二石，雅欲索公一笑，工拙非所计也。另纸謄正。正封函间，适接省信，知康长素获罪。此君粤人，前在时务堂中之梁卓如，则其高足弟子也。渠辈之变法，乃倡为废三纲之说，张制军恶之，乃作《劝学篇》以砭之。鄙人在此间甄别，亦出中国变法何者当先变何者不当变之论，题意亦指此。犹忆去岁湘闱中，闻有废制艺之说，因作七古一篇以告同人，以制艺一道，腐烂已极，不得不变，而非读四子书，则断不能作文。是使人人系心于圣贤者，制艺为之也。阴消狂妄悖逆之徒于无形之地，而人不觉，此最使宋明以来圣君贤相扶世翼教第一功。今为老头巾坏尽，原属可恨，而鄂、湘二帅将三场踢倒，使四子书不至弃为刍狗，自是经天纬地手段。而此番严拿，又为薄海人心所同快。或者瓜分等语，所以散摇人心，使支那人自馁者，于是乎可息也。

顷奉手示，褒许过当，令人对之惭悚。并命题玉照及原制大作，读之令人神骨俱清，如对古高士，何人敢再下一语。窃谓先生诗秀中带苍，秀易而苍难，先生乃兼之。故弟尝谓伯严序文，只以芳鲜澄澈相目，未能尽也。勉作数句，乞一笑置之，勿使著粪为幸。此请道安。起涛顿首。

按：龙大令起涛，字禹门，任常宁县知县。

王大令书札

王兆涵

珠泉先生大人侍右：前日勇来，得读尊谕，挈提芘荫，示以途轨，矜其茫昧，后学何知，惟有五体投地，心香虔祝而已。恭维起居多福，利益珂乡，至深钦颂。兆涵于初三日启行，初九日抵新化县。军旅在途，一遵约束，秋毫无犯，市井不惊。该处自新任兰青同年于三月十四日受篆任事，拿获匪犯数人，立予惩办，地方渐就安静。现在办理团练，实行保甲，官绅联络一气，诸事井井有条，匪徒亦复敛迹。兆涵所部防勇，以五棚驻扎火神庙，以一棚分扎教堂间壁，以资护卫。日内会同兰青同年，带勇清乡，要犯不过数人，现已逃匿安化东坪茶山，已派人踩缉矣，当不容其漏网也。新化一缺，年入仅能敷衍，万难稍有赢余，兰青再三筹算，实为瘠苦。晚学以积累之身，如层宪有意栽成，令署斯缺，兰青高骞在即，恐逢其会，我公拯而救之，感激定当弗谖也。此叩崇安。后学王兆涵谨肃。

按：王大令兆涵，字敬符。在湘历任浏阳诸县，办匪颇具辣手。宣统间，曾任锡矿山驻山委员。兰青乃张维馨字，亦湖南知县也。

珠泉草庐师友录九

笺 牍

魏尚书书札

魏光焘

苏畡仁兄先生阁下：省垣把晤，快慰良深，自别芝仪，时驰寤毂，辰维升祺叠晋，履祉逾恒，至欣以颂。弟株守郡庐，两更岁序，流光虚掷，淑状毫无。所幸顽躯健适，眷口平安，差足以告纾绮注耳。兹有恳者：弟近入得矿股数处，所产砂质，均未识其种类。阁下精明矿学，久深钦仰，用将各砂样编列黄、蓝、隆、花四字号，专丁送由小婿周剑凡转呈台端，乞为试验。某号系何名目，某号价值多少，及成公司请领执照及出口护票，如何办法，应从何处入手。贵局刊有最近章程，尚祈惠我二三本，以为准则，并希详示一切，以免错误。琐费清神，徐图面谢。此叩道安。愚弟魏光焘顿首。

顷诵环章，得悉种切，就维兴居佳鬯，公私罄宜为慰。承验矿质，甚费清神，并许细加考察，未审已得实否？谨俟回音，始行开办。再开采矿务，必须请领执照，编列号次。弟固得其大略，究之请照编号，如何办法，应从何处入手，敝处全无一定章程。其出井纳税，出口售销，抑又是何情形？公余有暇，务恳逐条开示，以便照依办理。敝处煤铁，本是大宗，土人恒轻视之，兹承雅属，拟俟采得的实地面，再行集股倡办,以辟利源。复泐。敬请升安。不具。

按:魏公光焘,字午庄,邵阳人。随左文襄转战秦陇,以军功起家,仕至两江总督。光绪九年,公有河右之行。明年八月,自甘州告归,道过兰州时,魏公任甘肃藩司,闻公至,招同施均父补华谳集署中,公即席赋诗。越二十年,公任矿务总局提调,魏公已由江督致仕回里,赴省访旧,备极欢洽。时朝野竞言矿利,魏公家居,亦复留意及此。剑凡乃周尚书达武之子家纯字也。

王比部书札

王良弼

苏畡仁兄先生阁下:衡城判襼,寒暑迭更,每讯起居,徒劳饥渴,敬维经猷裕国,著述经时,将以钩河摘洛之才,运筹饷绥边之策,引瞻道范,莫罄名言。弟三载家居,毫无撰述。学堂新建,幸已告成。于义务颇崇正术,而钱布出入,从未经手,故来去可以裕如。九月初八日,往叩崇阶,闻旆旌旋里。登龙而不得御李,不胜怅然。初十日,与令世兄晤谈,情亲语挚,询悉近福绥蕃,无任欣慰。本拟十一日附轮至汉,而数年阔别,心殊恋恋,为我公更留四日,欲图一晤,以展积悃。弟到京,仍当到部销假,计出京当在明年春夏之交。此行有劝弟改省江苏者,有说弟仍居原省者,然时局艰虞,若必避难趋易,则竟无地可投,而错节盘根,又非弟才所及。先生相爱甚深,其将何以教我?如能托诸赠言之雅,发诸咏歌,是尤私衷所切祷者也。此请道安。愚弟王良弼顿首。

八月中寄上一函,想达钧鉴。敬维撰祺宏富,起居多福为颂。弟于前月二十六日由长沙展轮,二十九日抵安庆,与王灼棠中丞晤面,盛称湖南水口山矿,名驰中外。蕞尔弹丸,可谓附盛名而益彰矣。安庆地方与长安消息,较湖南稍灵,所有回銮日期,见诸邸钞。八月二十九日抵渭南,即古南郑地,九月初二日抵潼关,计重阳后可抵河南行宫。闻十月太后万寿后,即往北京,虽无明文,然得诸传闻者似确。

弟拟于十月中稍候，如河南驻跸，即往河南，如驾到北京，即须去北京也。家严衰老，蒙知好暇时以宽言相喻，则感激滋多矣。至弟此次，已指分广东，又就九月以前，并捐花翎。现在北京来音，顺直振捐尚有推展两月之说，然总在九月内为止。弟昨至安庆，欲从王惠堂京卿总捐数内分出三万金，系弟分办，奏请得三品衔。虽主事者已蒙许可，然未免掠人之美，究未知将来如何也。此叩钧安，诸维惠鉴。

前月接读钧示，奖勖多番，沁于肺腑。敬悉老福婆娑，著述宏富，诚格金石，匡济时艰，引睇斗山，无任翘想。弼读礼家居，无谷可告。先君文字知己，莫过于公，前乞椽笔撰墓文，以国家多难，矿务与学务交纭，不敢遽请。今拟以明春为先君卜兆，若公余稍暇，恳赐志铭一篇，先灵有知，当必感知己于泉室也。

久违雅教，渴念良殷，敬维表著人伦，忧先天下，绥疆裕国，匡济时艰，引睇光仪，莫名酞润。弟自去年九月抵粤，十月委办学务。十一月往南、韶、连各属查学，均多腐败，略为整饬。今年三月，始行归省。四月，又往高雷各处。明知于时无补，而国家兴学孔亟，责不敢辞。现在学政改为提学司，其在省职任，学部尚未颁出定章。广东时局，愈变愈下，士气哗嚣，人心机诈，天道反常，物力昂贵，大有长安不易居之势。自正月至四月，未晴十日，基围冲坏，惨不可言。铁路捐款，官绅不协，风潮虽已渐息，而接办究不知若何。闻吾湘办理颇有头绪。书侄元儿，幸托公门，尚乞时加教诲。弟离索已久，无所遵从，并恳远锡箴言，铭诸座右。

衡城一别，将及十年，侄儿辈来省，每蒙寄讯殷殷，无任感佩。关河远隔，云树缠思，每念心知，益惭俗累。敬维道躬笃祜，望重乡邦。先君子生平蓄学，海内无有知者，独先生表扬之，遂得立言不朽，是尤弼所心感。闻璧耘世兄官鄂，大有政声，季海兄想仍往水口山，家学渊源，良深钦佩。弼前在轮船，遇珂乡友人，述先生发已皤然，而精神更加矍铄。弼则须亦颁白，犹欲稍自奋励，求无负我公之知。但未审樽酒论文，又何时耳。

按：璧耘乃公长子基植字。光绪丙申，公主办水口山矿务，公子基植随侍。公自辑《纪年录》云："矿务素乏讲求，未敢自信，勉诺试办。先与陈公宝箴约：'既经信委，请饬官局弗荐人，弗掣肘，弗以意度未曾经验之事谕办，有效幸也，无效自行投劾，不烦举错。'陈公韪之。即以儿子基植司出纳云。"按光绪二十九年，公调总局，遗职委公子基植继任。迄国变后，始卸职归里，计先后十六年，未尝离水口山一步。此言宦鄂，盖当时传闻之误。季海为公弟三子基朴字，亦常在山佐理局务者也。

一砚楼书札

邬同寿

荪畡仁兄大人道席：客夏于官钱局晤五世兄，接谈片时，备审辛亥以后所遭，甚为不快，当托代达殷拳，谅尘聪听矣。前数日入城，在湘绮老人处阅其日记，惊悉璧耘世兄遽赋仙游。我公晚年遇此等事，其何以堪！惟修短有数，似应旷达处之，不必过于伤悼，致碍颐养也。弟自黔筑归来，杜门不出。客岁已于附郭卜筑茆庐，敝眷分城乡两处居住，鄙人住乡时多，盖为避嚣杂也。唐蓬叟已于二月初间谢世，享寿七十有九，身后一切，俱依清制，斯人可谓完人矣。盈盈带水，不克亲奠生刍，至为歉疚。手此敬请道安。暮春甚寒，诸维珍摄。弟邬同寿顿首。

前奉手书，并承题佳什。拙作荷加点窜，实获我心，感佩感佩。北风烈烈，天气骤寒，遥维颐养安和，潭庑曼福，为颂无量。乐山翁子孙均贤，为同辈中所罕见，直道人宜有后也。自辛亥后，不无小损，并未大伤元气，岁入子息，颇可自存。惟葬地尚未卜定，弟亦时时催之，渠竹林之意，欲田山并买，此孝子仁人之用心也。青岛已归日有，欧洲战事犹未解决，第终不能久作战国，终是一和字了之耳。近日有人倡为异说，欲摇惑人心，八十翁小受影响，幸当事布告揭明，既往不咎，自可无碍。报章所云，不足信也。湘垣安靖如恒，弟仍前顽适，料量七件之暇，则以词章自娱而已。手此奉布，敬请福安。同寿手叩。

赵侍御书札

赵炳麟

苏畡先生道鉴：赵芷老寄到手教及《茭源银场录》，拜读之后，且慰且感。世事沧桑，先辈零落几尽，廿年父执，矍铄犹存，陶靖节所谓"东方有一士，常有好容颜"，其若人欤？璧耘世兄去世，甚为可惜，惟先生系见道者，必能达观也。前所言埠头溪矿，在西延大山中，离湘源即全州河二百里，道路崎岖，三四日方可达。欲经桂林而出漓江，道路尤远尤险，非六日不得达。只资水在合浦坪可通小舟，距此矿八十里，一日可达。在宝庆换大船，经益阳而至长沙。侄明知资河艰险，而无如何也。承赐介绍阳君书，甚感。昨已遣人至矿山，雇人担砂一石至常宁，一面托阳君觅淀夫，一面托阳君专交水口山验化，以观矿质何如。近日得砂七八吨，皆由宝庆蓝庙工筛出，黑白铅混合，未知可否销售。长沙恐无人炼铅，运至长沙，恐无人购。汉口近日销路如何？先生如有闻，乞示知为荷。侄去年谒陵诗一首，附呈诲正。敬请台安。世愚侄赵炳麟顿首。

按：赵公炳麟，字竹垣，广西人。清末任御史，其年最少，而号为敢言。其父系湖南州县，与公有旧，故赵公以父执事公也。国变后，还山，从事矿务。一日，由桂专丁至衡田，询问治矿办法。久之，似无成效。民国八九年，出任山西教育厅长。清末，赵公与江公春霖、赵公启霖齐名，至是出处异趣矣。

邹教谕书札

邹　彦

苏畡先生阁下：去秋一别，六易蟾圆，遥跂芝辉，倍深驰溯，辰维起居佳善，著述益崇，曷胜钦颂。弟自新正以来，卧病数月，至今体气尚未复元。平生自负冰霜冷骨，乃为造化小儿摧折至此，亦由保卫偶疏，不能不归咎于人事之未至也。此间无好医药，拟欲回省调养，而职守未敢擅离，敬恳先生于上司陈说，乞赐采买一扎，以便一行。弟因久未能亲自赴辕禀请，尚乞先生之为我婉达也。前阅《湘报》，知老兄已膺卓荐，可为忭贺。入都何时？将来位望隆隆日上，宏此远谟，维挽斯运，山中故人，私窃幸之。行矣勉旃，天下事尚可为也。此请道安。弟邹彦顿首。

不见足下，于今五年。去岁曾三次到局奉访，竟未获一遇，以叙阔怀。良朋见面之缘，彼苍亦故吝之耶？足下以著述之才，一展素抱，便尔岳岳不凡，才人本色，如凤皇芝草，为世共宝，同时侪辈，谁与抗行？钦佩无既。弟碌碌无似，去岁已请假旋里，从此一湖风月，数亩田园，惟是伴渔樵以终老而已。曩读大集，曾题三绝句于卷端，弟近懒散，久不事笔墨，惟第与足下相知，匪同流俗，不可不有数诗以志情愫，故敢录呈。弟家有小园，苦无赀营构，但就其可位置亭榭处，先成联句，以适吾意，此亦过屠门而大嚼之意，可笑可笑。兹小儿进谒，并乞赐题园舍一诗。弟家湖上，附呈联句，足见大概。倘鄙人可延寿数年，亭舍或渐有成局，当刻尊诗于园亭，以为湖山光，想先生所心许也。祇候台安，统希心照。不戬。

刘教谕书札

刘　筠

苏畡仁兄大人阁下：前奉惠示，过承藻饰，岂所谓诱之而欲其至者耶？不敢当，不敢当。比以触暑从公，小感热疾，缺然久不报，歉甚。读大著各体皆工，而以感事、秋感、杂感诸作尤胜。格调既高，神韵复远，是合少陵、义山为一手，而灭尽针线之迹，非别有怀抱，而复相深以学识，何克臻此？钦佩钦佩。致邑宰书，切中时病，自是董贾一流，他日造福苍生，即此足见一斑。世兄观风卷，忙中仅见一二艺，然光焰已足夺目。超宗真凤毛也，铁老誉女篇，格老气苍，自是昌黎本色。两女公子叠韵，飞花滚雪，奇外出奇，不惟其才可惊，并其学亦可畏。时从公稍暇，因率次韵一首，珠玉在前，自顾真觉形秽矣，伏望大雅加以润色，庶不至贻笑于女相如耳。前托黄洛翁代求《望云思亲图》题咏，未识曾转达否？倘蒙赐以名作，则锦囊珠玉，足为行装生色矣。肃此布臆，复请著安。不庄不备。弟刘筠顿首。

按：刘先生筠，字竹侯。公撰《刘竹侯先生文集序》略云："吾友清泉刘竹侯，绩学能文章，盖承乡先生之学，不专以空文自炫者。以举人官益阳教谕多年，光绪己卯、庚辰之岁，余客县令乐山唐公署中，见其声华淡泊，无几微唉名之心，耸然异之，因与订交。益阳山水髻秀，为湖西壮县，校官禄入，视他县为优。其时士服其教，同僚高其行谊，皆愿竹侯久于其地。而竹侯忽腾牒大府，以亲老求解职。佥谓竹侯年未及艾，不宜即止，虽余亦疑之。竹侯喟然曰：'此官之不足有为久矣，今吾亲已老，使恋此不去，重贻堂上人门间之望，于心奚安！家虽无余，授徒犹足供甘旨，吾诚不能以此易彼矣。'卒不顾而去。归未数年，二亲相继弃养，人始服君诚至几动，得以全乎为人子之义，而示人纪于颓俗浩浩之时。然则如竹侯者，其可仅以文人目之哉？丙申三月，余以矿人来常宁之水口山。又二年戊戌，余之执役于此，不可谓不久。嵁岩邃谷间，寥阒无可与语。其年九月，竹侯忽偕其友罗君蓺崖、周君敬甫入山见访。此地距其家不盈百里，是年适主郡郭外之石鼓书院，清湘秋霁，击椎而来，喜何如之！相与谈讌，连日夕不倦。临行，手文一编授余曰：'子其为我读而序之。'夫余则何能序竹侯之文者？乃以多年知旧，重违其意，不可以辞。按竹侯之文，导源欧曾，无近人门户习派。其究晰天人之微，与时事得失、舆地沿革，并能精凿以自持其说。与人酬赠之作，规多于颂，不苟为谀美，即此可以觇其所志云。"

黄提督书札

黄忠浩

苏畡先生大人执事：昨陪麓山之游甚快，尤自幸积病之躯，一试腰脚，尚未大惫。归于灯下展读惠篇，花生口吻，至夜分未休。惟惭少既失学，近复改途入武，戎马奔驰，不知何者为风雅事，致登高迄不能赋，无以为桃李报酬。途间见先生语及敝乡产兰，若有余欣，适故乡人挈送两盆，花时甫过，兰孙犹环绕其旁，正惜敝庐狭隘，前蓄者已多郁殒，用特转贡玉堂，免致失所，亦士为知己者用之意也。相见两必輾然。手肃。敬颂吟安。愚弟黄忠浩顿首。

按：黄先生忠浩，字泽生，黔阳诸生。戊子优贡，征入校经堂肄业，为高材生。浏阳谭公继洵任鄂抚，护总督，令以内阁中书募兵五百，守田家镇。鄂督张公之洞还任，调领武靖营兼营务处。陈公宝箴抚湘，檄领毅安三营。庚子，张公复檄令率所部勤王。遇鄂变，为鄂抚于荫霖龁龁，张乃散其所部，仅留两营还驻岳州。以剿新堤匪有功，奖五品衔，复代纳赀为候补道，奉派赴日本东京观操。逾年，湘抚赵公尔巽檄领忠字五营，会广西匪乱，势甚张，清廷促先生援桂。率部进薄同乐，连战皆捷，以功授狼山镇总兵，进复柳州，移补右江镇总兵，兼辖前敌三十营。升奉天副都统，仍留办右江善后。以久役患疠，吁请开缺。越二年，赵公督鄂，奏统全省防军。赵公移督四川，调参军事，旋奏署四川提督。赵公内召，先生亦还湘。宣统三年八月，武昌事起，湘属戒严，巡抚余诚格强起之统巡防十营。九月朔，长沙变作，新军入抚署被执，胁降不屈，遂遇害。先生以书生治兵，晓畅军事，为群帅所推重，平时务求经世有用之学，欲自托于曾胡一流。乃生逢清季，仓卒授命，人咸惜之。民国初年，参政院参事熊公希龄等胪列事实，呈准宣付清史馆立传。丁巳，长沙孙君冀预搜得先生遗诗一帙，印于长沙，名曰《黄黔阳遗集》，乞长沙袁公绪钦、湘阴郭公焯莹撰序。郭公复别为哀赞，宁乡程公颂万撰传，湘潭罗公正钧撰墓志铭，胡公元倓撰跋，于先生一生出处大节，言之綦详。吾宁彭君寿僧树煌，昔隶先生部下，尝言先生治事，凡部曲面陈军情，必立询处置之策，所言如中肯綮，则嘉纳，倘不知所对，必加斥责。盖先生之用心，欲藉此练习部曲应变之方，且觇其才识，亦以此集众思以求广益也。故统兵数十年，所向有功。彭君所言，实能窥见至深，而为袁、郭、程、罗诸序跋传志所未及者。至公与先生，论交最早，先生提督四川，公赋诗送行，有“卅年曾识黄公覆，白袷谈兵正少年”之句。及闻先生殉难，惊怛累日，复为诗吊之，有“蕉萃幽兰引泪多”之句，原注云：“馈余建兰两盆，自君蒙难尽萎，不胜人琴之感云。”

程太守书札

程崇信

苏畡先生大人阁下：久欲趋谈，适承宠召，本不可辞，但初到船山，先生将去，日内颇有要事，未能作陪。俟荷花大开时，再当呼朋来游，烦公作东道主人也。即请著安。晚生程崇信顿首。

昨日枉驾，别绪依依，然想望丰采，千里犹户庭也。惠赠湘绮楼刻赀百金，日内请亲付恒子，缘此时正需工本，得此可助早成一集。王师似有薪木之感，若竟不来，恐吾衡弦诵之声将绝。时当变法，赖有此灵光岿然，延周孔于一线耳。叶公自命好龙，至则惊走失措，今之在位，大率如此。老师能启聋振瞶，挽回此公复来否？若夏老卑词谢之，或者有济乎？相见当在秋时。惟珍重道体。

郡城伊迩，时晤教言，乃以筮仕远行，邯郸学步。回忆素心晨夕，其乐难量。将发征帆，重以雅意周至，酒芬肴美，即帐饮金谷，让此文谳清高，渭树江云，只增神往。敬维道履多豫，吟兴润春，远路驰思，聿如所颂。晚生别来起椗，一路风帆多阻，二月二十日始抵汉皋。已取道就赴春闱，乘火车至信阳，而积雨连旬，泥淖深阔，所雇车辆讫不能行。沿路公车望洋而返者，盖以百数。既期会难赶，遂转赴皖局，就便省亲，幸重庆寿康，藉纾注念。现在春阳晴暖，便携眷属由襄樊入陕，至止之期，当在四月下浣矣。合并奉闻。

在大通寄一书，寻常应酬之作，出于书记之手，想登荃察。崇信自襄樊上泝，五月初七日始抵长安洗尘，三日乃谒上台。而藩臬两司谬为标榜，中丞亦遂有国士之目，即日檄下，命办理洋务局提调。然接对洋人，办理教案，皆非素习，用违其才，终虑陨越。秦中教堂，亦多至七十余所，文武成康故都，竟不能留一片干净土，殊可慨已。此间土瘠民贫，庄地多种罂粟，稻麦之利甚微。国家藉增厘税，因遂不能禁止。小民逐末，尽弃本业。从前连岁旱荒，秦人多饿死者，盖无一年之蓄也。大吏闻湖南人矿务办理得法，屡次下问，而崇信茫然，并不能知其大略，讫无以对，但为述水口山矿产之盛，甲于湖南，实因先生斡旋之力。方伯夏公即命致函，代为考察，务求将尊处前后所定章程及一切办法详细钞录，速寄入秦。又恐寄书迟迟，特先布一电，谅早蒙鉴及。现在正觅矿师，阅视山地，拟俟尊处复书到秦，便设法开办。惟秦中风气未开，知其道者甚鲜，将来局面若稍有规模，尚须恳求我公荐一二善于办矿之人来此，相助为理，乞先生早为物色，飞函示我。倘先生能自屈高车，为长安之游，此间亦当重席以待，但得指挥，尤为万幸。不过一年两年，仍当备安车蒲轮相送，不敢久屈大驾也。长夏清和，对万顷荷花，定饶吟兴，惜不能偕此嘉会也。劳也如何？肃叩道安，不尽欲言。崇信顿首。

按：程先生崇信，字戟传，衡阳人，为王先生闿运高足弟子。以知府分发陕西，委充洋务局提调。藩司樊公增祥讲求吏治，设吏治馆，考取正佐四十员入馆，每日点书若干页，作札记若干条，派员逐日阅看。樊公称先生仕宦无习气，学问有本原，兼才学识三长，札委兼该馆提调，勖勉有加。辛亥国变被囚，见《湘绮楼日记》。民国三四年，袁世凯任王先生为国史馆长，逾年，王公自京师归，访公衡田，询以馆务，谓馆中空洞无物，并笔墨而无之，并语公曰："戟传平生，与余心迹最亲，近乃落寞矣。"公询何故，则曰："谓吾失节耳。"盖袁世凯盗国，恐人议其篡取，故不任王公为清史馆长，而任以国史馆事，意谓王公同为民国官吏，不能訾己。其举动浅陋，至为可笑。王公轻于一出，士林多不谓然，而先生则尤弗善也。人谓王公游戏人间，于出处大节，不无遗议，而先生执义之坚如此，可以知其为人矣。

芙蓉山房书札

夏纪钊

荪畡仁兄有道阁下：仆曩岁栖止芙蓉，与罘罳子结文字欢，每屈指海内传人，辄道荪畡之诗文卓荦，性情纯正，为今之古人。兹罘罳已作古人有年矣，而苏畡方进德未艾，卓卓于今，是苏畡殆有文章而兼福泽者欤？仆积怀几二十年，惜未得一见，以纾饥渴。近于塞外，读阁下诗文，益信罘罳之不虚与人也。近闻兄西来揽胜，客甘州之一园。一园，今之风雅主人也，林泉幽雅，美尽东南，当必又添一翻新咏。惜未见一园之图，为寄俚言，以助清兴。仆迩来名随位下，事与愿违。匆匆半百之年，固惊虚掷；迢迢万里之路，苦被饥驱。无益修名，徒增俗垢。偶托夷门之迹，翻贻覆悚之讥。时命所限，抑又何尤！准拟来春入关，挈儿辈戢影蓬庐，招吟侣澄观川岩，以适其野性。亟欲得如苏畡者，昕夕接谈，广所不逮，以思故友罘罳者，藉慰于苏畡。乃阻以关山，不能即晤，怅也奚如！伊吾六月，天山雪水溶溶而下，散为平畦万涧。夹道柳阴如盖，浓翠欲流。塞外向虽黄沙白草，近亦渐成村落，可以居止。倘能乘兴来此一游乎？纵览汉唐以来用兵辟地之遗迹，亦未必非壮观也。临风怀想，延跂为劳。塞外天寒，诸维保练。愚弟夏纪钊顿首。

按：夏先生纪钊，字康侯，安化人。工诗善书，曾太史广钧有题其集首诗。同治八九年，客游陕西，一度游粤。后又久滞兰州，与隆山人无誉为文字至交，诗多唱和。函中所言罘罳子，即隆山人也。此函作于光绪九年，公客甘州一园时。绎其语气，彼时似随大军西出玉门矣。先生因隆山人而识公之为人，闻声相思，神交有年，然终身似未谋面也。

篆星山房书札

张发濬

苏畡亲家阁下：无恙。十月朔日，天大晴霁，侧身西望，无限低垂。连日以来，实探得尊府老幼安康绥吉，天涯游子可无挂碍。小儿洗三之期，荷公厚贶，曷胜鸣谢。仆平居无事，不揣梼昧，编摩旧稿，恨不得有道以正其可否。五十许人，新为人父，虽不敢作热喜之态，然执儿手而笑之，每日未免二三次。外间诸相知，时飞红纸，书其癸未、庚申、庚子、庚辰八字，眉上行间，注蝇头小楷。若洪贰尹草堂、黄编修石仙，并精星盘之术，各批注数百千言，琔都累累满幅。琔都者，金元国语，解蒙古所称字圈也。虽明知爱仆之深，特为寱语，然对之慰情，仆之为人，竟不免有世俗之见存，殊足哂焉。频年以来，仆与公两人者几于无月不会，会亦必数日，辄以道义经济诗文相切劘，与世之一灯相对，以阿芙蓉相酬酢，自矜免俗者，何止天渊之判？其乐何如！一旦公作万里之游，仆一人兀坐湖湘间，惘惘奚状？重九前一夕，梦与公及子璠兄登华山，笑谓“壮哉乎此三峰也，当各据一峰其可”。觉而异之，得毋行縢所历，其时正谒西岳大王乎？抑又安知非造物之灵，策吾辈之登峰造极，毋安于小且近耶？噫！愿相与勉焉可矣。至仆之行藏，月来颇闻海疆将有举动，意将仍作圣湖柯山之游，诚以彼间亦颇有图会晤者。然仆西上之志坚矣。李茂才南田约以明岁偕行，公可不为仆谋一盈尺之地，使亦得以激昂青云耶？公前许作贺仆得子诗，当于船唇马背成之。又道路所经，其所纪载吟咏，必有鬯发河山之气，为世所不可少之文字，为仆所急欲观者，何以教我？驰思曷极！舍弟辈出山已久，深虑其为恶习所移。大凡吾人为学，必先足其本，而后外缘不可得而摇夺。惟于动念时，与人交际时，辄省察而防维之，差可免尔。不然者败矣，不可收拾矣。公有书幸赐弟辈，可以此意教之，不胜至祷。陇云湘月，相思维劳。为此肃请旅安。不一。其字迹草率，则左抱幼孩，右握中书所写也。姻愚弟张发濬顿首。

按：张先生发濬，湘乡弦歌里人。所居曰大富，与宁乡壤地相接，离衡田不十里。与公早岁论交，重以姻娅，形迹逾密。湘乡城外有东台山，风景雅类麓山，先生暇日，与杜俞、张通典、朱恢元诸先生登临赋诗以为乐，号曰“东台十子”。惟先生一生蹇困。光绪癸未，年五十，始举一子，爱之弥笃，数月以痘殇。越十余年，先生卧病，其夫人相依为命，昼夜服侍。先生疾未瘳，而夫人遽以微疾逝，先生病中挽以联云：“汝亦生儿，记昨宵对泣论年，弱息倘存今十五；我犹卧病，怅此日呼茶止渴，香魂已渺路三千。”词旨沉痛，令人不忍卒读。晚岁一游吴越，逾年归，再娶生子，既不育，纳妾亦无出。年六十二卒。公有《过亡友张茀荄墓下》诗云：“商瞿五十尚无儿，燕姞迎来梦已迟。失意唐衢惟善哭，清愁顾恺竟成痴。不辞阿好常推我，有志穷经自得师。车过墓门须腹痛，戏言今日践前期。”盖重哀之也。公子基植为先生女夫，在水口山时，属弟基棫为先生选定所著《篆星山房诗集》，并为撰序，拟付剞劂，为先生存身后之名。会逢国变不果，其子侄旋将诗稿索去，至今不知散失何所。公子基植妇名有妧，字淑芗，承先生之教，亦能诗，著有《祥花吟室诗草》。痛父困踬一生，而著述散佚，哀乞公为撰传，以存梗概。

默安上人书札

释默安

苏翁护法大人左右：顷荷光莅，顿使衡霍增色，南岳志又添一则名贤胜游，庆何如之！十六日申正，尊价来寺，拜奉手札，兼颁珍锡，惭感惭感。当即以书遍示淡云、无烦、长松诸方丈，俱称法鼓将沉而更振，梵莲已落而重开。自匪公之盛德，垂怜方外冻馁而护法藏，胡克臻此一段大光明因缘也？行见公之福禄，当与帝网无盖刹海同一不可思议，其报非仅万代公侯而已。翘首卿云，实深颂祝。南岳野朮，前托道友采积五觔，藉尊价转呈，即乞莞存，用展私衷，未可言谢也。默安年来多病，惟闭户念佛，或可小训弘庇于万一也。肃此。敬叩升安，统希荃照。不具。释默安和南。

客秋接读手教，知先生十月过岳。腊尽春残，未见香山面目，使人渴想已极。寅维先生起居多祉，为慰为祝。少甫窘人，几遭轗轲，荷先生慈力拔置康庄，人佛感泐。近介澄邓翁来寺，言少甫方拟祝发为僧，而黑铅砂未销，深恐负人债累。又贵局前受之白铅砂，少甫三股占一，其银亦未掷下，愈增烦闷。知默安久蒙先生垂青，乞为吹嘘。伏思先生又娄公也，慈祥恺悌，中外知名，窘人苦恼，谅肯为之设法。果沾恩光，则少甫成佛作祖一段大事因缘，乃先生之所赐也。斯时七二峰巅，萦青紫日，气象万千，未知先生能乘半月之兴一游览否？恭叩升安，静候驺从。

按:公自辑《纪年录》:"光绪二十八年八月朔,赴衡州,杰儿随行。一日抵湘潭,取道南岳。初三日至祝圣寺,访默安上人。日尚早,上人坚留宿,遍约福岩、上封诸方丈入席,以檀施见称,余愕然。具道戊寅六月,余与陈三立、毛庆藩同来宿寺中,殿宇岌岌将颓,时主修岳庙者,为李方伯次青,赖余介义宁陈公与之一言,求庙工竣后,分赢羡重新此寺,坚致视前有加,山上同参,无日不感发踪之力,相与尸祝也。事隔卅年,回首前尘,如烟如梦,非诸辨才说出因缘,几忘之矣。作诗二首示默公,并呈诸上座云。"

黄舍人书札

黄运藩

苏畡先生我兄大人左右:长夏湘门,渥邀礼数,即读珠泉大集,芳鲜澄澈,净无纤尘,陈舍人所称,至无可易。然如《会春园》诸大作,似又去浣花《洗兵马篇》不远,不必苏、白以下皆能为也。前者每接谈论,觉伉爽逼人,沉深有本,岂料文章之美,固遽如许乎?然后叹集天下大事者,必非学无根柢之人,而文章亦必有确得宗尚之实,否则粗材焉尔,苟徒焉尔,乌足以贵?兹于珠泉先生,盖益证信之。然窃怪执事既有争明瓏、暗瓏勋绩,又有珠泉一部文章,诵余征及华露,郑虔有"征此无佳句,不啻东方朔当斗牛颂"之言,能毋失笑?惜弟在此事稍冗碌,未及一一细研,大略固已得已,敬服敬服。令亲重游赤壁,则在十月既望后十日,岂事后古人者,期限亦将宜稍后也?较之终日水中避居楼上,赤壁重来,固当言乐。惟幸撰作一诗,以待东坡之赋可耳。设更能掠湖西来,譬从山梦绿诸胜如临皋等区道士蹁跹鹤耶?固亦难于强办矣。除由令亲早自陈谢外,祗请吟安,伏维蔼察。愚弟黄运藩顿首。

按:黄先生运藩,字性田,安化人,为敬舆太史之弟。公于光绪丁未十月初五日复先生函云:"奉手笺并大稿,快慰之至。仗马不鸣久矣。自芷荪给谏后,复有此两篇大文章,大为湘人生色。言人所不愿言,亦言人所不敢言,不能不服公之胆。近晤令兄敬翁,谓猛子不怕雷,弟则谓大臣不言而小臣言之,亦衮衮诸公之耻辱也。犯新党之忌,至列之画报,曾见之否?笑笑。惟若辈恶之刺骨,足征大疏已有效验矣。望溪所谓其人能恨我，则其心犹未尽死也云云。”按：先生仕履不能详，据此书，则似曾为御史，而又亢直敢言也。

黄太守书札

黄凤岐

苏�先生大人阁下：前承枉顾，藉聆教言，钦甚佩甚。老天淫雨，坑人于晦冥否塞之中，而不得一时爽快，奈何奈何？练兵拙稿，未在行箧，记忆不全，不果呈览。惟在桂林所刻《日儆浅言》，尚存一二，兹取一卷，送呈座右，伏希训正。容俟天晴，再亲走候。专肃。敬请筹安，不尽欲言。黄凤岐顿首。

按：黄先生凤岐，字方舟，安化人。公于光绪丙午六月初二日答先生书云：“别二十余年，始于有善堂一遇，彼此至不相识，几于笑问何来。合并之难至此。陈后山句云：‘一代不数人，百年能几见。’到此愈知诗之沉郁矣。午节后由吉来传到赐书，知一麾桂管，早暮宣勤。棠疆赐履辽阔，种人杂处，颇不易治。来谕先从通商劝农入手，可见布治有方。想氓庶从风，早已歌成来暮。于清端毕生勋业肇始罗城，太平其阁下之罗城乎？世方多难，乡国需才，为公为私，均不能无望于左右矣。弟从事银场弥历年载，磨牛践迹，倦鸟思还。年来重听健忘，衰态百出，其不足久供人役也决矣。台端厚相期许，以为犹可有为，毋乃未窥其深欤？”

存几堂书札

黄　巩

苏畡先生有道执事：趋叩忻闻绪论，钦佩无似。随过璘老处，始悉函达先生书中，将家藏二书，代巩作臧孙告籴之谋。巩所欲托于先生者，只以无力刊刻，恐坠先达苦心，非藉此居奇也。今世豪于赀者不乏其人，而深于诗豪于赀者，则鲰生所谓于山见太华、终南，于水见黄河、大江，巩以为此二书得托于先生，则区区呵护数十年之苦衷，可以无负于数先生之前也。如以为居奇之物，则早献于江宗正矣。然璘老与人之忠，取善之殷，与巩有同病相怜者。故时而感吁，时而哀吁，均有激昂慷慨之诚。又以为得先生之广大高深，可以不吝其吐纳也。巩于先生，非敢希侨札之投赠，然璘老不惜先容，而先生又急于披览，巩岂敢秘之深深？谨上苏诗一部，其杜集为友人持去，容俟取呈。外呈拙刻《孙子》三十部，恳祈分致有道，广资润色，并乞察收。新秋雨凉，珍重餐卫。敬请道安。不具。黄巩顿首。

按：黄先生巩，字子固，善化人。闭户读书，喜研兵法，以近代所传《孙子》十家会注及五家注本，皆杂沓雷同、支离割裂，每令人不可卒读。先生深以为病，爰取《孙子》一书，于每篇之文，先分章节，采辑自汉以迄清代注释之人，如曹操、王凌、张子尚、贾诩、萧吉、沈友、孟氏、杜佑、李荃、杜牧、陈皞、贾林、纪燮、朱服、宋奇、苏轼、梅尧臣、王皙、何延锡、张预、吉天保、郑友贤、晁公武、毕以珣、孙星衍等二十五家之言，申其文义，附以己意，名曰《孙子集注》，于光绪三十年印行。末附新法韵语，盖亦能贯通申西兵事者。

周先生书札

周大烈

荪畡先生道鉴：新岁维道履多绥为颂。烈去腊二十六日回县，今正初三日回辰山扫墓，初八日到城。新年酬应，数日犹未能了，真是无事忙。先生高闲，又居山水胜处，物换春回，必别有可乐之事。惜为俗冗所牵，未能亲挹珠泉，敬聆大教，洗去尘怀也。敬请道安，并叩新禧。大烈顿首。

昨日由研究所归，悉辱临，失迎罪甚。适间奉到《都门杂咏》大稿，庄读数过，情辞挚厚，令人发深感，此所谓诗教也。钦佩之至。特呈纸一束，敬求录写，并乞更录从前得意之作。素蒙厚爱，谅能俯允也。手肃。敬请道安。

先生为人，真挚强健而多逸趣。捧读赐书大诗，心声心画，如影随形，把诵不忍释手，谨当什袭藏之。特此奉谢，并叩道安。

奉手示并扇面，观诵再四，真朴之气扑人眉宇。言为心声，书为心画，洵不诬也。行当再有奉求之件，想先生必不以贪鄙却之。手此鸣谢，敬颂道安。不具。大烈顿首。

按：周先生字应琨，湘潭人，与公论交最早。宣统庚戌二月八日，先生与曾先生广钧招公与王先生闿运、胡子靖元倓、龙研仙璋、杨皙子度及其弟重子钧、谭组安延闿、胡少泉子清、黄诚斋忠绩、梁璧园、焕均兄弟、谢重斋诸先生，宾主共十四人，谶于长沙藩国后郭武壮公故宅，雅有泉石池馆之胜，相与谈谶赋诗，谓不减兰亭梓泽之游。酒阑，拍照三帧，谭先生题签，署曰《郭园雅集图》。王先生为记，先生与重子先生均有撰文，曾、梁两先生各赋诗，公为赞云："宙合群贤，会集一庭，兰幽竹修，觞咏极欣，于以契今昔之情。"一时长沙传为咏事。

陶先生书札

陶觐仪

苏畡先生道席：别来时深驰系，枉顾又失迎迓，弥觉歉然。承惠大集，拜读一过，钦羡莫名。良由高怀雅量，卓出尘表，故下笔流藻，独超众类，伯严序文，似尚未能尽其妙也。送上墨拓左文襄、祁文端楹联二首，乞莞纳。附呈拙作桦香岩物题咏二章，山歌村笛，呕哑嘲哳，联博一粲。稍暇容当走聆教益。手此。敬请道安，诸维爱照。不尽。愚弟陶觐仪顿首。

尹先生书札

尹翔鸾

苏畡先生史席：承惠赐瑶函，深情款款，如接面谈。窃念名山大业，诗文兼擅，惟苏长公一人，近日则独推先生耳。薰读大集，能与长公并传千秋，而犹过于谦抑，想名儒虚怀善下，借玉局作自警语，诚恐玉局集中有先生之雄恣，无先生之修洁，况长公短于叙事？先生游记，则又绝似柳子，较之国朝诸名家，远不若先生之工整也。肃此奉候，敬请道安。尹翔鸾顿首。

樊先生书札

樊秉中

苏畡仁兄先生阁下：违教匝月，悬念莫名，昨辱瑶函，欣悉一是。适值同锡翁观察诸公迎接抚宪，南风大作，扬帆而下者，旋牵缆而上，顺片晌而逆半日，溽量焦灼，停晚始归。俗吏之奔波，殊不足与高人道也。焦尾之张，业已高悬半月，几乎弹不成调。顷悉李星陔茂才，久寄情于三尺之梧桐，必独得有七弦之妙趣，曷胜欣慕！奈贱躯受暑，偶患泄泄，毫无意兴，容即择日奉邀阁下与李公暨实君、伯严诸君至敝寓一谈，以伸积悰。肃此奉复，敬请文安。不具。愚弟樊秉中顿首。

按：樊先生秉中，字芝仙，其籍贯仕履不详。惟释芳圃《听香禅室诗集》中有《寄芝仙永绥》诗一首，则其人曾官永绥厅，而又能诗善琴者也。

刘舍人书札

刘景侨

苏畡先生著席：伻来奉惠书，并蒙示撰复瑞州军事，意格高粹而神悠然。家君平生事绩，多曲突徙薪之功，而劳多不昭，侨不自立，无所表彰，有公大文，得以垂传不朽，铭感无涯。侨旧拙作两篇，均待删削，为舍弟便在沪中刷稿，其《先母事略》尤为芜陋。兹呈大匠之门，求赐斧削，万弗以刷印成篇，未另缮正，致吝教诲，百拜奉恳。外附拙卷一本，浊俗之物，本不敢献呈，因寒门世系，曾蒙赐叙，西园遗嘱，亦志累世之感，不能忘耳。肃复布谢，敬请台安。刘景侨顿首。

按：刘先生景侨，湘乡人，工篆书。其父为刘武烈腾鸿之从昆，复瑞州一役有大功，而人莫之知，武烈及弟腾鹤传皆不载其事，先生遂乞公为文以纪之。《珠泉草庐文录》卷一有《书刘方伯瑞州军事》，其略云："景侨之言曰：'当武烈公之围瑞州也，吾父参其军事。瑞州城险粮足，绾全省之毂，寇所必争。官军数千顿城下，且数月，日有战事，终以地险难猝拔，武烈憾焉。一日誓众期必举，师甫傅城，武烈中炮薨。武烈遇人有恩纪，部将咸来枕尸哭，全军悚然无固志。吾父见事急，攘袂大言曰："吾兄惟不忍于一城久不下，糜国家巨万钱粮，使生灵涂炭，故不惜生命以图之。城垂克而主将亡，此何等时也，诸君不思并力攻城，为地方纾患、主帅复仇，顾乃相向作楚囚泣，泣其有损于寇哉？"于是众皆收涕作色曰："公言良是，我辈敢惜死？"回戈纵其城，克之，寇熸焉，江西赖以敉宁。'当是时，军无主，创痛之余，士气隳靡，非公一言，全军且为寇尽，大势亦摇。公诚有功哉云云。"

隐龛书札

陈兆奎

苏畡先生侍者：今日跨骑东洲探梅归来，知与尊驾相忤，怅怅。承示招饮，定当趋陪。但拙书素不佳妙，恐临池色沮耳。复此，敬请晚安。不具。陈兆奎顿首。

按：陈先生兆奎，字完夫，桂阳州人。山东巡抚陈公士杰之子，王先生闿运之门人也。公署清泉训导时，相过从。宣统纪元，公游京师，先生适官京朝，尤为款密。公居总局，亦时有书问往还。丙午秋，有复先生书云："足下风业韶远，劬书殖学，力追古人。公侯子孙，必复其始。世运方否，学问一途，行将解组。盛勖光采，以待春回，不于君侯一流人望之，而谁望哉？树蘅八载茭源，臬蹄难铸。一官苜蓿，牛后贻啁。犹忆与君东洲探梅，西湖赏雨，花新叶早，酒热香温。又未尝不如谏果之啖，无苦之非甘也。"观此，可以知其风仪矣。

程先生书札

程书祥

苏畡老兄大人阁下：顷奉福教，各情敬悉，仰见办公苦心，莫名钦佩。闻诸水口山矿每日能出七八百石砂，地利之兴，诚国家之福。况又得阁下经营筹划，益卜烝烝日上也。弟曾见前抚出示，有商人招股采办之条，是以不揣冒昧，遂成是举。深恐炼不合法，致负推爱之心，因而小试，幸不辱命，从此精益求精，放胆再求五百吨。且现在水口山之妇孺肩走，皆知阁下为国理财，并又知弟处开炼，谬许得法，一旦请不遂愿，自贻笑于人。固知该矿之砂售之洋商，其价亦有差等。前函告裕蓉翁，兹又特函，再与蓉翁及邬小翁商酌，求于极峰前致意，虽转托他人，究不若依恋阁下，相知至好，恃爱良深。但此举近于牟利，其实弟生平作事，谅为阁下深知，早有同心相印也。春雨乏晴，农人望晡，秧针遍绿，一遇西北风，未始无碍。日来春寒又厉，未卜天公之意，杞人徒切怀抱耳。肃此再恳，敬颂升安。愚弟程书祥顿首。

遂园书札

陈璟梅

苏畡先生大人道席：闻先生名久矣。十余年逐逐南北，过长沙辄不留，卒未得一仰斗山。前年在扬州，见先生古文一首，益向往之。顷从杨君鬯荪处捧读大著，浣读一过，气势浩瀚中含有蟠屈纡折之致，遏其光而不使尽露，而古意渊然。近世言古文者罕能识参，乃叹所闻之不逮所见更有如此者。钦企何量。璟梅不知有学，何敢言文。然尝用以自娱，亦如秋山败叶，散失无纪，刻正汇录，尚未成帙。雪霁当趋谒，幸俯引而教之。前年修家谱，有先世行略数通，质言无文，已付刊，谨先呈鉴，幸加斧削为叩。专肃。敬颂道安，诸维朗照。不具。陈璟梅顿首。

按：陈先生璟梅，字谔鲁，安化人，清光绪辛卯科举人。工诗善画，著有《遂园诗文集》。以鹾尹官扬州有年，国变后回湘，鬻书长沙。

归鸿阁书札

洪彭述

苏畡先生大人足下：昨得手教，方晨起盥栉，亟辍洗读之，至再至三，忻喜无量。足下治家有法，于族事尤为百废俱举。彭述尝谓人无地无经济，不必验之期章国计也，苟经明而行修矣，即一饮一食皆具有条理。观足下所为，虽未挂尺组，然其他日为国家循良之选，固可先事而决也。祠联均极朴茂之致，惟“培植之厚”一句，微近窕滑，若更揉之使劲，则益善矣。《怀古》二章，不落时派，能使外间人闻而却步。《伏虎井》一首，尤典雅可诵。刘季绪才不逮人，好诃诋人文章，彭述亦蹈此弊，能无哂其狂妄耶？所惠规言，实中毛病，自当铭之座右，朝夕玩味。彭述近读《南轩先生遗集》，见其与友人手札，罔不以规为劝，无一泛藻浮语，因自维所识贤人君子，惟敝师道义相勖，于彭述言行学业以及摄生养身，无不洞其微而训之，切若慈母之养骄子。外此同辈十数君，虽皆忠告善道，然皆多闻而谅者多，求其有剀直之风，则难以四五数也。故一己之病根，每得于外人谤弹之口，而良朋所饷遗，只十之五六焉。若足下所言，则彭述所为感谢无已者也。沩山之游，彭述本与敝师有成约，因雨雪中止。若献岁发春，彭述将无暇日矣。彭述五月间过眠琴山馆，池榭如故，书声非复昔时。谷畇、仲容远客万里，敝师亦相隔百里，淡卿则死数月矣。不二年间，世事沧桑，可为悲叹，因遂大醉，至于呕吐。归后作一诗纪事，稿未就而催租者适至，遂尔索然。足下深情人，将毋同感？《汉魏丛书》在茀荄师处。《文絜》一帙，已属友人送来，想已验收。《罗忠节遗集》，便鸿付我。草草不尽所云。敬候著安。晚生洪彭述顿首。

别久思仰，想同此情。所属之件，勉为草成，另稿缮政。述性疏懒，益以岁暮沍寒，米盐凌杂，故其命意遣词，时多缺坏，尚望严加改削，弗以示人可耳。述于此道本非解事，自蒙茀师初示门径，遂尔剽华猎艳，时一为之，而茀师辄加许可，则以先生于弟子然也。及见足下，乃复极力称道，广为延誉，几有逢人说项之意，彭述辄自疑诧，岂不才真有一知半解耶？然清夜自思，天良发现，觉平时积字为文，不过以拙涩为古，以浮侈为丽，毫无可取，而足下津津不置者，正由法眼下觑，见夫稍有善念者，便不惜竭力指引，使归依正果，故非爱为之而其恶也。第此间措大，多如鲫鱼，吾恐不诮彭述为野狐之外道，而先议足下为饶舌之丰干。则夫现身说法者，又当自为忏悔地矣。此册述处无副本，涂抹后仍望掷还为盼。前所无面渎琐事，倘得大力，近日鼎成，甚善，若不能为力，亦不相强。夫述之所以不必往者，则同好俱不能知之，而述未能言之者也。此刻行止虽未可卜，而闲云魂梦，已在河声岳色间矣。尚望早赐回音，以便再为区画。又旧曾贡俚诗，近略更正尘览，希将原本发下。《节母诗》叙事处有疑于复者，盖欲反复三致意焉，以明其志之不可夺，可否希法者正之，或更作近体亦可。坡过大作及诸名家题咏，乞录示，俾得一隅之启，则幸甚。述明日将冒雪吊所亲之丧。寒夜笔僵墨涩，未能尽意。

苏畡先生大人：健饭。别久矣，思念之极。述自索居以来，枯坐无俚，近复目疾作楚，累月未能理书，益增闷闷。回忆旧游，渺难再寻，而酒痕灯味，宛如昔面。感怀成梦，不能无言，柔管试操，蛮笺遂满，意格平平，聊资一粲，唯高明留意焉。去腊述别诸齐年三章，闻仲容已录交壁棣，兹不赘书。

苏畡先生大人：甚好。命撰祝文，已为草就。无陈检讨之瑰丽，而有其叫嚣；无章藻功之清转，而得其俭涩。且贵祠以三朝远祖，合四县孙子，而骏奔一堂，甚为近地所罕觏，文似应就此处洗发一段，方可淋漓尽致。述自分才拙，只得以平铺直叙了事，殊非善颂，恳方家大加润色，或抛政另撰一首更妙。盖威凤之声，远异于草间蛩响也。余不琐。文稿另缮。

通雅斋书札

成本璞

苏畡世丈大人侍右：数年不亲道范，积思成痗，得聆清诲，深慰饥渴。伏维世丈以迈往之韵，高世之志，及身已定千秋，流俗罔测涯涘。斗山在望，私所钦仰。璞迫饥驱，流连湖山，仍是依人作嫁，不脱佣书故态。常恨才力短弱，人事牵率，不复能追古作者之林，惟公幸辱教之。谨呈刊本五册，弱冠之作，久所唾弃。又稿本五册，亦前数年之作，未经审定。冒耻奉览，伏望严督过之，开示途辙，俾不迷误。昔山谷见坡公，而甘心屈伏，昌谷见空同，而忽变宗旨。公诚不愧古人，璞则愿居北面，惟垂察焉。璞明夜乘“吉安”轮下。稿本无副，祈阅后于明夜掷还。倚装匆匆，恭叩起居万福。侄成本璞顿首。

长沙一见，获聆清诲，又蒙赐书奖掖甚重。乃于扩流派之得失，究今昔之利病，尤洞见症结，令人心折。本璞少无师承，东涂西抹，妄以己意有所述造，盗窃成篇，无所成就，既恧且悚，得公明训，昭若发蒙矣。其时轮舟匆匆解缆，未及再叩起居，别后思之，深用钦迟。肃叩崇安。

自违教言，日深景仰。日昨家严返舍，述及高风雅量，佩慕弥殷。又出示大作《游麓山》一什，豪宕雄浑，风格在坡谷之间，笙韵九天，故非凡响也。冬日晴和，伏想起居佳胜，勋猷式迈，至为企祝。

按：成先生本璞，字琢如，一作棹渔，湘乡人。父邦干，字梓贞，浙江台州府知府，光绪八年，以要匪逾限未获，被劾落职。晚岁居长沙，公有《邀成梓贞蒋少穆周云昆麓山看红叶》诗，故先生以父执礼谒公。所著《通雅斋丛书》，以《九经今义》一书为易哭盦所称。别有《泪影词》一卷，乃悼亡之作。其元室为县人黄提督少春之女也。

珠泉草庐师友录十

笺 牍

周尚书书札

周达武

苏畡仁兄大人阁下：鹭堠遥睽，鱼书互答，言念君子，靡日不思，辰维起居纳祜，潭第增荣为颂。昨接舍间书，欣悉令郎得传衣钵，喜掇芹香，从此捷足蟾宫，题名雁塔，知不独为吾邑光。弟宦陇干，忽忽九载，今岁陈情乞退，书凡三上，皆为当道所慰留。翘首云天，未审何时解组，朱陈村里，看儿辈穷经致用，相与把酒酣吟，婆娑风月，得逍遥于人间世也？专此驰贺，并颂文安。愚弟周达武顿首。

按：周尚书达武，于光绪五年任甘肃提督，二十一年薨于位。公与尚书初不相识，九年始应聘作河西之行，明年辞归家居，为尚书撰《武军纪略》。而公子基植入学在八年，当公未赴甘之前。基棫入学在十二年，实公辞归之后。此简为贺公子基棫而作。

周比部书札

周瑞松

苏畡先生仁兄大人阁下：别来忽忽数月，思仰不可言，比想道履安和，撰著宏富为慰。弟息影深山，闭户养疴，失血之症已瘥，咳嗽亦渐平。近患喉症，连服滋阴降火之剂，乃就宁帖，然尚微作痛痒，幸不大碍眠食耳。右铭观察果于何日之任？弟以抱病，未及走送，歉甚。从者计已于日内遄返矣。前闻台端有《沅湘诗选》之辑，吾乡文献零落颇多，得精心卓识好古之士广搜博访，萃成完书，自当与元遗山之《中州集》、阮文达之《淮海英灵》、王柳村之《江苏诗征》、邓湘皋之《沅湘耆旧集》并垂不朽。夫忠节孝义、名公巨儒不以诗重，而录诗者不可遗之。至于韦布寒生，残章断句，偶留于败簏之中，不为及时搜采，则遂遗逸而不彰。族弟次生，少年夭折，朋好伤之。所作诗不多，而间有遗韵，零篇断楮，亦殊可惜，乞椽笔是正，选录数作，厕之简末，俾其姓字附见于若隐若见之间。或亦如文达所云"一介之士恃声律以自表见，与其删之，无宁存之"之意，在次生九原有知，当不胜生死骨肉之感矣。附呈《寄屐山斋诗稿》一本，希即察收。敬请道安。愚弟周瑞松顿首。

按：周先生瑞松，字云先，宁乡一都牛角坝人。清同治壬戌恩科进士，授刑部主事。县人刘果敏抚陕，奏调佐理营务，迭著战功，奏以知府留陕补用。九年，丁母忧归，主讲玉潭、云山各书院，严辨义利，设经古课。光绪三年，果敏帮办陕甘军务，复征先生入营。左文襄奏请以原官留甘肃补用，并奏统威武等营，以克复乌鲁木齐城案，以道员补用。五年，丁父忧归，益阳知县唐公步瀛延主箴言书院讲席。按原函有"右铭观察何日之任"之语，则指陈公宝箴之河北道任也，其事在七年秋，公适馆益阳县廨，公辑《纪年录》云"七月赴省，送陈公之行"是也。而县志称先生六年主箴言讲席，其年冬卒，实则七年犹为此书，是县志所书实有舛误。考此函，距先生之卒仅数月耳，公时有《国朝沩宁耆旧诗选》之辑，故先生以次生诗稿相属，以待尽之年，犹复萦心文献。惟公所辑诗选一书，以牵于人事，未能卒业。阅五十年，公子基棫赓续前绪，选辑《沩宁诗选》一书，仍将次生所作选录入集，而先生之稿，以遗命不付刊，其子秘不示人，迭征不应，仅从故家搜录数首。揆之此书用意，周氏子孙殆未能善体先志也。次生名琇松，著有《寄屐山房诗稿》，今尚存衡田廖氏瞻麓山庄。

狷叟书札

崔鼎荣

惊启者：弟昨日发一函，方敬叩老伯安祺，托刘老转投，计否尘照？顷紫阁来，乃痛悉老伯大人已于十三日弃养锦堂，不禁顿足抚膺，泪随声下。呜乎伤哉！复何言哉！弟于立春前日，忽触未纪环周，感怀畴昔，数日以来觉蚁恋之私，刻刻在怀，有逾平素者。心窃疑之，故急欲肃函上叩，讵意音容遽渺，顿使尽情之鸟，已成失晨之鸡。冷雨寒窗，思之呜咽。而况我兄性成纯孝，大故猝膺，其毁灭当复何如乎？相隔且四十里耳，竟难稍有闻知。而紫阁既不告我于省视之时，复不告我于往吊之日，致使以笺笺彩色，冒昧苫堂，罪何可赎！向使稍有闻知，断不忍以此无谓之词，益我兄哀痛也。而弟前肃书之由，复触念于十四以后，殆亦孺慕之诚有以感之耶？抑亦老伯夙爱慈灵，鉴而应之也？呜呼伤哉！复何言哉！惟老伯年届古稀，亲见我兄读书成志，而又孙枝绕膝，秀茁兰芽。并闻请示遗言，有无庸我嘱之语。呜乎！是即孝子养志无改之见端，而含笑归真，在天亦永无遗憾矣。尚冀兄节哀顺变，以礼惜身，是所至祷。弟穷年俗冗，暂难趋叩灵帏，容俟洁备束刍，补申哀悃。嗟乎！感恩知己，比于生成。华屋山邱，那堪回首。耑此驰唁，祗候苫安。惟我荪畡老兄鉴之。弟崔鼎荣泣叩。廿四灯次。

按：《宁乡县志·先民传》："崔鼎荣，字介贞，四都人。十岁能文，弱冠入庠食廪饩，以岁贡授训导。黄少春提督浙江，招掌记室，积功保花翎同知。好为诗，年十七作《行路难》，才气近太白。工书法，善琴。"又公自辑《纪年录》云："咸丰六年丙辰三月，县考，先父步送赴县，寓南门石家客寓，四都崔三丈与子鼎荣来寓。鼎荣字念劬，与余同岁生。三丈与先父䜣合，彼此交爱其儿。"按：崔先生之父名家松，公考讳新端，字培吾。公与先生盖总角即论交也。培吾公卒于同治九年十二月十三日，此书作于二十四日，距公遭父忧已逾十日。两世交谊，故寓书沉痛如此。

罘罳草堂书札

隆观易

荪畡老兄阁下：辱书，慰喜弥日。晤惕非，并闻动履之详。六年云散，万里风驰，无一状可告吾荪畡者，但惭悚耳。西征凡成书二十卷。浮荆襄，道商洛，掠终南、太华，而西极于临洮，循天水、金牛、南汉、巴渝，经两川下三峡，以归于旧隐。山川形胜，人物风土，颇悉见于简编，甚欲得荪畡与吾茀茇一论定。解装以来，人事如织，不获就行旅。承约以蒲节，入霉天气，非暑则雨，当候清风。然七八月中，荪畡当应举，计拟早梅前后，闻捷鼓来，作北上送行诗耳。承贶雄篇，未领，恳更录示，以为宠光。山居如退院僧，旧雨不来，新知辽阔，淮雨连月，梧竹凄迷，日在虫声潦雾中，怀想曷可言宣。把晤尚遥，惟珍重自力。此请道安。愚弟隆观易顿首。

蒲午由纳官钱人贡书，谅已尘览。比维眠食清胜。风气新凉，定近灯火，文字磨琢，想当日新，何慰如之！观易入夏稍患劳嗽，誓以百日不理书籍，然猩猩得酒，时复中之，结习固自难除。比作得文十余篇，诗百十首，有欲亟求吾荪畡证定者，方事医药，不能远出，良用怅惘。茀茇自归山未便通书，不审兴居何似。省闱良觌，幸为致语。忆梅山叙齿，忝与足下齐年，前晤惕非，道阁下意气盛于曩日。观易齿发已就凋疏，衰病日侵，志事徒成画饼，可为太息。黄花开候，当来与吾荪畡作十日谈，一倾其生平。顷欲寄书与安西，乞为代请加封递去。余非面莫究。

余既多难杜门，荪君亦连年奉家讳，倚庐读礼，不相闻问者行复五年。癸酉秋，逐队会垣，与茀茇茂才联床麓山，畅论天下人才、今古文章风会得失，意气壮甚。念吾与荪君困卧空山，欲求孤灯斗酒为一笑之乐，而不可得，两人皆起坐，顿足太息。已而觏姜君福阶，则能谈吾荪君近状甚详，并致语蒙，索近诗。余病懒，去冬苦咳三月，几不起，不欲频以区区近名者，干造物之忌也，何以应吾荪君？聊录旧作十章。院中诸子皆入闱，欹枕独眠，日长人静，清风徐起，闻木樨香自帘隙来。迟二日为中秋也。

别后作诗二首，录呈郢政。适有少冗，不得久留会垣，人生会合，岂非天哉？拙稿恐浮沈，仍携返，若有意外，乞留神。半生杜门息辙，落落寡上下之交，不得不呼对山也。儿子恋试事，逗留旅次。新人针线，欲乞灵于老阿婆，肯乞与残脂否？门下士姜生绍仙，好学深思，颇有国中颜子之目，倘进谒，祈幸教之。目眚，兼夜不成书。留此敬候著安。

西问书札

卢泳清

苏畡仁兄先生道席：使至辱书，并承惠分土物诸种，谨已拜领，深愧无以为谢，如何？令嗣君以青年得与诸生回翔庠序，前程正未可量，洵不愧为君家雏凤也。且羡且贺。弟定期明日由此间启行到省，约须料理三数日，即买船东下，至樊城改车，计抵都当在重午前后。从兹相去日远，后会未卜何时，言念故人，良劳梦寐。手此谢复，即请文安。愚弟卢泳清顿首。

前者由尊价复呈一书，计已早入省览。一向有无新作，念念。春深，想抚辰延愉、即事增适为羡。弟十五日由星沙买舟东下，即于是日亭午抵靖港，十六阻于风雨，明晨晴霁，当可开头。惟念二三故人如先生者，从此日去日远，思之不见，我劳如何！近作抄呈，希览正为荷。手此布意，即请道安。不具。

按：先生历官甘肃礼县，光绪六七年奉讳家居，县令涂鸿燾强起襄钱漕局事。八年，服阕入都，公予基植于是年三月入学，故作贺柬。言重午可抵都，则此函当作于四月也。

鹿川阁书札

程颂万

苏畡先生道鉴：宠召，准是日午刻趋教，惟日夕尚有他局，命书之联望先备纸墨，便走书。本欲求尊著诗集，而前日所检赐仍是文集，而所得重复，特缴还一部，仍望再检诗集见赐，则感甚。禊饮律诗二篇，统望写示为幸。此请著安。程颂万顿首。

一纪暌离，莫亲光霁，江乡瞻跂，与日俱深。欣闻大耋既登，康强胜昔，林泉撰著，老学弥精。且复治兵扞乡，以礼型家，南公寿耇，北郭高风，于兹复见矣。颂万辟地武昌，杜门积岁，编摩自力，兼课孙徒。治乱之由，稍窥一二，率皆此中人语无可道者。去岁刘君寅先寄示新印陶密庵先生遗集，大得我公表章，楚宝不至终晦。惟当时益阳郭天门先生并有遗集，若能求之，并密庵诗精选为陶郭二遗民集，俾有力者归入丛书，不知邺架能有此否也？兹因李君谷荪还里之便，谨撰书一联奉献，敬申远祝。临风宣楮，不尽鄙忱。附呈近岁拙诗，统希垂教。敬叩颐福。不具。

按：宣统辛亥三月晦日，公招先生与成先生赞君、梁先生焕均、曹籽谷先生典球饮于矿局。成先生豪于饮，则议论风生。梁先生时任电政管理局，消息灵通，于坐间言党人于广州击督署事。曹先生终席未尝发一言。焯宪年甫十五，公命陪末座。先生询及焯宪，公告为梅霖生太史之曾孙，小霖刺史之孙，余之外孙，现读书明德学堂。先生谓："予与梅氏固屡世交好也。"距今三十八年，回思诸先生声音笑貌，如在目前。兹所录第一函即先生复公招饮之事，追忆当日情景，有如梦寐，特附识于此。

莱园书札

王世琪

苏畡姻世叔大人台鉴：自冬及春，叠奉大教，并捐封照一纸，且审道躬醰粹，德望弥崇，通商惠工，造福桑梓。贤者偶出所蓄，以为世用，君国咸嘉赖之，固知挟持甚大，而经画为至远也。属件前将办法面陈，首吏部，次农工商部，总冀得当以报。并请假以便宜不问出入，渥承允可。琪比与铨友商酌，坚以未经核准为词，不得已仍饬丰源金店重提前议，颇能照办。乃腊杪领出部照，末云“该员分部主事底官，本部并无案据，应将捐照呈验，查系相符，再行核准注册”等语，准如未准，一味含糊，殊为愤恨。当与丰源交涉，属将前款退回，仍一面觅农工商部友人赵仲宣郎中从蕃、赵剑秋同年椿年筹商，亦以吏部前咨不无妨碍。琪告以大部专以提倡实业为主，与吏部斤斤较量官册不同，凡办事确著成效之员，即不论底官之大小、有无，均应照章给奖，方资鼓励。渠等无以难之，比允设法妥办。嗣阅邸钞，悉湘抚为璧耘兄奖叙片奏交议，琪愈持之有故，托其早日议妥，而事益谐。是以上月杪，曾略叙数语电闻，藉释荩念。专肃。敬请道安。姻世愚侄王世琪顿首。

前两次奉书，未及裁答，实恐付托不效，重为公忧，且不敢以虚饰之词，欺诳长者，非尽嵇生之性懒也。尧衢与琪同官，其平日操履笃实，治行卓然，实所钦佩。去冬添举总理，同乡并非与尧衢为难，实欲为尧衢之辅。综全省数千万人身家性命财产，必以一身肩之，责任似乎过重。现闻长株铁轨将通，稍有成绩，藉此脱身，或亦计之得者。湘垣饥民为变，警报时闻。抚署被灾，学堂教堂及公司、堆栈、趸船焚毁不少。近虽城中稍静，祸且及于各乡，邑中亦闻有乱耗。故园南望，辄为痛心，悯此同胞，横罹惨剧，长吏既疏于抚字，交涉且起于强邻，内患外忧，如何结束？我公恫瘝在抱，必有以补救之也，伏恳示悉一二。兹奉上正副商勋四件，璧耘兄部照一纸，又公吏部照一纸，均恳察入。至商部三品顶戴执照，拟俟度支部核准捐封实收，始能汇录，谨先将照文录呈，并候钧鉴。此外尚有双月主事及四品衔从三品封典实收三纸，暂存敝处。可为叔怡移奖一官，较为省费，如公认可，并请将叔怡兄监照、衔照寄来，以便饬办。盖公既无心于进取，农工商部照内又明有分奖办法，似不可失此机会。梅礼部学优行笃，众望允符，入祀乡贤，洵无愧色。公呈亦甚妥善，即请饬其迅办，郑南斋、刘比部均转告矣。

奉五月朔日覆书，敬悉。前寄商勋部札等件，均呈左右，甚慰。此等委托细故，不过酬应之常，乃过承长者奖饰逾恒，垂爱笃挚。小人有母，并蒙赐以贡燕嘉珍，此后慈闱颐性养寿之年，皆出大君子锡类推恩之意，临风拜领，感激何如！来示于湘乱始末及官绅不合情形，言之凿凿，而识见之远，持论之平，尤为钦佩。新政繁兴，诛求益密，官绅藉就地筹款之说，阴行其鱼肉之私，民困乃至日剧。近日山东莱阳民变，亦因捐输苛碎而起，恐继此者不止一隅，可为太息。去岁赵竹垣侍御有请确定行政经费一折，前月王聘三方伯亦以为言，均扼定礼经量入为出一言为宗，力辟西人量出为入之谬。胡漱堂侍御言尤痛切。朝廷颇为嘉赖，果能不为浮议所夺，则罢不急之政，减无名之捐，未始不可转祸为福也。匆复鸣谢，即请勋安。世琪顿首。

按：王先生世琪，字炳青，宁乡三都洋泉湖人。清光绪己丑科进士，授刑部主事，历官至大理院少卿兼摄正卿。清末，自学部尚书张公百熙卒后，瞿公鸿禨出军机，湘人官京朝官阶之崇，无有出先生之右者。清帝逊位，袁世凯为临时大总统，凡所引用皆前朝旧吏。比任先生为法部副首领，弗就，痛哭辞朝而归，杜门不出，绝口不谈时政。明年，曾至莓田梅宅访旧，邀梅先生英杰同赴衡田谒公。公子基植与先生暨梅先生同为麓山老友，时公子基植患瘵疾，相对欷歔，留信宿别去。民国五年，乡里匪乱，其子泽洪劝先生出避，不许，卒亦无害。逾年，病卒于家。

盘泉山馆书札

洪汝源

苏畡道长兄大人执事：月前接常宁矿局手书，并得读大著《祭告山神文》，贞诚之心，可感金石。中国大小臣工苟能如此实心办事，有总制天下之权者，能以此道风厉之，何患人材不兴，国势不振？我唐虞三代之隆，不过如是，而泰西诸名国富强之机，未有不由是道者。惜乎积重难返，而后世立法以驭天下者，无一不与此意相背戾也。近世士大夫纷纷议欲变法，称述隆古，步武泰西，譬之大树似陨，根本不立，欲从枝叶而振起之，然乎否乎？其难易相去为何如耶？自和款议成，悉中国数十年财赋输之海外，敌国守此空壳，其何能为？识时务者议开办矿务以浚利源，亦有心人不得已而为之也。然中土之人学术不精，器具不备，又矿产之兴有谓视国运之盛衰为转移者，其果能效法西人，享其利权，而绝无流弊，尚未可知。义宁中丞来莅吾湘，恢张治术，兼及矿政，其他吾不知，如举执事与仙乔太守分管其事，用人之明，真可佩服。湘中风气锢蔽，习俗浮嚣，重以灾祲，中丞下车伊始，实力整顿，吏治民风，翕然丕变。今年转歉为丰，德化之盛，上召天和，诚桑梓之庆也。义宁沈毅豁达，振厉有为之才，不亚南皮，而笃实过之。一薛居州，又居地小不足回旋之国，吾方惴惴其势孤而易挠也，然重名所慑，宵小之徒不敢妄生媒孽，吾又幸其有泰山之崇也。畅论及此，勿以示人。执事以林泉高素之身，敦娖于宝山利薮中，而为握算持筹之事，宜其非性所适。然豪杰所为，乘时变化，亦绝大学识，何犹恋于冷官乎？前函收到十金，已付部吏，查件附呈。弟眷口来京，跼蹐穷邸，无可设施，其滋味尚不逮苜盘，足下宜知变计矣。一笑。天气早寒，伏冀为时自重。不宣。愚弟洪汝源顿首。

日前奉扰清署，醉酒饱德，感荷莫名。并获躬入宝山，一望金银之气，便如贫儿暴富矣。一笑。别后世兄偕同旋里，岳山之游，俟之异日，山灵不笑我也。顷承遣使来舍，面递惠札，并亲收到承假路费百元，拟明春开正入都，行装当不寂寞。但舍间年底拮据，有不可告知他人之处，倘缓急无可设法，小儿当自与令世兄商酌通融，源头水活，随时缴还，彼此亦资挹注。若久假不归，此弟所谓偏枯之事，必行不通，非我夫子之所谓恕道也。抵家后谨撰大寿律诗四首，附呈一粲。并绘山水屏四幅，尚未收拾妥贴，迟日送交尊府可也。拙诗率写胸臆，不足以当法眼，但语语著实，惟兄能作注解，不足为外人道也。手答。敬叩道安。不宣。

晤别兼旬，眷思逾剧。昨蒙惠件，草草奉答，未尽所怀。转瞬之间，腊雪占丰，园梅献岁，敬承冰署清佳，起居暇豫，忭慰无似。辱承助办行装，准拟开春首途，但里居两载，忧患相煎，俗事牵缠，几于不能摆脱，当一切付儿子了之。贫士失职，古今人多此境界，岂惟弟一人尝之？不足道也。近日纷纷竞谈矿学，弟亦欲一染指。昨周览尊处矿务，办理精实，井井有条，故能确有成效。为政在人，无古今中外，不外此理，运气之说，当不足信。不觉废然计沮，诫儿子辈稼艺营生，尚属切近易行，所谓力耕，不吾欺也。时事纷扰，独居穷山无所闻见，二千年来未有之局，不得以常理论之。京华故人，近无消息，不知情景何似。譬之海波推荡，鄙人又将浮一芥于其中。何事驱我出门？不觉哑然自笑，执事想亦忍俊不禁。湘绮翁书字，渴欲得之，意欲投以诗画，细思班门岂可弄斧，是以中止。大寿奉诗四律，拙率可哂，肯相和否？弟于执事文字夙交，丑态百出，无所避忌。并谨呈画屏四幅，意绪不佳，故不能工。余不尽言。冬寒，伏祈顺时珍摄。不宣。

两奉手札，并录寄各件，欣慰无已。特科之荐，得老兄与于其中，未必不为湘人生色，来示有掉头不顾之意，窃以为过，既而思之，具有深意。弟颁白之年还朝，当求外试，发短眼花，不欲与年少气盛诸公斗白折小楷于殿廷之上，亦此意也。然吾兄此行，不可以此为例。忆前在京师，徐受蘅师曾嘱弟代缮一稿折，请朝廷特旨征集各省督抚提镇，御试保和殿，以一策一论，考求可为将帅之才。议尚未行，此例亦似可沿。况特科盛典尚不可以鸿博例，不独本朝佳话，亦支那旷事，执事何惮一行，以点缀我中国数千年来史事乎？纵论及此，以发一笑。湘绮翁书，得之甚喜，读忆昔行，善于诙谐，亦记实也。腊杪匆匆手覆，敬叩年安。不宣。

去冬奉书左右，怂恿入都应召试特科，乃坚持前说，不肯苟就，佩服无似。伏承起居清佳，撰述宏富，甚盛甚盛。汝源仲春首途，停桡鄂渚，买棹秦淮，得相识故交，颇写江山游谳之乐。夏初始抵都门，城郭人民，不胜今昔之感。此间积习锢深，罔知惩毖，内外泄阘，歌舞承平，外侮内讧，迄无宁日。举国之人，议论纷歧，莫衷一是。然贿赂之门不塞，吏治何以能肃？捐纳之例不停，仕途何以能清？科举之制不废，学校何以能立？此皆不待智者而后知也。至于财政不修，武备尽弛，更不待言。虽亦有以振作为名者，无奈官智未开，人心不改，顽固不肖之徒乘机阻挠，愈变愈敝，即有善者亦无如之何也。可胜浩叹！汝源昨照例考候试差，学殖既荒，亦似无以徒手博得者。秋间定计外改，欲择黔蜀僻区，藉藏钝拙，无赀捐指，只好听其所之而已。本邑学堂，不知经理者有以善其后否？闻吾乡盗窃纵横，大为可虑。滇黔扰乱未定，据报纸云有阑入靖沅界者，尚不至有他虞否？畿辅旱象已成，南中各省若得丰稔，庶人心藉以稍固耳。南云在望，湘波阻深，不胜惓念。手肃。惟顺时珍摄。不宣。

奉别年余，怀思綦切，敬维台候万福为颂。弟月前由京抵里，以保送知府指省四川，顺便措赀赴官。为凭限所迫，未获晋省与执事一图良觌，心甚歉然。已择浴佛后二日首途，拟由陆路入蜀。昔闻峨眉奇秀，此行意在游览山川，正不嫌夺我凤池也。一笑。

企隺山房书札

梅英杰

苏公姻叔大人侍者：三月周召南递到赐书，兼璧耘昆仲枉过，得悉一切。水口山为湘矿之冠，远近倾慕，都无异词，谤者且转为誉矣。公之勤劳，直与靳辅齐苏勒治河相埒，而其用心之苦、规画之密，艰贞卓绝，无日不在惊湍骇浪中，外人不能知也。乃忌者不以为择地而蹈，即谓委员洪福所致，悠悠之口，岂有定哉。中丞登山履勘，情势了然。既有听公所为之语，以后更可放手办事，愿公益淡定处之，宏远出之，毋遽萌退志也。大集在衡锓板，次峰兄见示底样，尚觉大雅，惟写手粗率，分行布白均不联贯。觥觥巨集，必传之作，若手民刻成，令人一览而厌，甚可惜也。写手必须另求，刻工不宜多请，给价稍优，宽以时日，庶前后一律，不为欹园之续，而与罘罳并寿。刍荛之言，幸垂纳焉。家慈托庇平善，舍季病状，入春以来并不服药，已好六七分。经此危险，以后或可无虞。闺中渐有消息，若男也，则不幸中尤为大幸。时事日非，令人塞耳。东车委员履勘，议论愈棘，尤欲墐户塞窦也。其余一切，闻清类能道之，无烦缕告。手肃。敬请莅安。不宣。姻愚侄梅英杰谨肃。

人还，奉读赐教，敬承道从还湘，舟车安适，帝京风物，饱入吟眸，作陆地之神仙，备人间之艳福，钦仰无似。王父乡贤之请，发之自公。犹忆庚辰九月，英杰以试事留长沙，适公枉过旅舍，因与仲兄检家书出视，公阅竟叹息累日，即拟邀同人具牒学官。其时梗于浮议，特以王父不过一词林魁杰耳。公独能综其生平，窥其深隐，事虽未就，而寒家之忝附姻末，实此书为之蹇修。后公来主玉潭讲席，又以此事发题，当时韪者十七，违者一二，且闻有以阋墙讽者，迄无定论。今公撰杖京师，追思旧事，而乡衮诸公欣然推许，均愿列名。此礼旷废久矣，佥以王父名德克式浮靡，允当之而无愧色。以此见公道日久愈彰，即异学争鸣，而懿好不容尽泯。然非公三十年夙留念虑，锲而不舍，曷克臻此？英杰前在省邸，欲乞湘绮先生为王父撰传，公因置酒陈说轶事，往复详尽，具仰表彰贤哲盛心。顷读大著，委曲周挚，凡可以代吾家谋者，几于无微不入。此在旁观，犹深感叹，矧不肖等为人子孙，有不感激涕零永矢弗谖者耶？循诵再三，有陨如泻。闻弟已入山，即日传示，亦悲喜交集，感颂同深。顷驰书详告弟侄辈，求公便道辱临寒舍，一切悉听区画，能于今岁定局更妙。惟英杰羁此，不克归家稍尽心力为愧负耳。九月家居，又从敝簏中搜得笺启遗稿数十片，及马教谕君手札数通，并录呈览。盖已亥家庭之变，王父独任其难，让产偿逋，孑然孤立，无一瓦之覆、一陇之植以庇其私，至挈眷属徙居格塘以避之。此中委曲，诚有不欲显言者。流俗不察，妄生横议，传衍至今。

此教谕君所以谓一腔心事，苦不得我辈相对而涕泣道之耳。由今以思，王父之孝友忍让，固非不肖辈所能几及万一，即当日师若弟之积诚相与，又岂今世所易觏者哉？山中近月稍豐，炼厂已拆卸兴工，若岁暮晴暖，工程或可得十之七八。闻弟母病，亟思归视，月内可成行。草草奉复，敬陈谢悃，并请道安，无任倾向。

人回，辱赐示。猥削牍辞差，承公俯鉴下情，俾释重负。英杰赋性愚戆，治矿两年，心胆战栗，无日不在危机骇浪之中，今一旦挈而登之彼岸，不禁欢跃感怍，不能自已。交代一切，原不甚难。古人去官如始至，仆虽不敏，请事斯语，公尽可放心。请祀文牍，贱兄弟于经手人极力督催，不料此时尚未达院。顷寄书家仲促之，或不迟误，惟不识经翁何时始赴锡山也。英杰抵家后，当即晋城督刊先集。侍教匪遥，愿言不尽，先此布复，敬请崇安。

初一日附贡一笺，谅可澈览。王父入祀瞽宗之请，此时将届封印，恐难定局。家书诗文锓板，一时断来不给，即用生纸楷写，分数若多，亦非旬日可就，拟令舍侄辈赶紧抄誊。英杰或可于灯节后携归，当偕贱兄弟肃衣冠踵庑叩谢，一切求公训示。此礼旷废久矣，国人具瞻，在此一举，诚如钧谕，不宜急遽从事也。公牍文字已损手笔矜宠，原不敢再有多求，惟昔年先君乞曾文正公为王父撰传，文正报允，旋驻节徐州，军事鲜暇，卒未及为，后常引为憾事。即当时志铭之作，其人又非尽如我公蓄道德而能文章，故亦不足以信今而传后。今大著正付梓人，行且传诵海内，英杰等何幸与公并世而生，如王父之笃学劬行，而不一得挂姓名于大集，予小子尤滋惧焉。前求湘绮先生作传，未识何时可以脱稿。若家书行将付刊，弁首自不可无序纪述颠末，用敢敬求先生大笔，锡以鸿文，则世世子孙感且不朽。先生倘矜怜而许之乎？英杰僻处山中，无物将敬，附呈华衮一袭、建兰两本、笋菹二筐、食物数品，聊以馈岁，勿摒为幸。敬请撰安，预贺年禧。

数月督刊先集，不至会城，亦未以一字敬问起居，疏懒之愆，至无可逭。伏承颐养林泉，康强逢吉，无任钦向。先王父一生劬学，弱冠后旅食京师，不得一日宁处，其立身行己之大节，备载历年家书中矣。英杰尝欲综其生平，作为行状，以奔走鲜暇，握椠之不可苟，故卒卒未及为。近日谬以管见搜讨故实，辑为年谱一卷，已卯以后屡困公车，驰驱南北，其行事卒不可考，姑从盖阙。自恨才力薄劣，不能称述先人万一，惟事务征实，不敢稍为虚美之词，以厚诬我先人，则固兢兢奉为戒律矣。谨缮写成帙，敬呈尊览，伏求矜其狂愚，赐以斧削，他日藏诸箧衍，亦可藉知公之厓略矣。先集将次刊就，马教谕遗稿亦次第付写，惟拙作序文殊不称题，信为愧负耳。中秋前后想必仍赴轸垣，未审驺从能迂道治城否？金飙振厉，伏维道躬珍重。

雨过新凉，敬承起居康胜，纂著精强，至为颂仰。先王父遗书将次镌就，惟刊刻先集，类有弁首之文，发明作者意趣精神之所在，然非蓄道德能文章者为之，其言亦不足以信今而传后。先生固今世蓄道德而能文章者也，王父一生劬行，黖黕不彰，得先生导扬盛美，既邀集县人胪列事实，上之秩宗矣，复陈说轶事，属湘绮先生为之撰传，英杰等为人子孙，宜如何感发兴起，永矢勿谖耶？今大著《珠泉文录》海内宝贵，久已不胫而走，贱兄弟私相窃议，以谓昌黎、庐陵近在州里，若使先人行实曾不得一挂名于大集，予小子心窃惧焉。遗书行将付印，惟待大序以为冠冕，先生倘亦矜怜而终许之乎？贱兄弟本拟泥首精庐，藉聆雅教，事冗不果来，故敢以书达，干冒尊严，不胜惶悚待命之至。

终岁不贡一书，每于次峰昆仲来城时，敬悉道躬康吉，精神之健倍于曩昔，为之欣慰无已。购名纸二百幅，将大有所撰述，此诚古来贤哲之用心。昔而农匿迹船山，遁世无闷，而文字之精气沉霾湮晦者，且二百年而后显，足见天下事成之甚难者，其收名愈远也。闻尊意祠志、年谱及县中志乘拟同时并举，造端宏大，日无暇晷。以公之才，山中多暇，专精一志，成书亦自无难。虽然，英杰之愚妄，谓用志不纷乃凝于神，著作亦宜次第为之，然后易于就绪。旧志之陋，贻笑远方，夫复何言？今春县人曾以续修发议，尚新者以为不急之务，即有一二晓事者亦以绌于经费而止。英杰之意，县志刻难成功，而志料终当豫备。如公之名德宿学熟于沩故者，环顾一县，殆无伦比。窃谓公宜先注重于此，纂辑底稿，以成一家之言，藏之名山，以俟百世，此不朽之盛业也。未审公意以为然否？密翁清风亮节，照耀宇宙，自无遗议，然其文章殊不足为师法，鄙意不欲复扬其波以滋多口。前闻公有意为之搜集，表章前哲，具见盛心，然工费繁巨，颇不易集，或精选诗歌、乐府之属刊成二三卷，以存文献，何如？《胡文忠遗稿》，昔年刊于武昌者，去取失当，但粮储为选刻十六册，极为坚致，兹觅得二册，敬以一部奉公披览，外附遗像一幅。公平生钦服文忠，其不主故常亦极相类，故以此代致戋戋。手肃。敬请撰安。

手教敬悉。陶集经大笔选定，撷其精华以公海内，自是不谬，诚如尊谕，无非为爱敬密翁起见，不欲使留罅隙以供人指摘也。此书刻成，必可大放光明，若必徇流俗之见，又不如不刻之为愈，宁州侍郎之言可思也。此层不必过虑，县人之是非，终不出一暗字，如必虑及，则请于叙文中说明，待他日搜遗补刊亦可。拙撰年谱于未入选之诗文，概以外集字样，即是此意，即是防此一著也。筹款一节，以时势论，诚为困难。省城诸人惟子谅可扰，与之论及，亦无一定态度。今年已加庄万元，且欲将田出售，故亦不便再提。至如寅先、静庵，自顾不暇，更无论矣。鄙意暂将诗集写好，节节筹款，节节付刊，刊成一部即算一部。不做不成，若不趁此兴会时机做去，以后更无人过问。且俟次峰兄来时再议可也。寅先有一友曰易寅村，年三十五岁，长于说文、金石之学，昨与相见，出密翁七十岁所书《金刚经》见示，为李文恭之弟季眉所藏，末有南村翁题跋，程子大亦有题字，云丁巳十月二十九日寅村邀同人集碧浪湖，为密翁作生日，会者十人，曾重伯、海印诸公皆与，出此索书，展玩之余，不觉为之色舞也。此君富于收藏，如金道隐、郭些庵墨迹，皆为希世之宝，英杰留连竟日，仅抄得黄九烟《梦陶仲调》诗一首而归。寅村又言山斋《周易总义》，江南图书馆藏有一部，已倩人往抄，行将表章其家学云。手肃。敬请道安。

顷奉手教，敬悉陶集宜及时刊刻，鄙见亦复略同。自尊庑归，即与王世兄商及，拟向公家或商店先借二三百元，以为开办之赀，渠已允诺。惟日内以事回乡，俟来时当再定局。前闻有人入城，英杰已约同买舟沩口，再附汽轮，计长沙耽搁不过旬日，即可物色刻工来县动手。子谅颇晓大义，此等处或不难称量而出，晤时当以钧意商之。杖芸、渐之等处，如得公一纸书，似亦不难凑集。寒家能否勉竭棉薄，明日当一询宪侄，然近颇不支，恐亦不能多耳。谬谓一面动手一面收费，则出赀者知为已成之局，自不便再事推宕。若必先执途人而语之，终恐徒费唇舌也。然无论如何，所费亦不过此数，以一县之大，而不能为乡先生刊成数十卷书，亦可丑也已。大著较陶集尤为切实，千秋万世之名，远过密翁百倍，应求公极力选汰，写成定本，校勘之役，英杰虽谫陋，当替令子分任其劳。惟年来记性略差，银钱出入本系外行，近更笨拙。前与宪侄及王世兄商及，将来刻赀经手与手民一切交涉，当乞两人担任，英杰只抟精一志，校勘讹舛，庶两者均有所益，不致竭蹶徒劳。两人均已首肯，钧见以谓何如？英杰不自恃度，欲纂密翁年谱，为此老一存梗概，旬日搜零举碎，亦已十得四五。鼎革之际，湘乱较今日尤甚，惟苦无藏书可资左证。闻长沙易氏藏书多，与寅先为至交，当向其求之，或可一馈寒陋。然心窃怪以密翁子孙之贤，如嵇山中少季寿之徒，而不一为搜集，今乃欲求之于蟫蠹灰烬之余，亦可笑不自量矣。率复。敬请撰安。

去腊辱荷教言，具仰书幗颐养之乐，并蒙眷念下走，谦光霭然，挹之弥温，且诵且感。猥以岁事纷扰，又值大变，未及肃谢，歉悚至今。献岁发春，伏承起居益臻康胜，至慰颂私。尊选《宁乡文录》，粗读一过，具征搜讨文献之盛心，并欲于此篇之外勒为总集，以贻方来，何其用意之勤也！管见文录宜稍正义例，似当以本县、他县人所作分为两集。本县之文可采者甚广，一时颇难遍及。他县之人之文可备他日志料者尤多，若必分门别类，刻意搜寻，定可勒成巨制。总集一类，有清一代之诗卓可传诵，较之古文似为优胜。鄙意以县人言经学者当推山斋为先河，宜取《易》、《礼》两书一并刊入，尤足为乡里增重。盖搜刻丛书，固当四部并收也。近日瑞安孙琴西太常有《永嘉丛书》之刻，于专集之外，别有《先正文录》，其用心与公略同，故东瓯文献流播海内。吾宁自北宋置县以来，黯黮无光者殆近千年，若得同志数人广为采辑，未必非乡邦之幸也。但祝大局敉宁，公如卫武，或可聿观厥成耳。大著诗歌未刊者当已成集，书牍之属，湘绮久有定评，亦尝怂恿付梓，而公虚怀若谷，不欲自襮，不肖尝与侄宪欲求录副而未得者。今既钞纂成帙，则宜亟付写官，以公海内。校勘之役，当竭不肖心力以任之，此尤寤寐颂祷者也，幸弗迟疑为叩。

连日厚扰，饫聆清教，蒙翳为之一涤，感谢曷已！大著《衡田世典》将先世遗文轶事搜括靡遗，足补方志之缺，以视湘绮不征事实专取谐谑者不类，必传于世无疑。自叙年谱，文亦翔实，惟间有献替之处。同治纪元后频遭闵凶，家运稍蹇，似应将当日扼艰之状多叙几段，以诒后世。若于此写得酣足，愈见公之坚苦刻励，后福无穷。且由公自述，尤更清切，正不必曲为之讳。盲昧之言，未知当否？此事千古，祈更教之。拙作于先人困约刺刺不休，亦欲确守此义，惟笔力较弱，不足阐扬先世万一。敬乞大加斧削，俾懿行得以粗传，则是申胥九顿首而必得请者也。密翁所撰县志，世剩孤本。去岁从贺某处借得《庚子国变记》，为湘乡李希圣所著，虽于各报纸窥见一斑，然删节太甚，不足厌望。兹本留存丙青理卿处，盖由当日讥刺贵人惧祸也。一并封好呈览，至乞察收。

春海堂书札

廖润鸿

荪老我兄侍右：日来承诲良渥，鸿虽不才，敢不竭蹶以从其后？然窃有慨焉。夫士之于世，外之则研揣声律，求合试官绳尺，以取科第于时；内之则张皇幽渺，空山无人，翘然独往，期与古作者相颉颃，以庶几身后之名。今则蹉跎半世，两无一成。昔居京师，有诗与李石贞广文，末云："遗今转恨未志古，中夜起坐悲淋浪。"三年此情，如何能释？今公之盛心虽殷，然进以大雅君子之行，而中年才尽，未知他日果有成否也。少壮之年，自顾门祚衰微，亦思稍窃科名，与当时辈流争焜耀，未便作闭户著书计。而又迫之以饥驱，终岁与不若己者伍，遂至于今。窃叹天之于我，殆无复成就之意耳。往时读程明道与人论文，欲其除去强探力索，当时以为此境既不易言，亦非初学入门地，虽以伊川关中，尚未能尽去四字痕迹，似须从此用力多年，久之方可渐几于化。曾几何时，觉所谓强探力索既未能至，况进于此者耶？朱子谓宏而不毅，则无规矩，毅而不宏，又患隘陋。如公之为人，则宏毅俱有。宏则绰绰有余裕，发而为文，大雅春容，以韵胜实以度胜也。公谓璧耘遇事拘谨，然其文字甚有宏致，其才过鸿数倍。鸿才质驽下，常患中无规矩，故一向只走毅字一路，近亦稍知其不宏。公之所规，良为对病药耳，敢不敬佩？承示矿诗，体大思精，兼以瑰丽，是公本色。再次所上，乃一时兴到语，璧耘即属书寄以博一粲。古诗如"青青河畔草"，每换韵首句必叶，不叶亦知决无此法，特当时未及检韵，意中亦茫无可押之字，后旋改作"岂似冬烘盲不省，手握权衡甘画饼"，似乎不甚妥当。"哈"字亦有叶"移"者，当时欲用"怡"字，颇有所疑。日来考证，乃知《史记》两用，如"虞舜不台"、"诸吕不台"，实无偏旁。"台"亦训"我"，字同音同而义别为悦，与"哈"及"怡"又适相同，今定为"台"可也。"觇"字见《国语》，乃单用之字，然与"脈脈"之字同音同义。“睚”俗书讹为“脈”，“睚”从目，为衺视之貌，“聑聑”既叠用，则“覛”亦似可连书矣。命作诸题尚苦无意，未及为之。连日阅惜抱文集经说，苦不能记，到省当买一册。先生当汉学方张之世，抗颜为宋学砥柱，迨汉学焰微，宜其书久而愈显。现寒雪满山，未便动身，俟至二十以后，庶天色晴霁，当与龙王山有一面之缘，了此即访舟北下耳。天寒珍摄千万，即颂日祺，诸维百照。不庄。族弟润鸿顿首。

去冬十一月二十九日赐缄，花朝后始接读，学堂情形，始知其详。学堂诚不得不办，科学亦不得不兴，然空谈政宪，如王湘绮所谓倭学者，本宜痛戒，当局者奈何褎如充耳乎？总之，今日办事之人多是凭空臆测而为之，甚多不究本末，不顾终始，徒剿袭言新学者之门面。昨阅二月初九日报，有武冈李生上管学大臣书事，谓实获我心者，今已刊之官报，想风气或当一变欤？人之好尚，视主持者为转移。官智苟开，偭越之风将亦少息。犹望视可挽回之处，委曲进说。乌附入剂，良在泡制，倘默赐裁成，造福无限。小儿信来，又言无事，姑入学堂，断不至染风气。然颇訾众人，鸿又惧其招忌于人，不可终日，无可如何，惟寄书勖之而已。莲湖将改为中学堂，清还岳屏，衡移石鼓。闻蓬尊遣其孙入鄂营，兼访办法，开学当在下半年。见赐收藏甚多，诗则无有，闲中乞以长纸挥赐《大雾寺乡贤社集》七古、《东轩早春》二律，俾张之壁间，如亲謦欬，是所盼祷。唐小宋已为刘牧村荐往耒阳，此处算学则浏邑黎生，东安唐生为体操。闻黄观察将招往吉安管带，不知能久留此否。二月十六日自桂阳至，颇患目疾，今渐愈矣。匆此。敬叩升安。不戬。

顷接手教，知岫云复出，具仰杖履春多，敬以为颂。展诵来书，多所谦抑。且云宏毅淹博，立身祁向，自有本末，虽追慕多辈，究不啻自道拙诗，所云“从公尚识先芬古”者，即此意也。学行二字，弟何足当？自顾容貌不足以动人，言语不足以炫世，骛虚而丧实，有负厚期，不得不乞收回成命矣。王校官夏间示弟云，思一出东洋，一观彼中究何所为。弟亦悔今年不该住衡，以至前政法出洋，不克一往。今尚有此举否？拙性颇不乐深山，古有溷迹于门之卒、亭之长，为风尘之物色者，虽亦不免为贫，抑与人同群之意有近者欤？岁暮思出游江鄂间访旧曾相识者，谋于铁道寄迹焉，以为可否？学堂中谈今说古，非不可聊写余情，然风气终未纯笃。杨岘樵近亦被顽固之名，他人更何足与论，共事教育？虽无大益，然一若不慎则坏人心有余，此不可以聊糊余口之故，姑委随于其中。数年来，人或谓何不与公商矿事而教习之？为此门外汉，不知此之尤为难也。公之辞事，自看精神何如耳。矿利虽多滥支，主人亦今世一大檀越也。昔乔答摩悲智兼大，利济群生，若精神未倦，在混沌场再混几年，亦未尝不可。复请崇安。

云仪久隔，岁籥重更，际风律之新吹，缅鸿猷而翘企，恭维起居迪吉，筹画攸宜，引睇禽辉，莫名忭颂。客冬承惠手教，并大集一函，敬讽数过，觉琼琚玉珮，大放厥词，自是吾兄本色，宗盟为有光矣。乃过自谦抑，猥于弟特加胕饰，所以奖进之者甚厚且挚。然敝支自松祖以下，门衰祚薄，先祖每一谈及，辄因人丁稀少，怆然不乐。独弟家生齿较多，而驽钝居然，家庭不得意事十且八九，弟虽侥幸一第，曾何足道。目前惟老兄一家膝下多才，人伦集庆已逾世间，傥来之富贵多矣。由是论之，大振吾宗者，其惟吾兄之贤德乎？腊尽以来，乡间谣言四布，北上之事未免灰心。灯节以后，诸君始议复行。弟家居既无所事事，决计约定李宝森、童绸钦、岳寿嵩诸君，于二十二日由玉潭出靖港，且往汉上及沪渎，一路听候形便，到彼当再奉缄见告。曩岁辱承厚贶，无以为报，乃去腊书来，复承二十金之赠，受之增愧。然长者之赐，少不敢辞，闻斯礼矣。惟是此行未必考试定有，意在就便谋事，装橐不过四十金。若春闱果行，应请俟沪上信来，再予格外借一二十金汇京，待弟归时奉赵。再弟此番若难上进，遇朋辈有以誊录办教职者，弟审其可行当随例办理，尚期于临时电借一款，特此预恳。揣今大局，似仍不外一和，湘岳通商，湖南局面为之一变。目前乡邑之间，有以办团为务者，恐事出无名，适滋扰累耳。手此。敬叩新禧，并候台安。不庄。

奉手教，敬仰精神矍铄，福寿增绥，如颂为慰。大作均气体完全，无懈可击。古今文人，不免老年颓唐之病，惟得天全者，如姜桂之性，愈老愈辛，斯言殆老兄之谓。居停吴絅翁捧诸作讽诵四五遍，询何处有此高手，急叩姓名，乃深佩服。絅翁亦好此道者，闻与侯官陈石遗及郑叔进诸公月尝三集，即席赋诗。与我辈社中发题后归作送交主课者，尝谓大集气体均高，不仅生香活色也。鸿所攻击，在司校字之役，挟胥钞之讹谬，于大体无能为大树之撼也。拙作诗文两途，均不乐模拟，不过聊尔写意。平生无所得意，其不甚爱惜，过后辄忘，亦在此。猥承齿誉，每不深信，以为特奖而进之耳。此复。祗请崇安。

此次回湘，适值台从驻省，遂得趋侍以纾渴思，并聆教益，至以为幸。其余饫酒食以洗尘，托傔从之照料，真觉行旅如归，还乡多乐也。本日渡湘，天气尚朦胧，以后天气大晴，舁夫足健，遂于暝色桑榆之际，过玉潭之桥，小住福盛，暂作勾留，即行归家。付来木箱信件，已托妥人送去。敝支栗山铺家祠，似须于上中浣内先去桂馨祠、太馥祠。敬候台驾归后，再候进止耳。匆此布陈，顺请日安。

桂云来，奉到手教，如聆面语，少慰阔别之思。据桂云言，兄台容貌謦欬，洪伟如恒，闻之甚慰。而来示言夜至数起，此或调摄偶尔失宜。总之，老兄天赋笃厚过人，而老年亦宜借药饵扶持，九五之福，亦以寿为先，乐天知命，更复奚疑？至于十常八九不如意事，直当一笑置之。湘中俶扰连年，而《五云庐志》补订之成独于此时，仰见天怀高旷，娱老有方，不禁距跃三百。弟自愧无状，南北奔走，卒老于行，徒劳祖祠族党优给进钱，而一事无成，不获酬答毫末。独微眇虚名，犹劳我兄大笔窜列前烈之末，此岂特逸少所谓“情随事迁，感慨系之”而已哉？盖亦俯仰惭怍而已。去岁本拟秋末遄归，自小孙来，而曾知事迪元在开平不半年而卸事，以故仅能遣小孙遄归。曾君系我邑石渠先生之孙，人甚廉能，前两任为戚友所欺，甚欲留弟相助，弟以宿好，未忍遽归，但今春苟尚无事，亦决不久留矣。祗肃。敬叩福安。

珠泉草庐师友录十一

珠泉草庐哀感录

先考行状

廖基棫

府君讳树蘅，字荪畡，一字深侅。我廖氏先世，南宋时有淇惠公者，以端平二年由江西泰和随孟珙破金积功，官指挥，镇潭州。其曾孙城景，以元延祐年由长沙迁宁乡衡田，即府君今所居衡田老屋也。传十七世至孔殷公，讳锦江，为府君曾祖。祖讳含章，学者称芬田先生，识量宏朗，以让产闻乡里，县人袁侍读名曜，称为“宁乡第一孝友之人”，湘潭王先生闿运尝撰文以表其墓。考培吾公，讳新端，质直好义。芬田公有三子，惟培吾公生府君一人，芬田公极珍爱之。性敏异，初读书，能通大义。七岁，芬田公教以声韵并四声反切法。一日，塾师授李太白《蜀道难》古风，至“子规啼夜月，愁空山。蜀道之难，难于上青天”，疑其句读。府君曰：“删先古通，当以山与天为一韵。”塾师惊异之。吾家先世丰于财，府君时中落，又多家难。其时谷贱钱荒，吏法刓敝，愚顽敢于干纪。族子某素无赖，以田索售，不能应，即掘塍伐竹木，凶悍莫敢与抗。讼于族，不得直，大父遂称贷与之，坐是家益困。府君忧之，一日偶涉园，见橘树为蛛丝蒙幂就萎，而园丁日加灌溉，未几蠹蛀灭，生气复盛，府君悟曰：“人不当如是耶?”由是益励志读书。时粤寇大起，咸丰甲寅二月陷宁乡，分党劫掠，乡人太恐。

府君侍芬田公冒风雪避深山中，不敢动者十余日，而府君读不辍。年二十四补县学生，逾年食廪饩。同治庚午大父病剧，时不孝等尚幼，吾母张夫人娠将娩，家贫无仆役，府君日夜扶侍，衣不解带者五十余昼夜。大父殁后，以大母年老，一意授徒于家。光绪癸未，县人周公达武提兵甘州，招府君往。府君为奏销贵州兵饷历年未结之案，并为撰《蜀黔战事书》二卷，即今刊行之《武军纪略》也。留二年归。壬辰出长玉潭书院，院例向课制艺，府君为置群籍，仿姚先生姬传义理、考据、词章分课，并编立学约，使诸生知敦品励学，通古今，习时务。岁乙未，巡抚义宁陈公宝箴大兴矿政。先是陈公备兵辰沅，延府君课其次子三畏，其长子三立与府君尤善，故陈公父子知府君深，遂委办常宁水口山矿务。矿场在万山中，其地狭隘，商人开采久，窟穴重叠，积潦甚深，入夏即当停采。府君旁皇筹度，得开明礲一法，将朽壤揭去，开一大口，上哆下敛，使积潦归于一泓，用田家龙骨车汲之，水易尽，然后隧地深入。规画既定，削牍上陈，已报允行，兴工两月，主省局者悉反前议，谓古今中外无此办法。函牍交驰，百端诮让，府君不为动。先是府君至山，适地方苦饥，贫民掘白泥和野菜以食，味微甘，土人呼为观音米，食久腹胀，多死，府君急发米振之，全活无算，皆感奋竭力，至十月乃获大矿。明礲成效卓著，泰东西人来视矿者，咸称为五洲所无，且极言土法之善，水口山之名远腾中外。戊戌，府君部选宜章训导，巡抚俞公廉三以水口山矿事不可易人，遂调署清泉，兼顾矿场。在任五年，所定下乡宣讲兴学、种植、水利章程，俞公备录原禀，通饬所属仿行。会朝廷会试经济特科，俞公及柯督学劭忞各疏举府君名以应，府君以年老辞未赴。岁癸卯，俞公移抚山西，继者为赵公尔巽，初莅任即调府君主省城矿务总局，水口山委先兄基植继任。先兄悉遵府君成画，前后十六年，都费银一百一十九万两，而加设西法厂实占十之四五，获赢利在六百万两外。府君既入省局，力将积弊廓清，常谓治矿有如经商，当保官本，图渐进，毋务恢张，在事八年，官商大和，利无旁溢。巡抚岑公春蓂以府君有功湘矿，特疏保举，奉旨交部从优议叙，旋为部吏所格，仅以寻常劳绩加级纪录。谕出，岑公歉然，府君笑曰："某素无宦情，不遇命也，而天恩固已及之矣。"岑公再疏，请以分部主事，得赏三品衔二等商勋。府君治矿虽久，然未经手一钱，当开工时，作文誓山神，有"洗手奉公，勉存朝气，有渝此盟，明神殛之"等语，而言者不察，谓有私财百万，府君弗与辩，而人亦不复言。方府君在常宁时，奉檄为地方除剧盗数辈，解飘匪百余人，又为地方置义租三百石，人以是感之，受代日送者几及千人。矿场至松柏市十里，沿途男妇老幼设酒馔拜献，有一老媪焚香伏道旁，府君笑曰："尔何为耶?"媪曰："自公来山，老妇有二子营工山中，数年得饱衣食，今娶妇有孙，皆公之赐也。老妇无以为报，惟祝公康宁百岁耳。"言已欲泣，府君亦为黯然。国变后，幅巾还山，乃与世绝。年来体质稍减，而精神尚健，属纩前四日有客至，谈论四昼夜不倦，客去送之门外，犹携孙曾视园蔬。时天气酷暑，南风大作，虑田水干涸，扶杖至陇上，归仍观书不辍。日晡，呼家僮剃发，并具汤沐浴，进饭两盂，坐凉中庭，气微痛，扶入房进以药，不效，然犹未至剧。时新得《左文襄家书》，于是日阅毕，犹言文襄事不休。至五鼓，痛复作，旋止，惟闻鼾声如平时，呼之不能应。越一日丑刻，无疾而逝，时癸亥五月二十七日也。天乎痛哉！府君自少时即服膺昆山顾氏，取行己有耻为学。又尝举张宣公对孝宗"先求晓事之才"一语，谓能此则体用兼备，恒以此自励，亦以此勉人。生平笃于宗族之事，创修祠墓二十余所。尤耽田园之乐。尝病乡人事耕多取便易，每岁运谷至外埠易枯饼粪田，取其性热而苗易长，然耗现谷不少。府君告以草化之法，市红花肥草诸种籽于收获前后播之，春至芳花满畦，刈浸泥中，越宿而腐，其肥异常。乡人初以为不便，既而以利甚大，群趋效之，皆府君力也。府君好施与，里党中有穷苦不能自存者，必周济之。卒之日，有妇人数辈跪泣灵前，一妇人曰："吾夫死于匪，吾蒙难，非老人母子不得生。"一妇人泣曰："吾有孪生女，不能育，非老人几为翁姑溺之矣。"其悲感呜咽，至不忍闻。呜呼！此皆府君之实也。府君以道光庚子十月二十三日生，享年八十有四。配先妣袁夫人，无出。继配吾母张夫人，前十六年卒，王先生闿运有传。子七人：基植，附贡生，候选训导，以银场功赏四等商勋五品顶戴，先卒；基棫，附贡生，州同衔；基朴，中书科中书；基懋，主簿；基杰，县丞，先卒；基栋，同知衔；基棣，殇。女三人：长适梅，次殇，三适彭。孙七人：镇乐、镇珊皆监生，镇沧，镇枢。曾孙七人：湘玖，湘玙，湘瑾，湘璠。所著书已刊行者曰《珠泉草庐文录》二卷、《诗钞》四卷、《诗后集》二卷、《茭源银场录》二卷、《武军纪略》二卷、《联语摭余》一卷、《祠志续编》三卷，未刊行者《读史录》二卷、《文后集》二卷、《杂著》一卷、《书牍》三十卷、《笔记》二十二卷、《骈文》一卷、《自订年谱》二卷。呜呼！不孝等颠越无状，不能显扬先人，惟思托贤者之文，垂先型于不朽，谨次平日所闻知者，状其实以俟焉。次子基棫泣述。

廖荪畡先生传

郭立山

君姓廖氏，讳树蘅，字荪畡，湖南宁乡人也。其先南宋时由江西泰和迁湖南长沙，再迁宁乡之衡田，今所传衡田老屋也。祖曰含章，学者称为芬田先生，以让产闻乡里。考曰新端，亦有质行。君生而敏异，七岁芬田先生教以音韵并反切法，能领悟。及长，效顾亭林氏以行己有耻为学。困于诸生，俯仰一室，好举张宣公对孝宗先"求晓事之才"之语，人莫之识。久之，有闻于义宁陈公宝箴者，公备兵辰沅，馆之官署，君与公子三立善。自光绪甲午后国势日绌，变法之论渐起，陈公汲汲造人才、开风气，巡抚湖南，遂以时务名学，公子三立主之。旧人如君辈，亲信或出新进下，君虽任水口山矿，一切密画固不得而参也。然陈公败，诸所设施为人诟病，而水口山矿无遗议。水口山者，桂水道常宁入湘之口，名茭源河，宋时置茭源银场者也，明薛文清瑄曾监银场于此。山距水口十里，两阜中平地数十方丈，旧窿交午，并以水废。君考以前砂取不多，孕藏尚富，惟暗窿路窄，抽水甚艰，因思土人采石煅灰有用明窿者，仿其法，敞为一口，上哆下敛，归水于底，用农夫踏车挽之，水易尽，费少利多，计无善于此者。议上哗然，谓古今中外无此法，腾文诮让，惟陈公固亦疑之也。君力行其议，不三月大砂见，乃得不挠，而矿以成，水口山名中外矣。君在矿八年，大府以省局积敝，移君整理，拔君子基植继君，君为指授。又八年，前后赢利计为银六百万两。湖南贫国，屹然富强之基，君之功也。君口不言经济，而遇事能致其实。始至水口山，以工代振，并为置义租三百石。条议农田水利种植，大府录以通行。宁乡岁出谷外埠易枯饼粪田，君告以草化之法，农利胜前。又于宗族修祠墓二十余所。天资质朴，参诸名士，绝虚憍之习。役于一矿，自以年衰，耻复身求仕进。癸卯诏试经济特科，不赴。最后由宜章训导分部主事，叙三品衔二等商勋，大府以未荐达为歉。君曰："本无宦情，天恩固及之矣。"辛亥归田，徜徉山水间，不问世事。辛酉，删定明遗民陶密庵集，序行之。生平论学不立门户，长书院，取姚姬传说，兼课义理、考据、词章。湘潭王闿运为魏晋之学，与君异趣，而服君勤悫，始终无间言，诗文不相师，亦甚推挹。君诗文及笔记编录之属若干卷，自订年谱二卷。卒年八十有四，癸亥五月二十七日也。子七人：长基植，继君水口山，经营推广，勤能著称，以训导叙五品顶戴四等商勋，前卒；述君之行者，次子基棫也。

郭复初曰：陈公巡抚湖南，湖南人旧为公父子所知而用者，张通典、邹代钧、罗正钧、黄笃恭并君，而君独有成绩至今。晓事之才，其自道哉。陈公罢居庐山，萧然一榻，日呶呶切齿，骂误我之人。予闻诸公戚俞明颐，而世不知，今次君之行事，为重慨焉。

按：郭先生立山，字复初，号复斋，国变后以字行，清翰林院编修。

三品衔分部主事宁乡廖君墓志铭

姚永朴

岁壬申之夏，宁乡梅君伯纪以其外王父廖君荪畡行状寄桐城姚永朴，请为文奠幽宫，永朴辞不获，则次其事而铭之。据状，君讳树蘅，字荪畡。先世由江西泰和迁湖南长沙，再迁宁乡之衡田，遂为衡田廖氏。曾祖讳锦江，祖讳含章，考讳新端，三世皆以孝友称于乡。君幼敏慧，从其祖受音韵学，有神悟，耆宿惊叹。年二十四补县学生，旋食饩，数应乡试不售，主讲玉潭书院。其论学必由体达之用，最服膺宋张宣公告孝宗"晓事者难得"之言及近代顾亭林所述"孔子博学于文，行己有耻"二语，以此自勉，亦以勖人。义宁陈公宝箴为湖南辰沅兵备，闻而延之于幕。吾国自光绪甲午兵败于日本，变法之议渐兴，及陈公擢巡抚，遂集湘士讲求时务，顾应者大率新进少年，于旧人侧目视，有所规画摈不使知。久之，陈公委君办水口山矿务。水口山者，桂水道常宁入湘之口，名茭源河，宋尝置茭源银场者也。山距水口十里，与龙王山接，左右两阜，中有平土，甚狭，故积潦多，旧用暗礲抽水，水不易尽，春夏泛滥，工益难施。君谋仿土人煅石采煤用明礲法，于下决口，令上哆下敛，归水一壑，以龙骨车戽之，而外筑沟御阳水，旧礲亦并用，庶水患除而工不妨，砂可毕见。议上，众谓异常法，大哗。初君承命于陈公，请以便宜从事，无为人所挠，至是毅然行之不为动，未及数月，效大著。在矿八年，大府调君管总局，而以其子基植继君，便指授。如是者又八年，计公家所赢利为银六百余万两，而私产不增于昔。当开办初，值岁饥，以工代赈，复筹款置义租三百石，以备异时救荒之用，民尤德之。癸卯诏开经济特科，大府以君应，不赴。最后由宜章训导叙前劳，以主事分部，加三品衔。平生孝友、睦姻、任恤之行，见称于宗族乡党者甚众。宁乡岁出谷外埠易油坊枯饼粪田，君教以草化之法，谷不外输而收倍往岁。所纂著之书多种，而自著者曰《珠泉草庐诗文集》。其卒也，在癸亥岁五月二十七日，距生于道光庚子，享年八十有四。娶袁氏，继娶张氏，并封淑人。子七：基植，附贡生，候选训导，先君卒；基棫，附贡生，州同；基朴，中书科中书；基懋，主簿；基杰，县丞，亦先卒；基栋，府同知；栎咸，殇。女二，皆适士族。孙五。曾孙五。某年某月某日，基棫奉君柩葬于宁乡某乡某山，铭曰：惟金三品，禹贡肇陈。迨于周官，亦有矿人。国以民立，民以财聚。理财之方，在因地利。伟哉廖君，学精而该。殚心一矿，宁尽其才。凡利之兴，道尚手实。倘肥身家，于国何益。廉洁如君，不私一钱。清风励俗，夫何间然。郁郁佳城，藏魄于此。我铭厥幽，用诏万祀。

按：姚先生永朴，字仲实，安徽桐城人，为前湖南臬司莹之次孙。清举人，与弟永概字叔节齐名。先生邃于经学，而叔节先生则工词章也。先生所著书曰《蜕私轩诗文集》，已刊行。晚岁任安徽大学教授，焯宪时客皖中，因乞为此文。

珠泉先生墓表

梅英杰

先生讳树蘅，字荪畡，晚岁学成，远近皆称珠泉先生。宁乡廖氏，自元祐时世居衡田。曾祖锦江，祖含章，父新端，并有名德。先生英迈豁朗，自幼读书即厌薄科举，毅然思拔俗入圣，尝谓“昆山顾氏旷世巨儒，其生平以行己有耻博学于文为学，吾虽不敏，拳拳斯语矣”。喜为诗，芬芳悱恻，翛然意远。为文章劲气郁勃，曲折当事理，识者倾慕。既遭际险艰，益务自刻厉，未尝以贫困干人。久之，始以廪贡生注训导，选宜章。而是时湘矿大兴，州将夙知其贤，令主办常宁水口山，且调署清泉学以董之，旋主省局。先生仁足以周庶类，智足以资干济，开物成务，规模宏远，功绩大彰，朝旨褒美，于是有以三品衔主事分部之命。盖先生主湘矿十六年，库赢巨万，官商大和，岛夷骇服，中外仰望丰采，群目为矿人，无复有道其文学者矣。会海宇鼎沸，乃退老于家，率乡人子弟修饬人纪，搜讨文献，益禁人言矿，而更肆力于诗。憔悴忧伤，音旨怆恨，虽山越俶扰，时或窜匿林莽，华发萧然，抗声长吟不辍。闻者叹其高致，不知先生孤怀悒郁，特寄于诗，而其蒙难艰贞，默契夫天人消息之微者，终莫莫得而窥其蕴也。以癸亥五月二十七日考终里第，春秋八十有四。先娶袁，早世。继配张夫人，贤明雍肃，黾勉劬瘁，丰约不渝，先先生十六年卒。子基植、基棫、基朴、基懋、基杰、基栋。植、杰前没，基朴先生以后从兄灿昕。女二，适梅、适彭。孙四人,曾孙四人。基械等将以今岁十一月合葬先生暨张夫人于某山,乞英杰文其外碑。乌乎!自礼教衰而邪说炽,世遂以儒为诟病,而昌狂恣睢者,非圣无法,几不知有廉耻羞恶,方内竞骛于权利,靡然从风,陷溺牿亡而不知返,君子耻之。先生遗外时荣,德修于身,既不获谋谟庙堂,大展所学,乃使终老校官,仅发地之藏,稍得藉手,其不以自喜固然。然先生老寿繁祉,著书满家,且传信后世。其兢兢于礼俗政教,与夫修己治人之术,尤足与顾氏相表里,倘亦有耻之弘效耶?英杰成童时即辱先生知,承教数十年,私衷向慕。窃论吾宁自北宋置县以来,英贤踵接,求如先生之学行粹美无愧完人者,殆不数觏,而乡人或未尽知,余为流涕书之,揭诸墓道,俾他日史氏传儒林者,有所征信,且告乡人读先生书,益加敬爱,以明余言非阿好云。

宁乡县志先民传

刘宗向

廖树蘅,字荪畡,先世由江西泰和迁湖南长沙,元延祐时再迁宁乡衡田,谓之衡田廖氏。曾祖锦江,祖含章,考新端,三世孝友隐处。至树蘅,虽无位于时,而文章经济为人推重,以宅畔有珍珠泉,学者皆称为珠泉先生。幼敏慧,从其祖受音韵学,有神悟,老宿惊叹。同治癸亥,年二十四,补县学生,旋食饩。乡试屡黜,而文词日雄。隆观易伏处穷山中,幽忧苦吟,树蘅与论诗莫逆。诗诸体皆长,长句如《长安》《河西》诸作,希风二杜,陈三立称为芳鲜澄澈,未之尽也。先是光绪二年,三立父宝箴由辰沅道解任回省,延树蘅课次子三畏,因与三立相切劘,三立文渊雅,而树蘅以高朗胜之。十八年壬辰,主讲玉潭书院,院例专课制艺试律而已,树蘅素以亭林所述"孔子博学于文,行己有耻"二语自勉,亦以勖人,乃加购群籍,本姚氏鼐义理、考据、词章兼治之说,分三门发策,宁士始竞趋博雅。然树蘅夙负经济才,张南轩告孝宗曰"晓事者难求",树蘅颇用其语衡量天下士。三立亦称其"明机权,审世变,才智足为时用",而颇惜其遗外世物,务遂其沈冥不返之思。及乙未宝箴抚湘，锐意变法，招新进士讲求时务，以三立主之，颇龋龁老成，新旧党争由此始。树蘅则翛然无所预，宝箴习知其能，强起治常宁水口山矿。水口者，桂水道常宁入湘之口，名茭源河，宋时常置茭源银场。矿场距水口十里，接龙王山之左，左右两阜，中间平地数十方丈，商人开采久不效。树蘅勉受檄，因与宝箴约，不得挠事权。往审度，知孕藏尚富，惟旧法暗礲路窄，抽水甚艰，且春夏水大，工不得施。因念土俗煅石采煤皆明礲，废礲距离不远，可仿其法，敞为一口，度其深广，上哆下敛，归水于底，用田家龙骨车戽之，复于口外筑沟御阳水，工不虞妨，砂路毕见，下及两阜暗礲，亦可并开，而气礲可省，费少利多，计无善于此者。议上，省局哗然，谓古今中外无此法，腾文诮让。宝箴父子固亦疑之，树蘅坚行其言，不三月大砂见，乃得不挠，而矿以成，水口山名中外矣。矿初开时，地方苦饥，贫民掘白泥和野菜以食，食久腹胀多死，树蘅急发赈，全活甚众，由是人皆感奋致力，故效速。戊戌以来，新士以故旧一切为无用，旧者心知其非，而不能会通新旧事物于一理，拘泥成迹，与相角逐，试以事辄不效，此正南轩所谓不晓事者。晓事者或有所不为，为之则无尝试，无倖致，树蘅是已。在矿八年，癸卯，巡抚赵尔巽以省局积弊，内移整理，拔其子基植继开水口。又八年，前后赢利计为银五六百万，湖南贫国，屹然富强之基。宝箴抚湘，多不厌人意，独用是塞谤议，而树蘅遂以矿人名。自柯劭忞、王闿运以外，世几忘其文学。初由廪贡捐教职，戊戌部选宜章县训导，巡抚俞廉三调署清泉，兼顾矿场。在清泉五年，宣讲训学，推及种植水利，各具章程，廉三备录之，通饬列县仿行。会诏开经济特科，乃举树蘅以应，奏称"学问渊博，践履笃实，经史而外，中西政艺讲求有素。调署清泉训导，委令就近办理常宁矿务。矿山横亘二十余里，厂屋栉比，丁夫数千，悉以兵法部勒，秩然不紊，足征威足御众，力能任事"。提学柯劭忞亦疏保，而树蘅以衰暮辞，不应试。及入省综矿政，尔巽奏请优叙，岑春蓂抚湘，亦两疏叙前劳，而部议仅以主事分部，加三品衔，赏二等商勋，春蓂深以未能荐达为恨。

树蘅谢曰:“天恩已及之矣。”家故贫,父子授徒自给,及治矿十六年,俸薪外一无沾润。此于树蘅特小节而已,为末俗所难。辛亥后山居,汲汲于风教文献,于廖氏祠右庑置龛,祀乡贤谢英、易祓、周堪赓、陶汝鼐、廖方达、王文清,选刊汝鼐及刘基定诗文集。著有《珠泉草庐诗文集》若干卷,其《武军纪略》二卷,则光绪癸未为甘州提督周达武纂辑,皆刊行。癸亥八月卒于家,年八十四。子基植、基杰,皆先卒,基植及弟基棫皆庠生;棫弟基朴、基懋,杰弟基栋;棫以诗文名。语曰:才未必需世,而世必需才。同光间,县人恢张事功者夥矣,以树蘅之高明强毅、实事求是,独退然以诗鸣,老而殚心一矿,虽一雪文人无实之诮,然卒不得大任。惜夫!

沩宁诗选小传

廖基棫

廖树蘅,字荪畡,自号珠泉农人,基棫父也。清廪生,少主讲玉潭书院,以义理、考据、词章课士。夙为义宁陈宝箴所重,与宝箴子三立尤善。宝箴抚湘,委办常宁水口山矿务。会部选宜章训导,因调署清泉,兼顾矿场。光绪癸卯,诏开经济特科,巡抚俞廉三、学使柯劭忞交章荐举,辞不应试。赵尔巽抚湘,调充湘矿总局提调。岑春蓂继巡抚任,擢升总办,胪陈治矿功绩,特奏保分部主事,加三品衔,赏二等商勋。早岁曾国荃偶见其所为诗,诧为才人之笔,谓异日必有所表见。六十以后,始与王闿运订交,闿运称其诗“裔皇宫中音,决其非乡曲穷愁文士”。劭忞称其“近体虽闿运无以过”,闿运见所作《颐和园词》,则曰“吾古体亦弗如也”。三立尝撰《珠泉草庐记》以赠,称其“明机权而审于世变”,序其诗称为“芳鲜澄澈,冷然埃壒之外”。曾广钧则谓“神明变化,不可方物,芳鲜澄澈不足以概之”。长沙沈秉堃莅桂抚任,道出常宁,观水口山矿场,索阅治矿书牍,谓“曾左而外罕有其匹,郭昆焘无此才也”。其为时贤推服如此。所著书已刊行者有《珠泉草庐诗钞》四卷、《诗后集》二卷、《文录》二卷、《茭源银场录》二卷、《武军纪略》二卷、《联语摭余》一卷。

祭　文

梅英杰

乌乎我公，彝伦之师。习闻公懿，略诵其私。我初谒公，岁在丙子。余年十七，懵无知耳。越岁戊寅，谬附学籍。公闻奖藉，语出肝鬲。不鄙谓余，归诏诸子。铮铮自立，友毋失此。长沙再见，旅舍如船。王父遗训，发箧千篇。公曰吁哉，聋俗可怜。高山景行，宜祀乡贤。河西归来，过从益密。申以婚姻，勖以学术。玉潭讲学，春诵夏弦。于时壬辰，癸巳之间。学子景从，譬蚁慕羶。我亦承教，语万过千。疆臣怵祸，发地之藏。曰惟茭源，后监银场。公招我从，家君偕行。哆口废町，手辟洪荒。目营八表，忧心皇皇。方事之初，众口腾沸。或讥师心，或疑妄费。公顾不移，屡闻歔欷。吾矢不欺，勉存朝气。宁知诚积，金石为开。宝光上腾，万舸齐来。名震五洲，战斗霆雷。八载穹山，郁此崔巍。岛夷咋舌，探穴无猜。开平漠河，直走舆台。谁谓文士，矿学难该。舍中事西，讵我诬哉。公功不居，我有母在。望断倚闾，曰惟岁改。公居馆毂，湘矿所汇。驽下如余，亦蒙甄采。甲辰再出，汨水潇波。沫矿之村，怪石嵯峨。阅五六年，山谷婆娑。褊躁成性，与众寡和。公书驰慰，知子无他。清强有执，吾岂子阿。时事非佳，吾鬓亦皤。行避矰缴，归老烟萝。高平不留，我言非谬。公亦乞退，勿劳问由。曾不逾年，宗社颠覆。有如惊麏，各窜穷岫。理卿携手，谓大理院少卿王公世琪。省公深山。家君沉疴，有病在颜。相对惊泣，苦语难删。深谈跋烛，若忘忧患。丙辰之夏，山越盗兵。康成故里，亦遘虚惊。避地过舍，尽室偕行。酣嬉永昼，仰视参横。浑忘宾主，旨酒兕觥。大耋既登，死亡相望。家君叔子，后先俱丧。神志瘀伤，书城日向。余尝叩公，论矿万状。盍付写官，诗文并饷。留法后王，奚虞速谤。公亦欣然，未遑谦让。谓臣精亡，耻不如壮。子意良厚，我言非诳。资阳归棹，四月初吉。手书枉招，要以时日。

曰子今来，尚闻我声。脱不及待，子言谁听。揽书涕零，语哀心恻。往登公堂，喜溢颜色。足穿户限，坐我书帷。为我加餐，喜极而悲。北际南垂，一邱之貉。去死无几，生亦奚乐。独居深念，遗民陶郭。孤儿吁天，长苍有作。荣木既刊，复园待削。瓦缶黄钟，不堪一噱。子性坚悍，匪子伊托。我诺公怿，我歌公愕。花气侵帘，笑声达阁。信宿凉堂，孤怀寥泊。别才隔宵，遽闻卧疾。口噤不语，皇皇举室。越日承问，竟告公丧。为位哭寝，痛结中肠。生死须臾，天理难详。邦国殄瘁，人之云亡。公才如海，用才尺量。屈就冷官，投老衡阳。办事晓事，宜置岩廊。谁为元辅，遗此琮璜。蕴其精气，发为文章。诗卷长留，星精日芒。湖外遗考，云颓二王。公今继之，寥寂骚乡。独念鲰生，亲承训诲。四十八年，穆然瞻对。生质苦窳，杠施藻缋。公独不遗，一气沆瀣。譬彼琢玉，刮磨疵纇。发其精莹，登之盘敦。奖掖调护，倾吐肝肺。事往如云，奚堪再究。垂垂霜鬓，凡百靡就。默数生平，短长在宥。骨肉以外，恩惟公厚。天方荐瘥，生世如瘤。读书习俭，教言永守。一瞥存亡，见公不又。会葬仙馆，泪流鞹袖。陨伤在心，视此醇酎。乌乎哀哉！尚飨。

廖润鸿

吾廖氏自元季奠居，世少宦达，迨清康乾间屡开博学鸿词科，而我七世从祖次宜公始被举。是时天下方盛，讲求朴学，而次宜公顾未赴召试也。乾嘉道咸同光以来，士咸以科目进，及夫末季，天下多故，人才消乏，而外人以兵强国富制造精良胜中国，于是议开经济特科，以征天下有用之士，而吾湖南当路以公姓名登荐牍，然而公亦未及行也。呜呼！公自幼游我房族祖芷汀公之门，天性颖异，为文不烦绳削而自合，故以大器相期。未几补弟子员，食廪饩，充岁贡，以训导候选。盖公之读书务求心得，耻为章句口耳之学，尤以自明以来取士之制法非不善，而司文枋者奉行不尽如式，以致缀文之士束群籍不观，朴学微而人才亦日窳。故公虽偶应乡举，而日惟从事于经史有用之学，然而世人莫知也，仅以诗人目之。会以校官奉上台檄，兼辖矿政，成效卓然，自是人稍知公有干办之才，此经济之举所由来也。然公年已七十矣。自光绪中叶锐意纷更，海内新旧排挤之风大起，党同伐异，公两无所附，自知甚明，尚堪就试有司哉？呜呼！以公之才之学，天不使之早用于世，而独厄之茧足荒山中，使其穷老尽气出入于万丈之地穴，幸而得免，则又驱其爱子以殉之。公父子每书示我，皆郁郁不得志，鸿乃为诗以相譬解者数矣。天下以富强为经济，恐世之举公者亦第以治矿取之。公既不出，是公之才之学，世终不可得而见。至于今日，国史不得书，私交不得谥，姓字将归于泯没，岂非千秋至痛耶？投闲以来，公每戒人称其治矿，顾又自言之不倦，盖区区一矿，公已舌敝唇焦，历人情之险阻、世事之艰难，其言则矿，其意实谓经济之难行，特不肯明白言之耳。公于诗文外，尚有积稿盈尺，大半文牍，不欲出以示人，然公之经济，略可见于其中，精光灏气，自不可掩。则公之生平，终有不得而磨灭者存也。况吾族自始迁以下，久未有祠，自公出而支谱始合，乌山桂馨大雾山始有祠，又独修《五云庐志》。有倡必应，有为必成，即推以办天下事，何异焉？自家族而郡县而京师以至海外，虽或知公不深，要皆能道公之行事，传之永久，又何必追悔名山之业不专，如前月手书，若憾儒林文苑之两难传附哉？呜呼！哲人往矣，阖族衔悲，爰率敝房子姓，敬陈不腆，为文以奠。辞曰：

鸿博既逝，遗响将沉。吾兄挺出，克嗣其音。惟鸿博时，世方隆盛。白虎石渠，云胡不进。吾兄始生，海衅已开。宇内多故，天氛地埃。公始受书，学期致用。天马昂霄，一洗凡近。博士弟子，希文忧乐。泛览百家，人束高阁。不求甚解，但观大略。近揖渊明，远攀诸葛。湖湘先达，根柢磅礴。经世有编，遗风未绝。谁持文枋，雕文错词。众猱一虎，彪炳陆离。忽瞠两目，按剑而嘻。终就贡职，屈为经师。十载衡阳，浮沉下位。大府一檄，货毋弃地。职属司徒，矿人其吏。敢曰闲官，不与他事。世变纷更，毋徇毋诐。愚公之愚，岂曰余智。

岁历绵暖，人始知公。办事晓事，誉口盈庭。国势日危，始征茂异。列名特科，伫想经济。公曰老矣，士各有志。新旧何营，富强何利。与弼辞官，白沙免试。吾岂其俦，聊行其意。公之未出，笃于奉先。建修祠宇，会计手编。瓴甓陶瓦，楹栋屋椽。经始落成，不爽贯缗。越州振灾，湟中屯田。无大非小，家国类然。寄兄一诗，赞矿当效。兄曰知言，相视而笑。胡厄于人，天不降任。终于冷官，公非不幸。投闲一纪，藏书充楹。斟酌汉宋，耿耿元精。九江旧说，涑水遗型。示我绝笔，心犹屏营。公有诗文，流传海宇。见豹一斑，名公所许。富有遗稿，尺案封尘。公不肯出，敝帚自珍。言皆有物，出笔如神。后之览者，岂曰词人。薄海内外，道公姓氏。文苑儒林，何必青史。凡我族姓，幼子童孙。闻公长往，毕集我门。率行奠醊，缀此芜词。千秋万古，已矣长辞。

叶世敦字仁斋，徙字莼垓。清诸生。与公同里，公尝延主家塾，课公子基杰、基栋。晚岁公复馆之于家，课孙曾辈。

鸣呼！大雅寥落，有如硕果。公复骑箕，斯道谁荷。公胎前光，独峻孤标。有如嵩华，回矗云霄。又若大江，吞纳万象。窥其襟抱，浩无涯量。天之所佑，德立名成。右有左宜，百福爰臻。始自疆吏，檄主矿政。地不爱宝，万艘齐运。土法之善，名震外夷。洗手奉公，余何有焉。铭勋丹陛，谁曰非宜。兼于其间，职司教化。师严道尊，学始知要。湖州风范，复见于兹。先生弟子，不问可知。特科经济，旷代一举。公膺其选，辞不就部。知足不辱，老氏所珍。恬淡似此，是谓古人。公之文章，透切爽确。利害人情，义理交足。玉局贾生，后先追逐。至其为诗，轶宋包唐。元气所运，星日争光。非桂非梅，别郁奇香。知言陈子，早定评量。略举二三，皆足不朽。公不自多，性命独纠。一言一动，虑不若天。非与公习，孰识渊源。完其粹德，庆集一己。全归所受，荫逮后起。鸣呼哀哉！敦之不肖，人所诋諆。

独公在顾，心不怀疑。教督挈提，视若诸子。三十八年，不知其久。卒令顽钝，一隙有知。非公之德，而又为谁。世难未夷，得死为幸。福寿如公，抑复何恨。惟是小子，杖履长追。倏焉失庇，曷禁歔欷。明水瓣香，亲临祖奠。伏维公灵，不我遐弃。呜呼哀哉！尚享。

刘翰良

乌乎！昔岁乙未，翰也游黉。公喜教成，实来墨庄。与先君子，纵论行藏。悼今噫古，感喟遥长。迨及甲辰，先君七秩。复忝雀篆，为作生日。公奋椽笔，张皇儒术。以德爱人，弃华取实。昊天不淑，凶降椿庭。旋颁鹤吊，锡宠山扃。式瞻泰斗，尚想仪型。并承陶铸，接席芳馨。春谒松阡，偕登德里。高谈日夕，振觉人纪。引绳欧梅，粤稽孔李。始以博文，要于行己。世知公者，颂为诗人。徒望形表，讵审道真。智不殉物，仁不辱身。时有隆杀，义无屈伸。早岁西游，翩翩记室。晚治茭源，富媪效职。穷不戚戚，达愈约敕。淡泊宁静，古训是式。山如退谷，水似杯湖。郊园息影，朋酒连裾。乡井匪隔，日月自殊。灵府清虚，忘世菀枯。抑抑卫武，耄期不倦。乐天放翁，老消健羡。公实兼之，帝笃其眷。既善其生，其死也善。殁而祭社，惟古乡贤。公阐潜德，咸秩明禋。不朽者三，各揭渊源。陟降上下，抗手后先。草阁凝寒，珠泉咽响。遨游太清，解脱尘网。大德不孤，讵悲独往。所可悲者，吾党安仿。乌乎哀哉！尚享。

梅毅杰字雯青，清五品衔候选州同，为公长女夫，焯宪父也。公卒以癸亥五月二十七日，焯宪远客洪江，先君闻赴，携三子焯严、四子焯靖往吊。此文出焯严之手，时年甫十八岁耳。焯严字叔常，公爱之弥笃，三四岁时尝抚其顶曰："是儿器宇不凡，他日必有所成就。"稍长，与焯靖常读书外家，兄弟自相师友。焯严因悉发草庐藏书纵观之，学日以进，公每览其所作，诧曰："余如汝之年不及也。"焯严有至性，往临公丧，倦而假寐，忽午梦惊回，痛哭而起。焯宪逾月始闻赴，凄痛殊难为怀。又逾月，间关归里，始哭公墓次。越三年，焯靖以瘵殇。明年，焯严又以瘵卒。相去不过百日耳。今录此文，追思公之音容笑貌，不胜人亡国瘁之感。而吾两弟久已化为异物，尤增鹡鸰之痛也。

缅维辛卯，童年弱植。甥馆载登，东床忝厕。翕翕两家，姻娅琐琐。饮之食之，爱我诲我。茭源主矿，手辟榛菅。清泉讲学，发昧启顽。十里西湖，花开菡萏。撰杖徜徉，我亦同览。于时公子，问视如婴。伯埙仲篪，锵然翕鸣。暇则偕行，携壶挈醢。石鼓祝融，酣嬉跌宕。流光飘忽，兔走乌飞。回首旧游，邈焉莫追。功成身退，林泉偃息。沧海横流，山河故国。丙辰之岁，盗起仓黄。公率家人，避地婿乡。收召惊魂，浑忘客主。朝盘暮卮，欢腾笑语。薜花岩畔，沩水潆洄。么荷余馥，向夕徘徊。留止敝庐，淹旬匝月。诗满奚囊，清兴勃发。胡天降乱，骨肉连伤。十数年来，接踵死丧。外姑先逝，裂我肝肠。家君继之，叔弟旋亡。歧嶷文孙，双摧玉树。死丧之威，老泪如注。怡怡外孙，宁氏常依。谓可向学，为之择师。牙牙学语，奖藉时加。我之自出，用以相夸。去岁今年，抠衣趋晤。公之孙曾，后先婚娶。酡颜白发，见我之来。语笑都温，喜溢尊罍。公年虽高，公神犹旺。私心窃喜，期颐可望。讵知凶问，一夕遽闻。仙袂飘然，无疾而终。

乌乎哀哉！公之生平，炳蔚渊美。研精大道，力行身体。陋彼腐儒，性理空谈。博文有耻，服膺昆山。公于世务，靡不详究。风俗利病，有书未奏。公之文章，百家一冶。神近大苏，千里一泻。诗探汉魏，下涉苏黄。芳鲜澄澈，时贤之评。嫽婀诡随，乃所大耻。有蓄未施，皭然不滓。遗书累箧，名山是藏。越千百年，大放厥光。公子四人，渊源家学。济济孙曾，峥嵘头角。福寿兼备，茹笑归真。乌乎我公，遗憾谁云。悯予小子，私衷是痛。怅触平生，卅年如梦。王父清德，公所夙钦。见辄诏我，典型是循。怜我贫困，周急不遑。每一念之，如何可忘。我之内子，惧公年高。每闻使来，情怯心忉。畴昔之日，遽告公危。戴星西奔，良医莫为。嗟我长子，饥驱岭峤。道阻且修，公心是搅。羽书烽火，阻隔天涯。一朝闻讣，泪陨如縻。乌乎公乎，而竟已矣。委蜕遗形，终古莫起。昔我晋谒，语挚情深。今我之来，顿邈音容。伤心内子，归宁此后。触目生哀，奚堪回首。写辞可罄，莫尽我悲。公灵仿佛，鉴此隐微。乌乎哀哉！尚享。

挽　诗

傅绍岩

主政在吾宁，文苑腾声早。作诗睨隆后，青冥出飞鸟。惜抱为圭臬，罘罳企深造。雅洁荣木遗，馥郁珠泉稿。二王意不屑，坛坫凭谁扫。好胜每相矜，将毋推此老。我昔江东归，一见颇倾倒。矩绳勉后进，讲画缘情好。君昔官广文，校士亦师表。并受大府檄，役矿求富媪。茭源采洞锌，夫徒纷载道。遂增九府钱，民活乡邦保。国变回山居，笃老伤怀抱。世乱萑苻横，穷乡亦俶扰。况君今素封，不得忧群小。儿怜少壮亡，膝慰孙曾绕。曩年君八十，新诗颂寿考。高年比陶陆，杰作陵庾鲍。我欲叩君居，謦欬嗟长杳。山邱永秘藏，神或游蓬岛。

廖润鸿

隔日重来便隔生，哭公有泪忍吞声。斯人不遇天心在，绝笔犹传古道明。巨眼读书观大略，孤怀晓事厌虚名。辞征莫问当年感，官智难开意已惊。公尝答前湖南巡抚赵公尔巽，有“民智易开，官智难开”之语。

埋身万卷老邱坟，人比头陀有夙根。家事无关三日语，余与侍谈三日，惟以仿《司马·书仪》粗示居家居丧规则未成为恨。他如搜刊易山斋《周易总义》、杨山松《吁天录》及县志、山川掌故，语不可休。文章犹恋百年魂。诗中薝蔔闻香味，梦里袈裟入顿门。临去九江寻地志，公十九日书，极主惜抱九江论，引《汉地志》九江在寻阳、寻阳在今黄梅间之说。黄梅应是返真源。

姚庭熙

已矣风流尽，怆然丧老成。济时兴远利，遇我感平生。道德今谁拟，文章旧有名。山颓更安仰，搔首若为情。

生死成离别，怀兄更哭公。九霄匆跨鹤，万里杳飞鸿。功德宜江水，艰危昔日工。桑株惟八百，清洁媲高风。

伯子承庭训，银场勉赞襄。金精瞻夜气，宝矿破天荒。万舸蔽江下，千夫镇日忙。梦痕先大觉，墓草十经霜。

相识风尘里，金兰哭后昆。王生前约定，卅载故交论。不尽沧桑感，还惊秋叶翻。何如一抔土，枕石看中原。

邓承鼎字峙青。清光绪
癸巳恩科举人，华容县教谕。

岩泉穴石喷珠泉，天为才难使著书。辰告谋猷韬贾谊，子虚词赋薄相如。光绪壬寅，鼎与先生同被经济特科征命，先生不赴。寒毡不消先生冷，宝藏能时富媪储。陇水浙潮都看遍，文龙诗虎老髯苏。

鹤唳晴霄迥绝尘，瑶林琼树蔼芳辰。洞庭月出孤怀朗，衡岳云开满座春。师席忝参前后辈，光绪季年，先生官清泉训导，鼎任华容教职。典型长奉老成人。年来广种东篱菊，我亦柴桑学逸民。

挽犊深山署老农，此间真有避秦风。那堪扶杖王官日，犹在戈操同室中。丹旐倏惊归阆苑，素笺含泪入诗筒。剑南遗集千秋业，团扇家家画放翁。借句。

挽联

赵尔巽

三湘宝藏资雄略；
廿载沧桑怆旧游。

余肇康字尧衢，长沙人。曾任江西臬司、湖南粤汉铁公司总理。

水口利先开，赖以救长沙贫国；
天心祸未悔，独何堪家祭乃公。

曾广钧

四十年至交，无闷奈何成独往；
五百家诗囿，有清竟起此传人。

蒋德钧

矿人共事十余年，权限不同，精神相契；
耄老遭时千百劫，居行虽异，痛苦无殊。

按：蒋先生德钧，字少穆，湘乡人，为凝学方伯之冢孙。弱冠供职曹司，不乐居人海中，决然引去。先是援例得知府保道员，又以监司不与民亲，仍以知府注选。除四川龙安府，治行为全蜀第一。会丁忧归，遂无意进取，治团筹振，以卫乡里。公之与论交也，在光绪丙申冬。公方主水口银场，先生偕英人布卢特赴场观矿。外人与侨鄂湘人私立券约，举水口山所产永归垄买，地权全失。先生时主沪上制造，巡抚陈公宝箴谂先生明外交，敦请设策斡旋。先生批隙导窾，卒将原约取销。后任南路矿务公司事宜。宣统庚戌，湘城饥民爚乱，事定，巡抚杨文鼎委派道员吴跃金与先生赴列县清乡，略无枉纵。公海内朋交，始终忻合无间，厥惟先生与王先生闿运、陈先生三立。当先生六十时，公为文寿之，称其“识略济变，有合于持身之义”云。

梁焕奎

儒生富国具深谋，得义宁山阴信赖有加，气识金银，千古茭源功不朽；

老辈论文见孤赏，与湘绮散原追陪相亚，欢连觞咏，卅年蓬巷迹犹新。

曹典球字耔谷，长沙人。

儒家偏作矿人师，抱精诚金石为开，歌颂茭源今未歇；

冷宦尝同先子辙，自契阔云天在望，萧条沩水独生悲。

张通谟字仲纯，湘乡举人，晚岁鬻书杭州。其兄通典字伯纯，湖南初设矿务总局，任提调，故联语云然。

壮哉水口山，惟先兄克建厥议，惟我公克奏厥功，拓利忆前谟，大地精华悲劫后；

邈矣人间世，论道德为儒所宗，论文章为士所式，哀时摧硕果，胜朝耆旧感当年。

王允猷

宝藏启衡湘，昔年棹泛茭河，与长君游宴连朝，亲见五丁疏凿迹；

神交失耆旧，隔岁语传青鸟，许贱子文章知己，长留一水溯洄思。

张广枬字绮梅，长沙人。

精诚所至，金石为开，大利造湖湘，同辈回思留故我；

丧乱频仍，山林高卧，胜朝试经济，先生岂仅是诗人。

黄忠绩

继我公为湘上矿人，前事本堪师，不贪夜识金银气；
论耆德是国家元老，大名知更寿，诗卷长留天地间。

胡元达

先朝荣遇锡商勋，竞夸宝矿雄光，独为湘州兴地利；
晚岁流传富诗卷，艳说珠泉胜境，忍瞻沩水黯星文。

欧阳岳峻字叔衡，常宁人。其父在勤颇饶干才，公初莅山，简以为重。

与先君莫逆之交，错石攻金，克树丰功垂矿业；
叹我公无疾而逝，文章道德，长留模范在人间。

唐湘字襄生，为蓬洲观察之次子。

名教仗扶持，清史儒林应立传；
渊源溯师授，白头父执更何人。

蒋森荣

文章韩吏部，诗律杜少陵，元气淋漓，生面果然开一代；
时雨沛黉宫，仁风嘘矿局，大名流播，及身早自定千秋。

按：蒋先生森荣，字曙东。清监生，著有《养拙轩诗文集》。公卒年八十四，先生长于公数岁，闻公卒，犹躬来衡田悼唁，未几亦卒。

梅英杰

教我累千言，叮咛耆旧遗书，补平生后死未完心事；

别公才一日，痛哭寝门撤瑟，动人亡国瘁无限悲思。

周棍荣

以文载道，以学铸人，匡居数荆楚耆贤，吾党群钦韩北斗；
勖我若师，忘年若友，焚香读珠泉遗集，劫余珍重鲁灵光。

按：周先生棍荣，字蒉滨。清廪生，贡成均，授临湘县训导，调署沅江永州道州诸学官，一主玉潭书院讲席。公主矿务总局，曾委先生办兴宁大岗洞铅矿。

廖润鸿

一朝再举特科，部曹不到，诏试不前，时局慨怡堂，竟使草庐裕经济；
五秩初开乡社，著述有徒，行藏有侣，英灵宜接席，但将梅壑贮文章。

程璟光

与先生夙称道义交，堪悲关塞萧条，千里树云堪入梦；
有难弟曾结唱酬社，共悼老成凋谢，三秋风雨倍伤神。

按：公尝云：祖以下孑然一身，固无兄弟。此联所言难弟，乃指公族弟润鸿孝廉，清宣统间，以知县需次广东者也。

李浚昌字砺贞。清附贡生，候选训导，瀚昌母弟，著有《毛诗补笺》。

天下事今可问乎，惊悸剩余生，窃羡先生先撒手；
眼中人吾亦老矣，姻亲兼世好，感怀畴曩倍怆神。

张兴慧字鹮翎，晚号葛民。清光绪戊戌进士，河南即用知县。

罗四千年历史，志在匡时，白屋困名儒，许多经济文章，只消得矿人一启；

写八十岁离骚，志图祈死，苍天重耆旧，看彼阴阳造化，又延长此老三龄。

李孝从字次樵。清县学生，博学工词章，联语尤高浑雄健。

酣睡掌文衡，一枕天香，典雅信推名士梦；
长征遗草阁，四围兵焰，风云能护老人书。

杨钟濬字岘樵。清诸生，日本弘文师范毕业。

谷贻孙子，福备考终，华发莘莘绵世彩；
退老山林，奋发有作，珠泉字字录归田。

傅绍岩

八十寿翁诗，比之贞白剑南，遇虽不同，如此高年竟相似；
生平于我厚，交类庞公葛亮，时方多难，忽闻捐馆倍伤予。

王家宾字翰之。清诸生。

湘绮竞文名，惟先生晚节清高，遗老不修当代史；
珠泉饶著述，到今日风流歇绝，天涯怕读密庵书。

廖楚璜

吾道欲何之，正烽火漫天，望风痛洒师门泪；
河清竟难俟，有文章传世，垂死犹为国粹忧。

按：廖先生楚璜，字麓樵，万寿山廖氏。与公异族，为公之高足弟子。清光绪壬寅科举人，明年留学日本，入弘文师范，毕业回湘办理学务。赵公尔巽任东三省总督，咨调赴东，委办吉林方言学堂，复充提学使司科长。民国初，设治舒兰，后知农安。三年，韩国钧任江苏巡按使，调先生赴苏，委署宜兴县知事。四年，国钧任安徽巡按使，委先生署巢县知事。国钧与安武将军倪嗣冲不协，国钧去位，先生几中危祸，后降为县佐以辱之，先生遂浩然回里。五年，适土寇陷城，事定善后百端，先生一身任之，秩序渐复。时公以乡里余氛未息，避地来城，居莓田梅宅，先生迭次晋谒，相见欢然，见其措置裕如，尤为嘉许。六年，先生复有吉林之行。十一年，国钧任江苏省长，委先生署太仓县知事。明年，调任东台。公卒，先生撰此寄挽。十四年，卸东台任，年亦垂垂老矣。先后侨寓金陵、长沙，长斋奉佛，不问时事。每见焯宪，必详讯诸舅起居并子弟之贤否，盖深笃于师门风谊者。

刘复良字敬墀。清诸生。

家法拟万石君，试过珠泉草庐，人物言容如两汉；
诗歌逼长庆集，岂独颐和园曲，乱离哀感似连昌。

张振襄字绶岚。清诸生，在水口山司笔札十六年。

难兄难弟，太邱具有品评，羡桂馥兰馨，道德文章能启后；
从事从游，贱子久承眄睐，恸山颓木坏，乡邦耆旧更何人。

周震鹍字渭舫。清宣统元年恩贡州判。

遁世砺艰贞，长共密庵留气节；
遗编弹古调，早随湘绮擅文章。

杨文锡字佛笷。清诸生，运昌长子。

品学介儒林文苑之间，高寿大名，屈指乡邦惟此老；
艰贞较密庵五峰稍异，行芳志洁，空山歌哭有同情。

杨文锴

文章胥经济所关，荐膺特科，稳卧珠泉终不起；
戚谊与师恩并笃，闵予小子，追随杖履更无缘。

黄应周

当年司铎著声，濯玉潭月，瞻衡岳云，蓄道并能文，后学共宗如北斗；

晚岁归田遣兴，抚梅壑琴，订珠泉集，平生多韵事，少微何遽陨南天。

张康拔字毓衡。清诸生，曾乞公为其母曹孺人撰墓碑。

作传八百余言，慈母线，游子衣，结撰具精心，把卷曾经拜东野；
抗怀数千载上，迁固史，苏黄集，文章留正轨，瓣香从此祝南丰。

王章永字杖芸。清光绪辛卯科举人，麻阳县教谕，曾任新化锡矿山分局总办。

大儒风度，名士襟期，偏教实业经营，富国勋劳惟此最；
时局纷挐，典型凋谢，试问共和建设，中原文献更谁征。

刘宗向

经纶非俗士所知，惜小试乡邦，三策未曾摅董子；
文章是先生余事，羡晚年词笔，一篇已足伏壬翁。

王敦尚字炳勋。清诸生，公曾延主家塾课孙曾辈。

暮年犹考献征文，雅抱霭孤骞，思古更隆乡哲祀；
经岁泛词源学海，菲才虚奖借，治襟重抚礼堂书。

周培莹

辩我祖永历实录之诬，感慨悲歌，珠泉遗韵；
综清代衡湘矿金之务，功成身退，世彩余芬。

按：培莹字绍溪，为明户部尚书堪赓之裔孙。公有《题尚书祠壁》七律二首，力辨《永历实录》言尚书降清之诬，故联语及之。

鲁颂平字定庵。清廪生，南县知事，为公之门人。

曾依数仞墙，但见文翁能化俗；
凭添两行泪，何曾宋玉为招魂。

丁启基字养筠。

当代仰通儒，公不少留，尽有大名继湘绮；
斯文失宗主，吾将安仿，空挥热泪望衡田。

徐崇实

回薄海九万里狂澜，湖湘之间，端推此老；
溯吾宁三百年文献，陶王而后，又有传人。

廖秉钧字荪塘，安化族人。任四川打箭炉同知。

宗交六十年，先生仙乎？后死安仰；
畴全九五福，斯文丧未？绳武克昌。

廖士瑜字照琴。为公子基棫之门人。

陈太邱退隐岩泉，论德论年，乡国典型能有几；
崔广略争推孝友，难兄难弟，垩庐清议复何人。

廖湘藻字绍闻。为公之门人。

文章步欧苏韩柳，道学继周程朱张，樗栎愧庸才，也拜门墙瞻化雨；
生来享富寿康宁，归去列圣真仙佛，桂兰承厚泽，益兴堂构振流风。

释补蕉字睡琴。鹿苑寺住持，工诗。

元老息机，头陀大耋，承家看奕叶流芳，共仰文光射山斗；
谪仙再世，金粟前身，跨鹤弄落梅归去，长留明月在珠泉。

先外王父廖公荪畡既卒之二十年，舅氏次峰先生裒辑友朋赠序及传志之属，为《珠泉言行录》一卷。焯宪则谓公之文章经济见称于时，宜汇辑大府奏牍及朋旧诗文书札，勒为巨集，舅氏深韪其言。会敌氛云扰，未及辑录，而舅氏旋卒。越二年，中表镇珊、镇沧、镇枢、镇琦、镇卓兄弟欲继成先志，属焯宪编次。每于灯窗夜静，辄写数纸，凡九阅月而蒇事，计奏牍一卷、赠序一卷、赠诗二卷、珠泉草庐图题咏一卷、书札五卷，殿以哀感录一卷，署曰《珠泉草庐师友录》。公生平为学，根于有耻，隐居求志，与世相忘。晚岁强起治矿，绩效大著，而又耻道其事。故朋旧投赠之作，大都论学，鲜及矿政。焯宪于每篇之后，附注公之《纪年录》及笔记诸书所载，以资引证。抑有遗闻轶事，儿时习闻于公而为人所不尽知者，亦间著于篇末，藉存湘中故实云。民国二十七年夏历九月十五日，外孙梅焯宪谨识于莓田古屋之东轩。

珠泉草庐文录

王闿运序

珠泉草庐诗文，余皆得而读之。诗裔皇中宫音，尝决其非乡曲穷愁文士。文因小见大，务为有用之作，不甚雕绘，颇取韩退之气盛言宜之说，沛然而来，忽然而止，于今所谓古文家者，皆有合焉。余之得奉教也，由陈右铭。右铭罢官旅湘，为余亟称廖君能文词，及其抚湘，乃倚以主矿政。余窃意文人不耐杂，不虞君之肯为用也。既而右铭罢去，矿利大兴，海内皆推廖君所主为第一，直省无敢比者，无有称其文诗者矣。独张子虞、柯凤笙前后督湘学，稍知其能诗。余虽勉与君唱和，于古文义法未之窥也。昔归熙甫论王元美，以为庸妄巨子。余之不见屏而猥承相与论文，岂非幸与？退之非薄六朝，余不敢擅论八家，盖人各有能有不能。而余之论君文，曾不敢谓当君意也。丙午小寒日，王闿运题。

阎镇珩序

前明茅氏八家之选，议者或疑其未公，近世益之为十家。然李之学优于孙，而其才实非子厚匹也。明嘉隆诸子，貌为秦汉，当时已不餍人心。惟震川自比介甫、子固，至今犹师法之不已，然未有齿及王李者。盖文章贵真不贵伪。王李之效秦汉，伪也；震川之为八家，真也。惟真则可久，其伪者特蜉蝣之旦暮而已。与震川同时有摹效史迁者，震川为文讥之，比于东里效西施之颦。夫人才之高下不同，古今之时变亦异，必欲舍我而效人，如邯郸学步，直匍匐而归耳。善夫曹子桓之言曰："文章者，人之精神。"形躯有时而敝，精神终古不泯。学者诚知文章为吾之精神，则必实道其胸中之所得，使真气沛然不可抑遏。如是，虽欲无久于世，得乎？廖君荪畡，积其所为文成一巨册，间使人走遗予，且俾商论。予读之，真气充溢，绝不为俗儒摩拟之习。至其状写景物，尤出之以自然。廖君其深于古者与？然吾闻文章之体，莫尚乎简洁而精严。望溪标举义法二字，原出于《史记》年表序，百余年来人人诵言义法，然为之而能简洁精严者，盖亦少矣。姬传之才不逮八家远甚，惟其善于修饰，工于淘洗，故古光油然，为世所宝重。廖君诚能于此求之，其必有进乎今之所得者矣。丙午小阳月，石门阎镇珩序。

胡元仪序

《春秋左氏传》记仲尼之言曰："言之无文，行而不远。"《论语》记仲尼之言曰："辞达而已矣。"是皆据聘问专对言也，而文章之道，不外是矣。言而能文，文也；辞而能达，质也。文而虚浮，其弊也史，谓如府史徒役于人而不自立。质而直率，其弊也野，谓其径情邻于鄙俚而不婉曲。是以文质彬彬，斯为贵矣。何以能文质彬彬？则于《易》系传得一言焉，曰："修辞立其诚。"诚无欺伪，而虚浮免焉。诚能委曲，而直率免焉。毋史毋野，有不彬彬夺目、徽徽可诵者乎？廖君荪畡，相知二十余年，立身莹洁，宅心温厚，吾知其为诚笃君子久矣。近以所为文相示，读之如见其人，夫乃叹诚之不可掩如是乎！文者心之所发也，心者学之所致也。无学则无术，安用所达？无术则心昏，安得而诚？不诚则笑啼皆伪，又乌足与之论文乎？是以读其文如见其人，斯乃诚之至著者也。中庸曰："诚则明，明则著。"诚而明著，自然而然者也。既著之矣，久则变通生焉。诚而至于变通，则非特诚之所积，尤赖学之所充耳。昔人云："为文当有我在。"此言虽朴，其理甚宏，其实不外修辞立其诚而已。元仪不能文，谨贡所知，君其以为知言否耶？光绪三十有二年丙午六月，胡元仪序。

珠泉草庐文录卷一

重修如在堂记

如在堂者，本我曾大父太学公暨妣汤孺人之墓庐，后改为享堂者也。先是，公自营生圹于堂后山，依山辟址，建屋两栋，陶甓为墉，以规久远。左辟横舍，为子孙集读之所。堂舍之间，空约二丈，前亘崇坊，榜曰“悠远”，处示无穷也。坊以内缛草平逵，上接墓所。堂之前无门有墙，大书“墓屋”二字其上。凡此皆公所手定。当嘉庆丁卯，公以家事分授吾大父及两伯祖，遂由横田老屋移居于此。时孺人已先殁，葬公所营圹内。越十一年，为嘉庆壬申，公下世，遗命与孺人合冢。又十五年，为道光丁亥，属圹有水患，先大父随两伯祖于湘乡景庆三坊葫薮区，得燕子岩、金鸡山两穴，即以其年春改葬孺人于燕子岩，冬改葬公于金鸡山。柩皆由沩泝湘入涟，穷数月之力始毕葬事，并置田守冢。吁其劳矣！墓既他徙，此屋遂奉栗主其中，岁时荐食如礼。以堂稍隘，中唐广之以亭，亭角风铎送响，窅然深静，可以安神。旧谱有图可按。阅时既久，坊先堕剥。亭高碍风，势将坠落。横舍无居人，亦行就圮。自咸丰至于光绪初载，以次除朽撤敝，惟有正室两进。尔来又数十年矣，树蘅连年客外，因循失修，淤湿穿漏，几不可居。今年夏，始鸠工营葺，视旧制略增拓之。前为正门，上为享堂，左右为燕私之室。有基可凭，资用斯简，不四月而工竣。于是先灵获安，吾侪子孙之心亦少安矣。夫成毁数也，似非人力所能为。如公始营斯邱，何尝不以为一成不易，未几改葬涟上之山。后来鼎建享堂，何尝不求基局固护，未几为风雨剥蚀，遗构仅存。善始不必善终，此中疑有天焉。然为人后者,苟能心前人之心为心,绵绵翼翼,相引勿替,时至事起,则毁不终毁,人定亦可胜天。然则后之保守勿坠,不能无望于来者矣。工既蒇,爰缀斯堂缘起镌诸石,使览者有可考焉。

曾般庵曰:夹叙夹议,作者惯计。全豹中固屡以此擅场,然皆居一篇之警,未若此篇全福。用笔皆卓立纸上,无一浅语,无一庸语,乃至无一浅字,无一庸字。偏以状难显之像,发幽渺之情,至文生于至情,毋亦燕子、金鸡二阡名德诱君之衷耶?数四观之,笔墨化为烟云,不可复辨是笔墨是烟云,觉余以叙与议求之,犹是皮相。

游麓山记

岳麓踞湘水以西,去郡郭约六七里,自宋以来,建书院,经朱张讲学,名益彰。余以同治丙寅、庚午之岁读书山中,虽尝寻历其所有,然犹以未尽其奇为咎恨。光绪四年戊寅,馆于分宁陈公右铭邸中,适其乡毛实君孝廉来湘,梦想山中胜状,忻然欲往,遂以浴佛前四日,招余与陈公之子伯严,从两奚唤小舠,绕橘洲而南。风日淡洁,湘波鳞皴,洲上橘花作缬,如木樨,时有细香掠水际。垂杨千挺,逐帆而移。逾时抵山口,舍舟而徒,约二里达书院。院经重修,规模甚饬,先圣祠尤巨丽,觚棱頳壤,与丹崖翠壁相焕发。院前桐梓交阴,紫薇十数株,互叶骈枝,隔离曦景。条桑、女贞、石榴、紫荆之属,霏香骇绿,凉映襟裾。出院门,循径西上,经爱晚亭,度清风峡,林木水石益幽邃。跬步间,苔石交萦,而泉声鸟声蛙黾声以次而作。选石危坐,旋有疏钟堕林隙,则万寿寺晚斋未散也。人天劳扰中,忽于空山中闻粥鱼声,令人萧然生出世想。寺藏两峰之间,由峡折入仅数武,而非闻钟不知有寺,幽可知矣。寺前六朝松前岁为雪所折,《麓山志》松原两株,乾隆时大风拔其一,今则尽矣。而书院之紫阳樟亦于近岁被毁,岂先贤遗爱与象王雄力,所至均有所既欤?入寺少憩,旋穿左扉出,观所谓白鹤泉,清澈可鉴人影,味甘洌。近有达官作亭泉上,中矗巨碑,镌朱张唱和诗。折而南为御碑亭，中嵌“印心石屋”四大字，成庙书以赐安化陶文毅者也。再折而上为云麓宫，地绝高，可以望远。天将雨，常有云气触石而起氤氲，类黄海，故又名灵麓云。羽流出茶瓜饷客，同游者以日向暝，相与辞出，还至书院，遂止宿焉。诘朝起，相率穷院之幽与高，凡先圣先贤之祠与乡贤名宦遗迹，罔不毕览。最后登赫曦台，晓露未晞，山光如沐。是日立夏，田中分秧者麇至，农歌四起。环顾风雩、吹香两亭，宛在水中，波影空灵若镜，清明之气令人洒然。昔朱子筑此台以观日出，至今犹想见平旦振衣，悠然会太极之乐。饭已，由屈子祠登道乡台，泉光山色，别开畦町，盘桓久之。由台右直上，为禹碑亭，山之最高处也。麓山双峰角立，右为云麓，左即禹碑。云麓林石萦萦不断，有磴道可循，故游者日至。此处峰势崱屴，弥望黄茅白苇，非有志探奇者不一至焉。循道中庸、极高明，两亭距碑所可三里，碑字摩崖多刓剥，状尤奇诡，艰于辨识。登陟就疲，各藉草坐。俄而微雨四合，罡风冷然送寒。下视麓山寺，藏深树中，亟投之，蓦坡注涧，不复遵途轨。比近寺，则巉崖峭壁，不容错趾，势难半途返。乃援藤葛而下，旋蹶旋起，衣舄半渍苔痕。一路古木大皆数围，树巅为风雪所髡，如鬼臂夜叉，森然怖人，根附岩际，如龙战野。松毛败桑，积地厚数寸，低洼处时有积潦痕，盖人迹罕至之所也。正惶惑间，忽见檐牙卓林隙，谛视之，则向者之白鹤泉亭也。群入休憩，则皆喘汗不已，相与瀹泉盥漱，就亭阴徙倚。方循岩而下也，危栗万状，僮仆推挽力竭，讥怨并作，即余亦颇悔之。及出险履夷，彼此复大快，以谓非经历险阻，不足尽游山之奇。且自有宇宙，即有此山，游者不知凡几，计未有搜剔尽致如今日，岂非介甫所谓“奇玮瑰怪非常之观，非有志者不能一至”耶？寺中以是日受沙弥戒，首坐僧殊陋，演说了无深义，诸受戒者近百人，亦不过随众膜拜而已。昔孙文定过灵隐，听僧徒说法，谓愚民断绝父母妻子之爱，以入彼教，情殊足悯，而归咎于长民者之失教，岂非然哉？风雨骤至，同行者虑城阖不得归，遂出寺门，至清风峡。雨益甚，万木刁萧，涧泉经雨益壮，激雪溅雷，怒从丛薄中泻出，不似来时之琤琤作寒玉声。一旦暮间而景物之变迁如此。冲泥至书院，衣履尽湿。饭已，雨稍止，遂沿西麓附官渡以归。是游也，往返才两日，而友朋之乐，山水之奇，天容涧声之离合变易，均非意料所及，而为他日所不能忘者也。

王理庵曰：麓山游纪无如此作之尽致者，当效为之，恐效颦耳。

游衡山记

陈君、毛君与余游麓山，历险阻睹怪玮，余既为之记。三人者乐险好怪无所发舒，复欲作衡山游。以六月二十六日申刻登舟，移棹江心之水陆洲泊焉。洲多橘树，方志一名橘洲，弥望皆沙，首尾二十余里，秦以长沙名郡，殆以此。郡于前汉为长沙国，属荆州，后汉晋为长沙郡，永嘉初置湘州，隋改潭州。唐潭州长沙郡属江南西道，后升钦化军，复更武安军。五代唐改长沙府，宋潭州长沙府属荆湖南路，元为天临路，属湖广行省，明为长沙府，属湖广布政司，国朝康熙三年分置湖南布政司，治长沙。此其大略也。按湖广之名始于元，而广之义未闻。或曰：跨湖二十余州，地莫广焉。及考古今舆地沿革，元分天下为十道，以武昌至桂林为一道，设湖广行中书省，始恍然于所谓广者，兼广西言也。夜舟溽甚，城上镫光对出，水面如繁星乱流，刁斗声竟夕喧聒。二十七日，发橘洲，三十里至平塘，登岸谒曾文正公墓。墓在同熙寺后，去江岸约三里，穹碑石阙，辟邪天禄之属骈罗道周。汉唐勋戚多陪陵，高冢祁连，与国无极，易世之后，或不免于发丘摸金之惨。近世皆还葬乡里，非惟首丘之义宜然，亦所以远害也。公身后易名之典，与范希文同，而勋业过之，相与振衣肃谒，不胜子瞻生晚之思。入寺少憩，回舟已过午候。二十里至昭山，石气空青，草树蓊翳，下临澄潭，微风激浪，咽入石窍，隐隐作笙镛声，湘水最深处也。《寰宇记》：山以昭王南征至此得名。考三代幅员，殷周皆极褊小，江以南尽成荒服，南征之言殆不足据，吾县黄本骥氏辨之韪矣，独谓下为兴马洲，此山因马希范封文昭王得名，则尤为傅会。黄氏以金石名家，凡事必求证据，故援洲为此山立义，独不思昭潭之称，唐以前即有之，方志著其名亦无他义，安知山不犹是哉？凡此皆可不必深求者也。夜泊鹞子岩。二十八日，午抵湘潭县，市肆栉比，亘十余里。湖外未置省时，贸迁之盛，以此地及衡州为最，自行省立，商旅皆趋长沙，衡州之市易遂微。自五口通商，夷舶往来海上，此间商务亦远不如昔。地气随人事转移，信矣！泊马家河，入夜南风大作，大波轩然，竟夕不安。二十九口，热甚，舟了牵百丈，伛偻水次，劳瘁可悯。午过槠洲，考亭、南轩岳游后分袂处也，旧有分袂亭，今圮。泊石家埠。三十日，过空灵岸，风利不泊。申刻抵淦田，夕阳西匿，余热犹蛰，与实君、伯严散步江岸，葼田荇港左右交通，村农三五相逢问讯，真率如武陵源人。七月初一，过朱亭，至此可以望岳。三十里至黄石望泊焉。初二日，抵衡山县。初三日，舍舟而舆，绕城西上十五里为师姑桥，村人趁墟者纷集。过此以往，坡阜绵延，一路蝉语松风，泉光山色，令人应接不暇。明人游记多称，由县至岳庙三十里，夹道皆虬松老桂，今无一株存者。舆中望石廪、天柱诸峰，削绿堆青，矗立天际，不必登峰造极，青苍之气已落我襟带间。午抵岳市，寓祝圣寺。寺为赵恭毅所建，以备圣祖南巡狩者，高甍大栋，頩壤腾文，犹想见昆吾御宿之遗。寺后古木千章，粥鱼钟磬之音与松涛相应和。寺僧有曰默安者，居此有年，闭关禅定，罕与人接，与之语，深静有味，实君尤赏异之。日昳，诸上人邀过岳庙，礼而无祈。五岳秩视三公庙，制准藩府，红墙绀宇、金爵觚棱之属，颇极宏丽，惜新被灾，树木之近殿堿者半就焦萎。出后北门为接龙桥，松枥大皆数围，选石小憩，乱蝉斜日，凉风满襟。庙枕朱明峰，相传元世祖尝感异兆，谓朱明峰有天子气，诏有司沟绝之，孰知为代兴者之氏号。明时州守某堙之以土，无所谓桥也。返寺，与默安谈至夜分，议以明日遍览山中之胜，其徒有号宝池者愿为导师。遂以初四日清晓，乘竹兜上山。其式拗筱为兜，斫竹成杆，两人舁之，履险如飞，游山莫此为便，德清俞荫甫氏释兜为笃，谓即竹马遗意。

岳高十五里，由庙市逾祝融峰至山后，皆青石砌成梯级，十年前所无也。右上数里为福严寺，清泉古木，修藤巨竹，略同麓山之万寿寺，寺中设伊蒲馔。饭已出寺，左转为七祖衣钵塔，封树蔚然。稍下为碧云岩，径路堙塞，披荆棘而入。至则石屋峆岈，纵广可二丈，上下左右无非石者，惟前面豁开，用乱石堆砌，略具牖户，以为启闭，室中刳石为池，潴泉以供汲饮。老尼一人居之，年约七十余，自云居此已五十年。山中岩洞七十二处，向皆有人栖止，近稍稀矣。洞中冬燠夏凉，春则阴寒刺骨，岩溜如雨，最难禁受。月黑风寒之夕，尝有饥虎攫扉而嗥，或雨雪封山，往往经旬不得粒食，盐酪之味则终岁不一沾唇。门外植瓜蓏盈畦，木槿花一大丛，尼笑指曰："此即老尼余粮也。"伯严悯其穷苦，与之千钱，辞不受。强之，返其半曰："即此已感大惠，过多将为人攫去，徒以滋累。"相与叹息而出。古者巢居穴处，后世圣人教之以宫室，制为养生送死之礼，于是人道始备，咸得若其性以全其天。自佛法入中国，愚民惑于生死轮回之说，乃至断绝天属之爱，忍其嗜欲，以冀幸于惝恍无凭之果报，自谓能识取本原，而不知弃康庄而入荆棘，与上世狉獉之俗无以异，如此尼者亦大可哀矣。由岩越陇斜上，约二里即山前磴道，经竹篙岭，陡峻如梯，日夕抵南天门。下视众山，皆出脚底，时有白云一缕出岩隙，微风漾之，弥满山谷，咫尺莫辨，行者恐栗。入庙少息，实君拟即投宿，道者以无供具辞。会雾雨稍开，复命舆前进。其处距上封寺不盈一里，以为顷刻可至，及度岭，猛雨如注，罡风乘之，如百万军声，壑谷皆应。地复险绝，左右壁削，下临无地，徒侣前后相失，舆夫跧伏草间不敢少动，余亦遍体淋漓。时风雨愈横，俯视群山，云气滃郁，类波涛汹涌，此身如陷稽天巨浸中，茫然不知所届。因念随园老人《游武夷记》有犁头尖遇雨一则，情景与此相肖。游山，乐事也，而忽遇至险，然非险亦不足以尽耳目之奇。少焉风势稍杀，遂醺雨行至狮子岩，实君在焉。相与同诣上封，伯严已先至，皆襦裓沾濡，相视无人色，僮仆讥怨互作。山高风劲，寒不可当，僧徒爇秸秆烘之，始稍稍收召魂魄。行囊皆留岳寺，无以御冷，主仆并假僧衣加毗庐帽焉，居然衲子。灵山会上忽添此一段因缘，不觉拊掌大笑。寺僧出粗粝供客，伯严携有良酝，相与濡首痛饮，渐觉此身有生意。是日同人皆受怖苦，惟宝池笠屐无恙，因念尘世诸楚，皆从享受而生，使我辈无仆从之烦、衣裙舆轿之累，亦如宝公之行止自适，何至狼狈若是？到此不觉又生出世想。初四日鸡初鸣，寺僧笼烛导登观日台望日出。台居寺之左方，同人东向坐，红霞一缕横亘天际，须臾而隐，宝池谓日中当有风雨。台上有舍利塔，明李宗伯腾芳撰记，碑字完好如新。宗伯湘潭人，当明神宗时，举朝为建储事上章极谏，首辅王锡爵迎上意，创为二王并封之议，大为同朝所疾，合疏纠之，锡爵愤甚，持之愈坚。宗伯时官庶常，婉词讽锡爵，动以利害，锡爵为之感泣，卒赖其言以成回天之力。尝谓明季党人大都假公义以快其私，群吠所集，上下易形，口舌之痏，卒以亡国，如亓诗教一流，后来多舞蹈贼廷，改节本朝，视东汉党人抑末矣。独吾湖外人，无激聒沽名之习，而大义所在，仍懔然不可逾，宗伯其一焉。惟惜溺于释氏，名山梵刹，莫不留文字以阐宗风，论者谓为裴休后身，是或然欤？下台，沿石路上谒祝融君祠。祝融峰为衡之最高处，峰尖右偃，形家目为朱鸟味。峰顶石岩出古松一枝，侧挺旁生，古翠可掬。余语实君此松托地最高，幸不为朱勔辈所识，得以全其天，可谓有畸士之行，实君颔之。循祠左转为罗汉洞，危石悬度，下临不测，过者悚然。祠南向，倚扉凝眺，群山皆落睫底，湘水缭白萦青，小如匹练。《明统志》：自回雁至仙上七峰在衡阳县界，自祝融至天柱五峰及巾紫、金简、降真、芙蓉等五十五峰在衡山县界，吐雾、碧岫、屏障、日华、岳麓则在长沙府境，共为七十二峰。宝池指点若为石廪，若为烟霞，初亦了然，移时仍茫然昧其主名，但见青嶂森森，蒸云泄雾而已。右下数武为会仙桥，即古之青主坛，巨石凸出岩外，广可半亩，同人皆悸不敢登。宝池谓冬晴无事，寺僧多缘出石之悬绝处，负暄取暖，了不为异。归经观音岩，古松三五为风雪所压，偃蹇如龙钟叟，相传罗洪先曾读书于此，此其手植，人呼为念庵松。返寺饭讫，周历庭庑，摩挲碑刻。寺经曾威毅重修，费白金九万两，规制不甚高大，而石墙铁瓦倍极坚致，每大风起，瓦森森如鱼鳞翕张，可见高山风力之劲。殿脊有壶，高可数尺，璀璨作黄金色，云系风波铜所铸，价与金埒。郎瑛《七修类稿》：唐太宗以黄银带赐近臣辟邪。此其黄银。与时雾雨冥冥，风势犹烈，亟于言旋，遂冒雨行，经昨遇雨处，犹惴惴不敢逼视。至丹霞寺，少霁，僧人出茶瓜饷客，轩槛明洁，神为之怡。下半山亭，则赤日当天，酷热不可当。一路树影蝉声，嫋嫋不断，转瞬之间，苦乐殊矣。午抵祝圣寺，回望南天门，如在天上，祝融不可复识矣。初五日，留居寺中，余与伯严犹欲作方广之游，实君以天热止之。方广去此四十里，泉石幽丽，昔人谓高如祝融，幽如方广，为游衡者所必至，天气酷热，遂留此名山未了缘。日昳，随诸上人出步市廛。岳市僻在一隅，陂陀起伏，无半里平衍，而储大文《南岳市纪游》谓东南敞朗，可容十万人，引宋潭州守向士璧遣将败兀良觯事为验。夫元起沙漠，兵出不遵常轨，魏源氏讥为至拙，是矣。考兀良觯由大理交趾略地至湘，果欲下潭州，当由前年粤寇犯长沙之路以避湘江之险，计不出此，绕出衡山之麓，是为不识形便蹈绝地，士璧败之宜矣。因此归美于形胜扼塞，谓可宿重兵以绾东南数省之毂，宁非好为高论之过与？初六日，与诸上人别，默安以云雾茶见饷，茶产云雾峰下，谷雨前野人披榛撷采，终日不盈一掬，色香味出龙井、君山、芙蓉之上。闷采岩阿，不致以尤物充头纲之贡，使山民受烘焙碾磨之扰，不得谓茶之不幸。时僮仆已严驾，诸禅侣送至寺外，山雨忽至，默安笑曰："是尚有缘分未尽，宜少留。"回寺小坐，雨旋止，遂行，日夕返舟次。初七日，解维东下，顺风扬帆，瞬息百里。泊花石戍，登岸访杜少陵祠。初八日，过空灵岸，小泊，宿马家河。初九日午候，返长沙。光绪四年七月初十日，廖树蘅记，距麓山之游盖七十日矣。

曾般庵曰：游记罕见如此长篇无一懈笔者，两作皆佳，长则尤难耳。

珠泉草庐记

余所居当宁乡西南鄙，与湘潭、湘乡接壤，前矗高峰，后枕平冈，良畴广衍，清溪贯其中，所谓珍珠泉者是也。地宜杉槠松枥，弥望郁然。先世自元延祐时卜居于此，地既僻远，故患害不至，仍世免于播迁。宅西有小园，先大父芬田府君所垦辟，杂植桃、李、梅、杏、山茶、牡丹、紫薇、木香之属，而拳曲臃肿之枝，玲珑瘦丑之石，骈罗舛互于回廊曲磴间。中有小丘可眺远，菉竹丛翳，猗猗送寒。下为荷池，珠泉坠其中。池南老梅一株，矫如游龙，花时飞英散馥，真香雪海也。自府君下世，园渐堕剥，近始稍稍葺治。另于园西添置椽檩，榜曰"珠泉草庐"。敞其中椂，其左右翼以长廊，以通居室，日扶老母率诸髫稚嬉游其中，以为笑乐。或隆冬夜静，挈儿子读书庐中，溪声夜豪，霜月晶皎，呼僮汲泉支鼎，燔霜叶烹沩山新焙，水火相搏，飕飕作松风鸣，泉声书声赓续而起，仰视天宇寥碧，万象孤迥，洒然不知人间世复有许事。庐占地绝高，出缭垣之上，方春东作兴，傭人叱犊田中，倚树观之，林雨溪烟豁然呈露，是不第便于课读，且便课耕焉。嗟嗟！余懒人也，生世蹇浅，动多乖戾，年来稍涉世途，见夫奔走四方者，蹩蹩焉穷殚精力以求遂其亡等之欲，卒之赋命有定，所望有遂有不遂。即遂矣，而本实先拨，不移瞬如落英堕溷，水潦归壑，终亦销耗泯没，嗒然悉丧其所有。山木自寇，膏火自煎，不亦重可哀哉？即或有不为利疚，勤一世之力于学问之途，又往往怙其记丑而博之业，以意气相排笮，冀垂空文于后世，所诣虽与干禄有间，蔽则一也。向尝读仲长统《乐志论》而慕之，公理故豪士，而情不忘于一丘。今所谓川岩之美居游之适，余皆具体焉。置此不怡，重蹈世人之劳攘，不且为达人笑乎？妇善操家，子能习农，薄田虽芜，勤力治之足以自赡。庐乎，庐乎，其将倚汝为菟裘乎？既守知止之训，虚寂固所不辞。吾生也有涯，何取于享荣名膺厚实，然后谓之大丈夫哉？书此揭之庐壁，以稔后人，俾知生世之所乐固在此而不在彼也。光绪十年甲申十月，树蘅自记。

曾觙庵曰：如思归引，如山居赋，信天壤间之至乐。即论文境，亦韩欧正宗。

益阳县治园池记代

古人从公之暇，不废游观，柳子厚所谓“游息高明之物具，使乱虑滞志无所容入，然后理达而事成”者是也。益阳县廨后有园，纵横数十丈，草树蓊翳，望之蔚然而深秀。其右为池，广可十亩，菱、蒲、莲、苇、鱼、鸟之属充牣于其中。跨池支略彴，左右护以朱栏，上覆以瓦。池北层楼翼然，直栏横槛，制颇宏丽，盖皆前令潘君筱农踵前人之旧而廓大之。潘君之治斯园也，当光绪乙亥，不久即受代去，缔造多未完。余以己卯三月莅此，适值萑泽无警，频岁有秋，乃召徒役经之营之。池南俯以亭，楼之右为弦诵之室，直南十数武翳茆为屋，幽敻萧爽，消夏最宜。临街一面以堵易篱，公暇课园丁操畚锸抱瓮灌蔬以为乐。凡恶草之滋蔓者除之，佳木美箭之葱笼而蟠结者扶植而灌溉之，浚渠使通以流其恶，积土成阜以辅其势，皆积岁月以成，于是园之规模略具。佳辰胜日，四方宾客之萃止，辄相与觞咏其中，余亦藉以自息焉。夫官犹传舍也，今以东西南北之身而眷眷于此，毋乃近愚？虽然，犹病不能真愚耳。孙樵《书褒城驿壁》谓“举今州县皆驿也”，“当愁醉醲，当饥饱鲜”，“明日即去，何用如此”。今之所谓智，大都不出于此。余既不克勤于其职，如子厚所谓事成而理达，而窃簿书之暇，督场师谨完缮，尽吾一日之力，以求此心之安，冀匙免于苟且之咎，且使后之官斯土者游息有物、高明有具，不犹愈于孙氏之所讥乎？然则余之愚终不可瘳，后之人苟与余同其愚，则斯园虽历久不废可也。

曾觙庵曰：谢客之山水、景纯之老庄兼焉，而纬以柳州、永叔超迈之气。

宁乡育婴田记

上古民气敦朴，人皆老寿繁祉，无扎瘥夭折，熙熙然生息长养，咸若于时。自井田废而贫富不均，于是一夫之力不足供数口之食，人乃以生为忧，至以己之所出忍自溺杀之。呜呼！世未有无故而杀人者，况天下之人相率而杀其子乎？是诚天地之患气，古今之奇变。然人之陷溺其心，相率而忍出于此，其亦容有不可以已者，有心世道之君子所当疾其事，原其情，为之亟起而救正之也。吾县故有育婴田，咸丰初黄陂郭公庆飏尹吾邑时与都人士所捐置，择士绅之廉干者司其事，岁以租入计口俵散，敢有溺者论如律，十余年来全活无算。顾事久玩生，奉行不尽如式，几于名存实亡。乃者县中复有捐置学田之役，事竣而赀有余，遂以增置育婴田若干亩，事期核实，就成例而稍变通之，由是出入有经，穷民之受惠益无量。抑吾思之，贫而无藉者得此，宜若可以免矣，若夫防范于法所不及之地，莫要于禁虐媳、美教化，是又在神明父母之有以揣其本，油然生其廉耻恻怛之心。张子西铭之言曰："民吾同胞，物吾与也。"其义至公以溥，固不敢望之人人。至目击婴婗之不得生，稍具人心者，亦当恻然有所不忍，即孟子所谓"今人乍见孺子将入于井，皆有怵惕恻隐之心"也。苟上下相与颟顸粉饰，不诚其心以求效于事，致令已成之善举不久仍习于奸弊，不特殷勤乐善无以趾美前民，即如道家所谓福田利益，吾恐其亏折减损不少也。可不惧哉？可不戒哉？光绪四年二月，廖树蘅。

新建紫宸宫记

由衡州郡河泝流百五里，有小市曰松柏，属常宁境。光绪丙申三月，余奉檄治矿水口山，初至，僦市屋以居，落落数十户，大半以贩吉贝花醲秫为业，人多悫愿，鲜市井驵诈之习。一日来相告曰："凡市必有神祠以供岁时祭赛，吾市无之，某等愿有事于此，且求济焉。"余曰唯唯。明年丁酉二月，中丞分宁陈公诘戎过此，入山视矿，余具以市人所请告,公慨然出银圆三百助役。于是众情欣跃,不数月集赀数千金,不足由船户集钱以益之。盖市埠初不利泊船,自矿务兴,帆樯无远弗届,又下游淤沙坟起,无风水激射之虞,皆以为获神之佑,输钱恐后。适陈姓祠旁有隙地,愿捐作庙基,乃度地审材,经之营之。凡为屋两进,东西联以横舍,并宏巨壮丽。斫砻丹雘,有翼有严。中祀文昌、关帝之神,左雷祖右财神,旁舍祀水神,凡可以锡灵降福于吾人者,罔勿备。奉安既毕,则又来请曰:"寺庙必有主名,今合群神于一室,乌乎名之?市当县之北乡,乡名紫宸,即以此名吾宫焉,可乎?"余曰:"可哉!"恽子居云:"王者进退群神之祀,凡以为民耳。其合乎天神地祇人鬼之典法者,秩宗之所掌,逢掖诸生之所诵习,百世不废者也。其不合乎天神地祇人鬼之典法而能见灵爽为征验,捍御水旱兵革,为天下所奔走,王者亦秩而祀之,所以从民望也。"今此之祀按之典法,虽有合有不合,而百家之聚,四境之内,风雨时和,年谷顺成,宝藏大兴,舸舰迷津,虽有虚警,旋获敉平,孰非神之式临以福尔编氓乎?则丰尔粢醪,腯尔牷牲,崇以上清之宫,蒙以紫极之称,夫谁曰不伦?抑即恽氏所谓王者亦当秩而祀之以从民望者也,夫何疑焉?工既竣,适届三年巡阅之期,今中丞山阴俞公亦来山视矿,县官置顿庙中。公嘉民之虔于所事也,书扁以彰之,随来之监司郡伯皆有所题,于是松柏之神祠异于寻常社庙矣。是役也,以戊戌五月启土,九月告成,凡用制钱若干缗,董事某某出力尤多,例得并书。光绪庚子十月,宁乡廖树蘅。

新修莲花桥记

去余居东向约三里,曰石牌口,山水由口泻出汇为小溪,北行至珍珠桥,会横田洞冲两水,又三里许入乌江。溪水触石善怒,碕岸受啮易倾圮。初出山,经黑石塘,岸益高流益驶,跨溪支略彴以通行旅。数年前,溪岸为山潦所沏,彴随毁,行者病之。光绪乙巳,近溪之人醵赀伐石为梁,梁之右有陂,产芙渠,命曰莲花桥,属余为文以记之。顾此地居溪山间，蹊径崱屴，不利轮蹄。而父老传闻，石牌口山内有公廨，今虽圮尽，土人锄地往往得古甓，墟莽中尝有花草萌蘖。循山麓西上，由洞冲之湖田仑过岭入湘乡境，当改革时，签民夫输送官物率由此道，民甚苦之。余闻而疑焉，以谓村僻不宜置驿，既而思之，其在何忠烈腾蛟于湖南开十三镇时乎？考当日衡州、宝庆、常德皆置重兵以抗本朝，迄我师屯长沙，各镇征调往来不能不绕避以趋间道，不然不应舍康庄而入幽邃也。丙午正月，湘潭王先生闿运访余园居，举此相质，先生韪之，附志于此，以见世变靡常，而此处之宜有桥，由来旧矣。工既成，用钱十二万有奇，董其事者为某某也。光绪丁未秋九月，里人廖树蘅。

豹子岭修路启

松柏至豹子岭约七里，为常宁至桂阳州达道，旧修石路岁久刓泐，廉者龋，平者陂，行旅病之。豹子岭至水口山约三里，故村僻小路，未甃石。光绪丙申，余适主水口银场，行者属于道，每逢淫雨，泥深没踝。会丁酉二月，中丞陈公诘戎南服，拟纡道来山觇矿。禾川龙公实尹斯邑，谓道茀不治，岂惟负戴者不便，抑且无以迓襜帷，乃慨然出银圆百圆，交绅董属役。余亦薄有佽助，而前年商人之开采此山获赢利者，亦各有所赍。于是由岭至山之道以成，地方一二耆贤复相与来告曰："峤道有成而大逵弗治，是彰吾人之慢也。况周官遂人沟涂之制，匪惟民利于耕，亦求有路以达于畿。今幸有旧可循，覆土以宽其畛，伐石以补其缺，因者固易于创也，愿率作兴事，以蒇此役。"余曰："岁比不登，正须休息，公等得毋劳乎？"则皆曰："频岁虽小歉，吾辈犹足自赡。发廪廥之藏以兴工作，贫者得食，漱者无渫，行者利安，一举而三善备焉。且使大中丞凭轼观之，得荡平之休而无诃于农之惰，吾侪小人为幸大矣。乃者浮屠老子之宫，迎神赛鬼之会，动累千百，彼昏曾不知恤，宁于此而反靳之？择可而取，毋抑毋滥，吾人自乐于从公，但乞一言以先之。"噫！有是哉！此邦之人之渴于义也。行道有福，古有明训。会见仁里之蒸为善俗，而日臻康乐，敢不濡管以资引喤？

曾觙庵曰：耆艾曼衍，其源出于庄子《说剑》、《渔父》二篇。

营湘私议

自来论建都形胜，多主关中，李伯纪兼取金陵、襄阳。以余观之，关中虽四塞，而地高土燥，易致亢旱，八水淤浅，舟楫不通，贡道由河入渭，经龙门底柱之险，动遭覆溺。唐时荆湖等路，间由丹淅转漕，而汹溪小舠不能多致，龙驹寨以上仍须驮运。毂辇之地，万国来同，飞挽之艰，较之东京汴洛又倍蓰焉。且立国长安，大都倚蜀为根本，唐时剑南节度常重其选，往往枚卜即出其中。夫倚一隅以灌输，已觉凭藉不厚，况今蜀中情势与昔不同，措置偶乖，未获其利先承其敝。故作邑西京，于周秦未废封建井田之时犹可，汉以下则利害参半也。金陵四达五会，百货流衍，较之关中挽运自便，然偏于一隅，明祖用之不再世而陨，至于今日，戈船上犯，则荷担悚然，不待智者知其不可。襄阳一弹丸地，山谷堙郁，非万乘所居。伯纪建议南渡之初，权一时之宜，欲迩中原为进战退守计，播荡之余，苟相保聚，或犹庶几，今则时地皆不宜矣。顾祖禹有云："凡形胜要害，随国都为转移。"余则谓建都之地，亦当随时势为转移。方今藩篱尽撤，四夷交争，首善之区，鳞介杂袭，庚申一役，可为寒心。朝廷以和议相羁縻，恃盟约为可信，万一外夷败盟生事，旅顺津沽一有疏失，不知谋国者何以策万全？夫多难迁都，古今皆引东周为戒，不知殷以播迁而中兴，周之先王亦以屡迁而开国，皆三代事也。晋东宋南，国祚赖以不绝，明怀宗泥古而不知变，大命以倾，尤近事之较然者。然则欲为国家策治安，其在迁都乎？由前之说，关中、金陵、襄阳既如彼，则欲得形便之区，致人而不致于人者，其在长沙乎？长沙向称边远，按今舆图，居天下之中。军兴以来，人物之浩穰，阛市之繁丽，皆有蒸蒸日上之机，气先动矣。湘水出洞庭，折而东趋，金口、武昌迭为关锁，小孤、金焦砥柱中流，皆所以束湖南之局，他省不足当之。疆域则西通云贵，南连两粤，东界豫章，西北枕四川，而鄂皖承其下游。长江千里，悉归控驭，吴樯蜀舸，交织川途。凡建都之地，最患单露。秦中地接羌戎，燕都密迩边塞，故汉、唐、明皆有外夷之警，长沙则居里腹之地，无肩背单寒之虞。古来以湖南为险远者，皆以地接黔中，近于荒服，又洞庭风涛不测，不利往来。今则汽轮飞渡，若履平地。将来滇黔铁路能开，利且尽于南海。加以平畴广衍，豁然开通，民习耕战，兵食有藉。或岛夷肆扰，则由吴淞以达江湘，扼要之区如江宁之金焦二山，江西之湖口，湖北之田家镇、黄鹄矶，金口之大军山，湖南之岳州、湘阴、铜官渚、沩口戍、金紫湾、三汊矶，节节可安设炮台，以资防御，夷虽鸷悍，亦断难以兵轮深入长江数千里而进退自如。况湘水盈缩不常，秋冬水落，寻常小轮亦多搁浅，铁甲笨重，讵能驶行？抑兵法云：虽有金城汤池，无粟不能守，而物产资藉于外，一有阻遏则困乏堪虞。湖南竹木、茶麻、煤铁之利足以供用，秔稻之饶甲于天下，故向来有“三楚熟，天下足”之谣，经纪得人，国不患贫矣。本朝仍明旧都，岁漕东南之粟四百万以实京师，河运之艰，耗三致一，而治黄治运，不能两利并行。道光以前漕河两大政，岁糜金钱近千万，而民间津折不与焉。长沙则万艘翔集，食货骈阗，无转输供亿之劳，有重关铁牡之固。昔昆山顾氏常论地脉矣，谓天下山川起昆仑，分三龙入中国，中龙最先发，北龙次之，南龙尚未发，至南宋始稍见端。洪荒甫辟，伏羲都陈，少昊都曲阜，颛顼都牧野，周起岐山都丰镐，秦汉唐皆都关中，宋都汴，故曰中龙最先。黄帝始起涿鹿，尧都平阳，舜都蒲坂，禹都安邑，其后尽发于塞外猃狁、冒顿、突厥、夷狄之王，最后辽金元入主中国，故曰北龙次之。吴越春秋时为夷服，孙吴司马晋六朝稍稍王建康，仅偏安一隅，无百年之主，宋高南渡，立国百年，至明太祖始混一，故曰南龙发方始也。发而久者宜少间，则新发者当坌涌，何疑？以天运之循环而证以顾氏之论，金陵王气安，必不归入湖湘。抑余湘人也，楚人安楚，知不免于齐客之讥。然天下大计，肉食者或不暇熟图，草野一得之愚，容能窥见至隐。故娄敬，戍卒也，一言而汉祖寝都洛之谋。异日国家或有迁丰营洛之举，必有与谬论相合者，留此以为左券焉可也。

曾觙庵曰：先忠襄常持此议，以为乡人当蒙丰镐之泽，玉池翁独不谓然，以为历代居京师人罕致将相。以上随侍忠襄闻之扬州舟中。二公皆人杰，持论不苟同。瞿止庵相国为讲官时，具疏言建陪都，及入相，不闻再论此。窃谓本朝幅员当建数陪京，极北珲春，极西伊犁，极南番禺，极东上海，中央长沙。以铁路联之，以军镇辅之，仿古皇巡狩之法，春夏居北，秋冬居南。责任内阁常居北京不随扈，大事置驿以闻，小事则专决。羽林从者不适百人，嫔御帷帐不徙而具。南北飙轮五日可达，一岁而六京遍焉。不知作者河汉余言否耶？

拟言湖南风俗利病书

从来乱肇于失防，患生于不觉，必有人焉起而持其敝，然后潜移默运，消弭无形。譬之医者治疾，察其人尫羸已甚，必须以良药辅其营卫，庶可渐臻平愈，若其养痈讳疾，方药不施，其不至于危殆者鲜矣。窃谓湖南今日有三患焉，其病不在腠理而在膏肓，失今不图，后将难治。所患伊何？民嚣而不静、财穷而用侈、匪多而难诘是也。军兴以来，湘人从军者众，一人获利众人羡之，于是远近承风，若鱼龙之趋巨壑，驯至陇畔之耰锄尽辍，百工之艺事皆荒，此风一开，势难衰止。夫捐亲戚、弃坟墓、冒白刃而出入危亡，原生人所甚恶，今不啻乐郊之适焉，岂非人情之变哉？迨至遣撤归田，尽皆习成骄悍，平日所执之业已不屑为，由是弱者惰游，强者剽盗，日流非僻，为暴里门，及为乡里所不容，仍然窜投军籍。而邻里中之本有恒产素性良愿者，习见此辈不耕而穫，不织而暖，亦遂怠于力作，喟然兴厌弃乡土之思，而民气之漓极矣。四民之中士居其首，读书授学，何地不可自存？自有军务以来，大都投弃毛锥，驰情域外，弃乡闾如脱屣，视本务若土苴，不必凶年饥岁，壮者已散于四方，民心摇摇无一日之固。间尝综全省大势计之，安于四民之业者不过十之二三，游惰居其大半。以大半无业之民，错处于九府四州之地，猝有灾变，岂能帖然？贾子曰："安民可与行义，危民易与为非。"诚至论也。所可患者此其一。湖南本非财赋之区，自入国朝以来，经永明滇藩两次称兵，民力萧然竭矣。祖宗休养生息百余年之久，蠲租减赋，叠沛恩纶，故乾嘉以还渐臻康豫，十室之邑必有一二素封之户，其余皆足自存。自广西寇起，当事以国计不足，举办厘捐，行之有年，势难停止，剥肤椎髓，几同竭泽而渔。年来湘人以勇爵起家者甚多，三里之村列戟相望，品秩既殊于庸众，服膳亦异于齐民，习侈导奢，浸淫不觉，乡闾转相则效，以致远近同风。因而富者渐贫，贫者益甚，内虚外实，枵若悬匏，求如嘉道间家给人足，人人遂其养生送死之私，百不得一焉。且生物亦较绌矣，向来田地亩收一钟者，今只得半，甚至不及其半。推求其故，亦因耕者太少，致地利有所未尽。论者不察，动谓天不降康，岂理也哉？他如辰永木植、资邵铁冶、安化平江之茶，向皆置邸通商，颇称饶衍，今亦渐不如昔。岂真地有所靳与？毋亦他处销售不旺，山林采斩渐空耳？物产如此之薄，习尚如此之奢，天地之生财有数，用之不节，其何以堪？夫富者众人之母也，财者养命之源也，生人不能无欲，及至饥寒切体，虽廉者亦难固其操，况以嚣然不靖之人心适丁民穷财匮之日也！所可患者此其二。风俗贞邪，由于教化，教化之要，首在纪纲。孟子曰："经正则庶民兴，庶民兴斯无邪慝。"湘省自经寇乱之后，匪案迭出，焚杀攘夺之事几于无处无之，就中尤以斋匪为最可虑。现在蕴孽于无形，伏烬而未发，其教以天方邪淫之术，杂取佛氏因果之谈。邪说本属不经，愚民偏易受诱，一人奉教，举室从之，男女溷淆，出入无限，甚至荐绅之家、占毕之子，间亦被其蛊迷。有司惮于举发，但求目前无事，亦遂苟且偷安。纵有一二良吏有心诘治，非寄耳目于士绅不足以资倚办，而士绅之廉正晓畅、真能任事、可信其不枉不纵者，亦实难其人。万一听任稍偏，闾阎之造福不可期而上官之严谴已先至。人情喜安恶危，避难就易，亦孰肯毅然为地方任此事哉？宜乎隐情惜己而不敢轻发也。夫汉末之黄巾、元明之红巾白莲诸会、本朝之川楚教匪，何尝不因先事失检，厥祸遂至燎原？卒至劳费师徒，生人罹毒。殷鉴不远，可为寒心。或曰：方今营伍练习士卒，皆百战之余，设有揭竿之事，不难草薙而禽狝之。是又不然。古今事变之来，往往中于所忽，凡事钩连太广，滋蔓必至难图。秦隋国势不可谓不强，一旦乱民乘之，遂成土崩之势。后汉段颎、张然明之兵威，能使氐羌震摄而不能胜张修、张角之妖。就令今之兵力实有可恃，必待兴师以劳挞伐，生民之受敝已深，何如先事解散之为愈乎？况今营伍正未可深恃也。所可患者此其三。以贫瘠褊小之湖南，加之以三患，非图之于豫，谁敢必其无虞？况湖南居武汉上游，为黔粤门户，形胜固云扼要，时平后服，世乱先变，民俗尤不易调，惟得人以抚之，犹足资以为用。昔人有言：楚虽三户，亡秦必楚。前代董卓之乱，孙坚率长沙子弟为诸侯先。苏峻之变，陶侃用湘州之兵戡除大憝。往者粤寇云扰，亦赖曾胡左诸君子纠合湖湘义旅，以剪凶顽。湘人之可用有明征矣。若不善用之，厥害亦略相等。尝读顾氏《方舆纪要》一书，其论广西形势也，谓“所出之途易，而湖南之险与我共之。”“伐岭峤之材浮湘而下，席卷衡水，风趋长沙，湖南一倾则湖北必动，湖北动则中原之声势通。”及粤寇之窜，果不出其所料。是故湖南治，中原纵有不靖，可以徐起而定其纷。湖南乱，东南先受其敝，而天下之全局亦震。然则保湖南即所以保东南，保东南即所以保天下，不仅区区为一方计也。顾欲保湖南，非除三患不可。欲除三患，非州县得人不可。州县得人之道奈何？亦不外督抚之勤于延访而已。夫督抚之于州县，犹家长之于子弟也。家长之赏罚明，子弟自乐于效用。为督抚者，果能择有为之州县而假以得为之权，设诚而致之行，复随事加之督察，孚以恩谊，捐其烦苛，行之有恒，必有征验。方今积弊已深，一时诚难即革，然风俗之楛良随上人为转易，州县果能崇本抑末，赏善惩奸，事事将以实心，不徒为迎合上人起见，将风声所树，观感自深。王而农谓：建武初元，赤眉铜马之降众，数盈千万，而洗兵释甲，闾井晏然，虽由动极思静，抑亦寇恂、卓茂诸人抚绥之力也。然则化嚣竞为纯良，长民者亦非无道以处此。至财用衰旺之权，亦大半操之自上，果能省躬约己为斯人倡，并取婚丧宾祭之典、衣服饮食之事稍示制限，有勿率者虽微必惩，而凡山泽之利、市易之经有可为吾民生养之计者，不惜设法疏通，俾无遗利。盖民穷则返本，当此敝化奢丽，在百姓亦苦于欲罢不能，一旦示以准绳，为之开源节流，父老子弟以为上之计我身家者至也，有不奉令承教者乎？惟禁戢妖徒，宽则养奸遗患，急则激变堪虞，似乎艰于措手。然而握要以图之，终亦秩然而受治也。现今裹胁虽多，大都受诳于匪人，未必甘心于从逆。若斯之伦，直可贷其一死，惟传教之犯，法所必诛，惩一二人以警其余。执法严而用不滥，挈千百人而返之正，操术约而用不劳，又何反侧之不易安，事机之不易举乎？他如戈匪会匪伏莽虽多，为害犹浅，何也？若辈屡经创艾，其势已成强弩之末，纵有不靖，按之有迹，禁诘无难。惟斋匪伏机最隐，结党最多，此时虽若无能，及至气势已成，在该辈亦若为劫运所驱，而迫于不容已。凡事之发难也迟，则其为祸也烈。然则就三患而权重轻，觉邪教之当除更有急于二者。虽然，奉法者州县也，执法者大吏也，有实心然后有实政。大吏果有心除害，必先内度诸己，才略允堪济变，属僚皆堪信用，事事根立势举，然后下其法，使之推行，庶不大声色措湘民于衽席之安。若徒相镇以声，相高以名，妄肆更张，漫无筹画，则是乌附与参苓杂投，直同庸医之杀人而已，反不若泄沓者之暂可免害也。故又不可不慎也。

王理庵曰：所指诸事，皆切中症结。三患中以斋匪为急，最得要领。又切戒不足济变者之以更张致患，允矣练达之言。远识吾所钦也。

曾觙庵曰：理庵之评极是。读胡文忠、江忠烈集，有数篇笔气与此相类，大抵办事之人然后有办事之文。今日少如此文，由于少如此人耳。评竟废书三叹。

此篇作于光绪辛巳之岁，距今且三十年。世变循生，所患比当日有加矣。后此不知所届。庚戌六月自记。

书江忠烈公传后

天之将治也，必生众君子，经营缔造，积数十年之久而道始光。其乱也，必生群小人，奸贪选懦，梗塞其间，而祸始极。迨夫势已糜烂，一时蒙被患害出死力以捍疆圉，必平日惜名义重气节之君子，所谓奸贪选懦者不与焉。纵或朝廷振刷纪纲，间予严诛，幸免已不少，数年十数年之后，此辈复循资递转，忝窃禄位，又以成将来之厉阶。三代以下，治日少乱日多，岂不以此哉？粤寇之乱，养痈固非一日，厥后捐顶踵、竭身命以与贼鏖者，吾湖外人为多，其中识机最早、起兵最先、任事最劳、致命最惨，莫如新宁江忠烈公。忠源公之从湘潭间道以趋长沙也，当咸丰二年八月，由余里门过师，余年尚幼，不知其他，第闻父老啧啧称江公纪律严明，师行无滞，尝一日逴百余里，心窃敬之。既而闻公殉难庐州，死事甚烈，长沙建三忠祠，公居其一，每因赴行省试，偕同人游览其旁，辄不禁肃然起敬，叹公之干略志节为不可及，更以仓卒殒命不克竟其志事为绝可悲。虽然，皆天也。使当日湘粤主兵者先后徇公之请，则寇不殄于永安即歼于长沙。鄂抚某公不分公之兵，则提劲旅以凭坚城，必能严绝内奸，守死以待援军之至。天未厌乱，特多生偾事之材，到处与公相午，公乃蹩蹩焉竭吾一生之力，以遂其致命效节之忠。譬之稽天巨浸，操敝舟颠簸震荡于惊湍骇浪间，极口呼吁同舟谨持帆舵以图其济而莫之应。嗟乎！公固沦胥矣，彼愦愦者独何益哉？厥后寇踪遍十六行省，国家糜饷以千亿计，掷数百万人之性命，历十数年之久，仅乃克之，始终不出公聚而歼旃之谋。是公之议虽不伸于生前，终见效于身后，公固可以无憾。独是天下蒙被楚毒，元气索然，不能不致憾于当日偾事诸人耳。是故朝廷不能无憸壬，不可使乘时以都崇高之位。世运不能无倾否，不可使贤者有孤立之虞。凝天命以弭乱源，炳离明以别淑慝，庶君子不受小人之祸，而天心可挽，祚脉得以永延。有国有家者，可不鉴诸？

曾舨庵曰：纯朴而有作作之光，渊渊之声。此篇最完善，无一字可弹射。古文中自有俪语，昌黎最为擅场，姚氏力避之。鲁男学柳下，定不及柳下先祖作《先正事略序》，结处亦有俪语。

书刘方伯瑞州军事

刘君景侨既以尊甫方伯公降寻甸回事属其友人杜俞为文以纪之，一日谓余曰："吾父一生事绩不仅此，尤伟者莫如复瑞州一事，子盍为我撰文记之。"余唯唯。景侨之言曰："当武烈公之围瑞州也，吾父参其军事。瑞州城险粮足，绾全省之毂，寇所必争。官军数千顿城下，且数月，日有战事，终以地险难猝拔，武烈憾焉。一日誓众，期必举，师甫傅城，武烈中炮薨。武烈遇人有恩纪，部将咸来枕尸哭，全军悚然无固志。吾父见事急，攘袂大言曰：'吾兄惟不忍于一城久不下，縻国家巨万钱粮，使生灵涂炭，故不惜生命以图之。城垂克而主将亡，此何等时也，诸君不思并力攻城，为地方纾患、主帅复仇，顾乃相向作楚囚泣，泣其有损于寇哉？'于是众皆收涕作色曰：'公言良是，我辈敢惜死？'回戈纵其城，克之，寇熸焉，西江赖以敉宁。"武烈名腾鸿，公之从昆，湘军将领中最有名者也。当是时，军无主，创痛之余，士气隳靡，非公一言全军，且为寇尽，东南大势亦摇，公诚有功哉。抑吾闻之，兵者机也，惟神识素定不为利疚，乃能审其机而谨持之，否则心先乱，曷有济？闻之张发濬，公性雅俭，与人言退然如不胜，及临大事则机牙肆应，心胆翕张，用能转败为功。贤者固不易测，岂非所谓神定而不为利疚耶？持此以定天下无难，宁仅一城一堡之功？惜乎当日无有上其功而竟其用者，毋亦公自不求襮于人，而人之知公者亦尟欤？然公自此远矣。

曾舨庵曰：熟于湘军本末，故于言战事篇弥有风雷之势，此篇及刘朴堂墓志皆然。

次宜先生述

先生讳俨，字次宜，于树蘅为七世从祖。幼奇慧，七岁能属文，多险语，塾师呵之，自署其幅曰："自后再作此等文，令天下人笑我。"师大奇之。十岁为学官弟子。家故丰于财。父荩甫廪贡生，以经学负重名，为张献忠所执，不屈，断其右臂，人称为了翁者是也。先生于同辈罕所许可，惟与湘潭张璨、攸水陈之驱交善，同县推陶汝鼐父子，汝鼐其妇翁也。时湖南北未分闱，尝与之驱赴行省试，联舟洞庭湖，扣舷高吟，巨鱼惊起，跃浪有声。俄而风涛震荡，舟人大恐，先生与之驱吟益豪，饮益剧，风止浪静则已抵岳阳楼下。楼经新造，是日郡人方拟上梁，文未就，远近文士并集，分笔札较工拙，日晡稿数易，无当可者。先生微睨之，众啃曰："若宁能办耶？"曰："是何难！"援笔如飞，文成奥博，众皆骇服。乃更张灯命酒，询里居姓氏甚悉，良久乃散。先生之学不主故常，大要以通经致用为主。诗文特其余事，然所为制举艺得明人义法，不在正希大力下，人争宝之。故事，督学按部，必召诸生讲四子书义。先生讲《中庸》天命章，词约义赅，使者离席致敬曰："名下果无虚也。"用是大湖南北无不闻廖先生名。清兴数十年，湖外风气犹晦，当事思网罗才乂以兴发士气。先生从父乡贤公字昇生以诸生膺巡抚荐，官茶陵州训导，先生亦经赵恭毅公聘主岳麓讲席，旋举博学鸿词。是时吾家仕虽不显，学行固称盛一时。晚年以拔贡授沅江训导，辞不赴，家居课读，萧然无累。县人王文清，故先生门下士，文清治经颇鉱析细碎，先生勿善也，彼此名重一时，而论学多不合云。先生膂力材勇绝世，尝徒手搏剧盗数辈。喜济人急，自内外亲及他士之寒者，倾赀赒之无难色。主讲岳麓时，悯肄业生赀用匮缺，出修脯佽之，坐是晚亦困矣，而气岸不衰，性无畦町。宅旁有湖，沕潏潜演，盛夏不竭，旱岁邻有乞其余者，曰："汪洋之水，何乞之云？"即日四邻增车埠数十，后著为例，亦不较也。所著《警亭文草》一卷、《息六轩诗草》二卷、《次宜制艺》二卷，县人黄遇隆、陶士偰为序行之。卒年若干，入祀岳麓山长祠。

张仲容诗集序

张君仲容，余友福荄之从弟，凡为诗若干卷，余读而善之。窃以吾乡诗派自国初诸公竞沿公安、竟陵之习，作者无由自立，如廖大隐所辑之《楚风补》、邓子立之《沅湘耆旧集》，采摭不下数十百家，于沧洲、陶园三数公外，求其卓然可名家者不数数觏，甚矣其难也。仲容处湘乡之陬以能诗名，盖能深有所会而不囿于习派。往者随其兄福荄馆余季父家，余尝就福荄谈，间涉谐际，君则瞠目直视，噤不发一语。时以君方年少易之，及稍窥见其所为诗文，清夷和婉，能自拔于流俗，始大异之。自是每过福荄，必与君谈，君亦昵就余，迨严冬归里，犹书问往复不绝。尝一夕穹阴盖原野，雪花蔽空如掌大，居人皆掩闺卧，骤闻剥啄声甚厉，启扉则君与福荄至焉。家人尽揽衣笑起，篝灯治鸡黍，围炉煮酒，痛饮欢呼达旦，以为子猷剡溪之游不是过也。未几君出游吴越，买舟浮洞庭，登岳阳楼，蹑小姑金焦之岭，吊六朝故墟，由钱塘探禹穴，泛西子湖，以底于穷海极边之地。凡夫帝王卿相、忠臣义士、名流迁客战争驰骋、栖息回翔之地，每至必有诗纪之。君性峭厉，非义不合，游江介三载，未尝苟有所托。然三年之中，覆舟于扬子，病沴于润州，徘徊踯躅于吴山越水间，备极艰苦危险、惊怖非常之境。人或咨嗟悲恨而莫能自克，君顾处之怡然。所为诗益豪宕雄迈，与昔时殊，昔人所谓必得江山之助与夫穷而后工者，非耶？君既归，益治先世园亭，竹树幽茂，池馆轩豁，兄弟读书其中，声琅琅出金石。举凡人世之荣利、得丧、毁誉、忻戚无纤豪介怀，粥粥然若未尝一知当世之务者。盖有相深于其际而人莫能测也。丁丑九月，君偕其乡人以试事来长沙，予适馆陈氏之闲园，彼此出诗文相质证，虽诸人所为各有以自见，然絜以君诗，则卒无以尚之也。盖天地山川草木之情状，与夫风云月露惊霆震雹之俶诡奇变，惟静者能窥而有之。故其发而为言也，浑朴而内蕴，天机四溢，有以尽古今之变而揽其奇。仲容静者也，宜其有得于此。是编始于壬申之岁，其时君年甫弱冠，而所造已可观如是，使更由此而深以学殖，捐弃凡近，以精求古人之法，日月所至，容能崭崭树立，杰然自异，而发名声于时，以重吾乡人，仲容勉乎哉！他日者，彼此人事粗毕，携此卷相过于青溪白石间，俯仰畴昔，当必更有振触于怀而不能自已者。留此以为息壤焉其可矣。

武军纪略序代

近世纪战之书称详核不诬者，当以我朝为最。开国《龙兴》一记，神功圣烈炳耀寰区，自时厥后，若赵翼之《皇朝武功纪盛》、魏源之《圣武记》、王闿运之《湘军志》，并皆典核精审，足备一朝掌故。原夫作者之意，亦匪仅敷鸿烈、皀德威也。兵兴战危，圣人不得已而用之，为揭示军事之本末与终事之艰难，亦后来得失之林也。余以武人洊阶专阃，忝窃已多，而戎旃所及，常在西南夷裔。冉駹、卬僰之长，花门、槃瓠之遗，揭竿木拗苛筱以为兵，衡以粤捻各寇，凶狡诚有不及，区区偏师致果曾何足云？然而事会所值，亦有数难。山谷隩阻，径路杂袭，一夫守险，万众趑趄，难在地势。淫潦嘘蒸，毒瘴魂魂，前僵后踣，眥骼相望，难在气候。乍人乍兽，豨突鸟徙，军糈羽檄，动致梗阂，难在驿传。三者皆足以致我。昔殷宗深入，挞伐三载，伏波矍铄，曳足五溪，匪智力偶有所殚也。兵事千变，易地勿能为良，且焉知当日不亦有限于数难与？余始以一旅往来郴桂之交，入蜀而所部寖广，至黔则全军几三万人。时江淮虽奠，东南杼柚渐空，飞挽颇虞艰滞，驱数万饥疲之旅，日与娭徒从事于嵁岩大箐间，至穷万人之力，更历数月之久，不能铲一碉、夷一堡，必待腰絙束缊，虺行蛇伏，凿凶裂罅，冒九死一生之计，仅乃举之。而疠疫锋镝，颠踣于坑堑者，更不知所纪极。呜呼！憯矣！幸赖国家威灵，师行无阻，得以次芟除逆乱，而一念将士之出入肉阜血潭，魂梦犹为惊怛。然则所谓军事之始末与终事之艰难，亦有不忍任其放失者。守官边塞，老病侵寻，刺取昔年军牍，排比经纬，日竟数纸，付钞胥缮写成帙，非敢铺张微末以希著闻也，亦欲俾来者有所考耳。起咸丰己未，终同治癸未。以本军颠末在此，故他不著云。

宁乡刘氏族谱序

宁乡治南百里有汤泉，沸热不可手，《荆州记》谓新阳县惠泽中有温泉，盖指此。去泉里许有蒋安阳祠。宁乡故宋太平兴国年割长沙、益阳、湘乡三县地所置，陈承祚《蜀志》：蒋琬，零陵湘乡人。今汤泉适接湘乡境，征之故迹，准以地望，侯之故宅，当即在此。顾自汉至今千余年，环泉而居者罕闻人，自刘果敏公于咸同间以诸生出领戎旃，助平粤回各寇，始以智功勇名列于史册。而果敏公之弟朴堂观察、从子元鐏军门并跻显秩，子弟之绾符绶、籍学官者复相望。天道不翕集不张，地气非积久不发，则谓汤泉之灵，自安阳后至此始一昌焉可矣。稽刘氏之先，由江西吉水徙湖南之衡山，明永乐时有曰簿碑者，由衡山徙宁乡之白石峰，其地去汤泉不盈十里，世以耕农为业。先世故有谱，入国朝凡两修，一修于果敏之尊人光禄公允慎，再修则果敏自秦抚告归时所手定。日月逾迈，忽忽又卅余年，朴堂虑岁久或有遗忘，与元鐏建议续修，以编纂属藻秋学博。甫创稿而朴堂、元鐏相继下世，藻秋惧日久放失，穷日之力重加编辑，而征序于树蘅，其言曰："余之赓续此举，体裁义例一准先伯果敏之旧，奉迁宁之簿碑公为初祖，以上列之总系。尝观吾同姓之谱，非远祖豢龙即近宗炎汉。至南岳诸刘自出舂陵，北宋人犹能言之。吾家来自衡山，非不知据此以为门望，顾传嬗远而宗系难明，毋宁守先训而征实于近。惟生卒、卒葬视再修时有加，不加慎审或有阙略，为戾滋大，不能不尽吾心。子盍为我发其凡？"余闻而韪之。明允有云："谱者，谱其所可知也。"侈门伐溯远系，乃六朝唐碑记文之习派，其时承曹魏九品官人之后，势处于不得不然。且去周秦犹近，若断若续之坠绪犹得而理之。今则中外一家，去汉唐又千余年矣，必欲溯原于赐姓受氏之初，不亦惑乎？兹编一遵先志，不敢偭越，可谓知谱之义矣。抑人亦有言："足于己者，无俟外援。”今刘氏一门，文武通达，方隆隆而未有艾。果敏殄寇之功，不在安阳专事一隅之下，家世之盛，岂止震于一时？继此以往，相保相守，读书治生业，自处于不可废，安见汤泉之灵不永永钟毓于德门乎？重违藻秋之意，用质言之，以为嚆矢焉。

曾般庵曰：如青乌家先认主峰，次观少祖，文拈汤泉，其主峰欤？陪以安阳，其少祖欤？谋篇之善者也。

清泉欧阳氏族谱序

尝观各族之谱，多溯源汉唐以上，举一姓之名德巨望，衍为一脉，图表蝉联，蔚为巨帙。传嬗久而支分派别，转相涂附，世系愈不可稽。先贤先儒之裔蹈此弊者尤多。其实州壤各判，昭穆不能尽明，譬诸草木，区矣别矣。凡此非扳援华贵以张门望、希优免，即侈其生齿之众，图炫襮于里中单寒之家，甚非作谱之本义也。宋以来谱学之精，推欧氏、苏氏。明允《族谱亭记》只及近代，永叔义例稍宽，然亦只致详于安福公以下所谓八祖子孙者，何其慎也！曾文正《衡阳彭氏谱序》因欧阳公讽曾子固奉关内侯据为诸曾之祖为不能阙疑，文正亦讥公所著《唐宰相世系表》于巨族推其出于某帝某王，如屈伸指而数庭树，略无参稽犹豫之词，为不善阙疑。夫以欧阳氏谱学之精，犹来文正之讥，则凡承修谱牒而出于庐陵之系者，可不加慎乎？清泉欧阳在勤居常宁之松柏，尝述其迁湘之祖曰安世，原籍庐陵，为文忠四世孙，官湖南衡阳令，罢官后子孙即居县之西南境，为今清泉县地，递传有曰相、曰用、曰明者，错居清泉、常宁、桂阳州之域，生齿繁衍。自来谱牒皆合修，今适当续修之期，其居清、常两支之人，翕然愿赓前典，而居桂阳州者则因岁比不登，举凶荒杀礼之说旅辞。在勤乃谋之于众，权举清、常两支而谱之，其于桂阳之宗仍详其先系，并著先合后分之由，以免将来之遗佚，属树蘅弁言谱首，以发其凡。余闻而善之。收族之谊，有经有权。同条共贯，举其所可知者而尽谱之，俾无遗漏，经也。时绌举赢，人有未逮，我姑叙本支以免放失，权也。权之至者，亦即无戾于经，此举可以无憾，夫何疑焉？余频年往来清泉、常宁之郊，与诸欧阳习，而于在勤尤深，喜其宗人循职分、务耕读，不失为方雅之族。今在勤与其族人赓续支谱，于不获已之中仍达其应尽之义，可不谓贤欤？夫事之守大义而又不深佛人情者，天所与也。吾见欧阳氏之方兴而未有艾矣，故不恤为之序云。

极平常事说得深合礼意，是以八家笔路阐六朝人议礼之识者。

欧阳母朱太孺人七秩晋六寿序

光绪丙申春，余治矿于常宁之水口山。距山十里，有市曰松柏，濒临湘岸，初至时僦市屋以居，藉识市邻欧阳上舍藻。藻之为人也，朴属谨厚，练习物情，南轩张氏所谓晓事人也。常宁故析耒阳地所建置，山谷杂袭，饶五金之利。县属既山多田少，终岁所获不足以给众人之用，则相与伐山斫谷，笼银铅煤铁之利以济物产之穷，一时饶心计而善于其事者，或因此而擅奇赢，师师相承，寖以成习。藻独退然无所预，但以诗书稼穑课其子若弟，躬自列肆于廛，握牢盆权子母，习计然、白圭之业。或以矿务见招，则谢曰未遑。余心异之，试测之以言，则曰："此吾母之教也。当先君见背时，吾母年甫三十余，藻兄弟五人，幼者犹孩，家故微也，赖吾母勤俭节缩，质明而操作，向晦犹未居息，折葼之训，不以孤子弛其严。今藻虽无似，而仲与季并承吾母之训，知饬书以励于学，仲且幸籍于庠。家虽未康，于先人所遗之产有加矣。至于坑冶之利，藻非不心艳之，吾母则诫之曰：'是不可为也。矿蕴于幽嶙，非穴地无以发其藏。水土之役，易致崩陨，惧不免于伤害。即侥幸有获，人之觊其利者，必百计以相倾笮，械斗讼狱由兹而起，是为得不偿失。其或因凿空而致折阅，更无论矣。家有薄田，尽供饘粥，勤力合作，足以长吾子孙。吾闻之：暴富者不祥。愿汝食旧无愿外也。'吾母之言若此，藻用兢兢勿敢忘。"余闻而喟然曰：有是哉！太孺人之贤也。自刘向创为《列女传》，后之修史者必裒录一代之贤媛以著录于编。然上下数千年，女子之以才德见者多矣，至于具高世之识、通究事物之理如敬姜、辛宪英一流，即书传中亦不多见。然则如太孺人者，宁可多得哉？抑又闻之，太孺人不第优于识，抑且厚于仁。人或穷乏不能以自存，必分余粟以振之，屡求而不厌，遇歉岁厚其施，远近之人并颂慕不少衰。自奉虽觳，延宾师必加腆。一家之中，幼子童孙既皆有事于占毕，一塾不能容，则分两席以课之，束脯之供、浆酒藿肉之烦无所恡。藻感母氏之劬，会朝廷捐例开，谋纳粟得诰命，推封其亲，太孺人不之许，谓与其入赀以忝笄珈，何如隆师而课群倈？倈者，衡永间髫稚之称也。凡此皆于无意中得诸藻之自述，与其乡人之称颂云。《诗》有之："釐尔女士。"说诗者谓：女有士行，故蒙士之称。吾于太孺人则谓不仅有士之行，且饶伟丈夫之识略矣。丁酉某月某日，为太孺人七秩晋六帨辰，都人士谋制锦以为升恒之祝，征序于余。余惟宣圣之论仁知，于仁之实归宿于静与寿。坤道主静，得一而有常，是以老寿蕃祉之征往往女多于男，静之效也。今太孺人啬己而厚施，其有合于仁之体。中更孀独，葆其贞静纯一之德，于以延其龄，大其门，而昌其子孙，所谓无成而代有终者，其在斯欤？重违诸君之请，爰粗述群经之旨，以明获寿之有由，为跻堂者晋一解焉。

姚母黄太夫人八秩寿序

树蘅诵诗至"无非无仪，唯酒食是议"，窃以谓言各有当，此殆为妇人处顺者云尔。若夫际家道之曲艰、生人之蹇厄，惟是率中馈恒职，不思出险济变，以求合夫承天代终之谊，则亦非地道之正矣。吾于姚母黄太夫人有得而称焉。太夫人故通议大夫铭三太守之德配，现任广东永安县知县笃生明府、甲午科举人润吾孝廉、湖南候补巡检缉吾少府、国子监生溥臣上舍之贤母也。姚氏故浙东右姓，中更衰落，至太守君益微。始以孤童育于外家杨氏，太夫人之来归也，即杨氏家成礼。甫逾月，太守君随其舅氏习幕蜀中，留太夫人依杨氏，居杭州，饔飧之供朝不谋夕。太夫人不欲以此累戚属，凡夫疏布之衣、粗粝之食、宾祀问遗之琐琐，悉取资于十指，复以其余致腆于夫之外祖母。由是内外姻党靡不称姚家新妇之贤。杭州擅丝枲之利，据湖山之胜，嘉道以前鸾舆屡经临幸，增荣益观，自成丰豫。自粤寇俶扰南服，据金陵为伪都，苏杭居其下游，疆臣悉率以供金陵之师，以为增北府之防，塞皖南之阻，寇不敢东向以窥吾圉，人人恃以无恐，太夫人独忧之。杭俗多停棺不葬，往往积数十年庋置僧院。时太守君之母柩亦淹寄寺中，太夫人知杭当受兵，亟称贷于人以营葬事，不足则撤簪瑱以佐之，或有讥为不亟之务者，太夫人不恤也。居无何，太守君遣人以书问迎之入蜀。当是时，烽火遍江淮，蜀居长江上游，泝江上峡，水陆九千里，风涛之震荡、径路之岖险、猿狖貙虎之狂攫而惊嗥，昔人状其行路之难于上青天，所亲咸危之，群相尼止，太夫人卒不顾而行。凡七阅月始得达，时杭州已陷于寇，昔之穹宫巨观、高楣大第并成煨烬，杨氏亦阖门殉焉。每当深夜愔愔疏灯絮语，太守君既衋然于乡土之难未有穷极，尤深感太夫人智烛几先，妥先魄而离危祸，得有此相见之一日也。及太守君就官湖南，未及一月，即奉转饷安庆之檄。时江上战事方棘，往返必须绕避，又初至，赀用乏绝，意颇趑趄。太夫人曰："此事他人不属而专属君，是上之人以君为才也。事济当蒙眄睐，家食不足，吾宁节缩以供之，行矣其无疑。"太守君遂行。及还役，果以此受知大府，不数年历宰赤紧，荐升牧守，声绩由此愈隆。当官宜章时，粤寇逾岭来犯，公私赤立，太守君拊循绥缉，昼夜督兵民登陴固守。事亟时，家人劝太夫人方舟顺流避居长沙，太夫人慨然曰："主君谊不负国，吾辈焉可负主君？设无幸，园池止水吾与若并毕命于此矣。"已而援师集，城得无陨，于是人皆服太夫人处义之精。自是太守君凡有泽及民物之事，太夫人必力赞成之。其他施及姻亲周急拯危之事，不胜枚举。太守君故廉吏，入仕多年不名一钱，无几微交谪。惟日以勤俭自约敕，洒扫补缀，为之不厌。子女劝其节劳，则曰："吾自安之，无所谓苦也。"太守君有男子子四人，女子子五人，惟笃生、润吾为太夫人出，余子生母并早世，鞠育婚嫁胥太夫人任之，诸子亦孝敬愉愉，感母氏之劬，各有所成立。以故太守君下世已十年，家声无替于旧。树蘅夙闻阃德，近与缉吾习，益知其详。一日缉吾请于余曰："今年十月为吾母八秩寿期，称觞于吾兄永安官舍，庭熙羁留湘上，不获随诸昆登堂进爵，博吾母一日之欢，愿丐先生一言书之屏幛，俾弟庭焘持归，陈之堂上，藉伸望云遥祝之思，先生其无辞。"树蘅唯唯，惟愧梼昧无文，不能发皇徽音，谨摘懿行之大者叙之，以塞缉吾之请，为太夫人晋一觞焉。

刘惕斋先生七十寿序

光绪甲辰秋九月某日，为刘先生惕斋七十寿辰，适其次君以是年隶学籍，季静庵早廪于庠，有声湘泽，余子力田供养。一门之中，诗书稼穑各执尔业，先生高年怡愉，神明不衰。族邻群然知善之可为，而颂先生获福之有由，拟制锦以伸跻堂之祝，征序于树蘅。盖先生为里闬德人，静庵又从学有年，未敢以不文辞。夙闻先生内行肫笃，家故农也，薄田无几，皆自治之。幼时自塾归，其父必命之行田疏涧淙、缮畦町，与佣保杂作。父或负戴于路，辄趋往代之，遇疾痛疴痒，扶持抑搔无斯须离左右。其事母也亦然。弟某颇佚荡，或深夜不归，则持扃钥以俟，至则启扉纳之，不令堂上人知，亦无责善之词，久之弟亦嘿感而轨于正。读书求心得，耻为章句口耳之学。国朝承明旧制，以八股文取士，俾习知孔孟之微言大义，法非不善，流暨既久，司文枋者奉行不尽如式，每命题辄割裂瓠析，名为避熟，实则自掩其荒陋。于是缀文之子皆束群籍不观，专取坊刻程文以相侔揣，单慧之姿，虚弄机彀，一艺偶合，循是掇巍科、膺朊仕，积资以登台鼎。士见出身非此末由，翕然趋之。朴学因此愈微，人材遂因此日窳。先生心知其非，自顾莫能正其失，仅一入试场以顺亲命，遂绝意科举，日惟从事于经史有用之学。深山草庐，一编自随，罔间凉燠。复捃摭史鉴中有关世用为人人所应知者，制为歌括，以诏其乡人，训其子弟。经师人师，所立卓尔，被其教者大都谨饬务学，不敢轶于人范，亦犹苏湖弟子望而知为出安定之门也。窃谓三代以下，学校隳坏，教与学两无所丽，中间如汉如唐如宋，虽孝悌力田、茂才异等垂为科目，冀以收作人之用，究皆名存而实不至，则以教之不豫故也。金元以降，自郐无讥。近因海祲不靖，当事渐知空文不足以弭敌，稍稍讲学，务兴工艺，以蕲复古者六艺之遗。而承其事者或阳奉阴违，或虚应故事。间有深知事会之来，非师外人之长不足以图自强，而于承学之选顾往往不择而育之，糜百千亿万之金钱，学鹄未正，流弊滋多，其患与阳奉虚应无以异，且或加甚焉。岂知体不立，即用不行，本实拔，斯末不举，此古今中外之通义而莫之能易也。不此致审而贸贸然行之，宁有幸乎？然则如先生之敦伦纪、习勤苦、劬书体验以衷实用，是即所谓本也，所谓体也。奉此以研求有用之学，何功业之不可成？惜乎达者之罕也。《易》曰："天地闭，贤人隐。"方今世难未夷，群言淆乱，语以先生之学，非病为儒缓即讥其顽固，卒之孰得孰失，有识自能辨之。天道无剥而不复，数年之后，情见势绌，覆辙相寻，必有返求诸本体以大其用者，则先生之学昌矣。愿抱冬心，禁历沍寒，以待萌朕之一日，知天之锡先生以年，必有因此而愈笃者。故不惜引伸其义，以为左券，且为先生侑一觞焉。

珠泉草庐文录卷二

蓺芳馆诗录序

二南多后妃夫人之诗，诵《葛覃》、《芣苢》、《采蘩》诸什，悠然见成周盛时，女职恪供室家熙熙之乐何其厚也。近世女子之作，多流连光景，以求媚悦于人。不则幽忧无憀，戚然无以自处。师氏之训：不先学，不足以贞遇。动为境困，斯道所以日下也。树蘅读湘乡曾母郭太夫人《蓺芳馆诗》，窃谓有合于古焉。太夫人为蕲水郭氏雨三太史之女，太傅文正公子妇，栗诚部郎之室，舨庵编修、履初、敬诒、季融三观察之母，门阀之盛称一时。微闻部郎君没京寓时，兄公惠敏公奉命出使海国。文正一生无余财，所处容有不易者。太夫人愍默自敕之余，第策励良子奋于仕学，以承先业，他无所问。洎诸子先后通籍，隆隆以升，福履丰腴，可以自愉矣。顾乃躬躬畏慎，无改于初。或就养往来燕南赵北江海繁会之区，目击世变，循生习尚之日趋俶诡，辄不禁感胸慨臆，情见乎词。迩来年齿夙暮，定居长沙，犹昕夕管持家政，不因老而弛其勤。人所难者勉为其难，人所易者不视为易。孔子论处约处乐之能长久，归本于有仁，如太夫人者，岂非得性情之正而善于处己者耶？是可贵矣。树蘅与舨庵交最久，今岁二月遇于长沙，以所为散文属其订正。会有山越之警，树蘅还故山。一日，舨庵以书来，谓："当城中爓乱，时惧惊，吾母亲率市人荷戈巡行衢街，及归寓，则取君文为下酒物，每尽一爵，击节称叹。吾母命广钧曰：'汝既善廖君之文，盍求其一言以序吾诗？'"舨庵以为言，不敢以不文辞。夫吾之文，曷足动人嗟赏？至太夫人此集，信可传后，为一代女宗之绝出矣。乃书此以归之。宣统庚戌六月，宁乡廖树蘅。

邬筱亭诗集序

桐城姚氏论诗，不薄明七子，以谓诗宜从声闻证入。余尝服膺其言，并服其所为诗。吾湘曾劼刚言：国朝诗于七言长句，当推惜抱翁。居恒以所见与余有合，得稍稍窥见作诗本旨，窃用自熹。盖古昔盛时，上自公卿大夫，下逮委巷寂寞之士，其发为歌咏，无论庄谐愉戚，类皆情词票姚，音中宫商，传所谓律和音谐也。流暨既衰，作者专务翻前民窠臼，于是以拗涩为古，以幽僻为奇，极其功能所至，居然自成一家。欲其春容铿丽，有合于风人之则，鲜矣！姚江邬君筱亭，少孤贫，试吏于湘，既而不乐卑栖，去而入幕。守其节母之训，终身俭觳，刻苦自励，用能葆其贞素，发声名于时。一时东诸侯之闻其名者，争相延致，惟恐其不得当。盖人皆知君为佐治才矣，顾知其能诗者甚少。光绪己亥、庚子之岁，余以治矿权清泉校官，君适居州幕，既彼此相识，通殷勤，乃各出所业相印证。时王先生壬秋主东洲讲舍，评君诗声音浏亮，词事相副，且决其晚遇必亨，君闻而为之益勤。及余来长沙，君为院司治文书，踪迹仍在一方。一日，出其先后所作见示，盖已裒然成帙矣。于簿书堆中，为之不倦，而格律益古，不能不服君才之优。唐代诗人如高达夫、杜子美，皆回翔大藩，藉山川人物之阅历，以昌其诗，遂卓然为古今诗人之望。然二公者，或崎岖边塞，或流离山谷，愉适少而困踬多，今君平流相羊，所往来为东南泽国，有啸歌之乐，无尘壒之累，所谓晚遇者，非耶？君待人有终始，累出气力拯人于险。平生啬于用财，独扶济困难之交无所吝。其性情盖有余于诗之外者矣。世未有无性情之人而能成就一事者，独诗也欤哉？

宋元良先生传

宁乡之西南曰温泉乡，有隐君子焉，姓宋氏，名宗万，字元良，国子监生。先世故右族，乾嘉之际稍替矣，至先生之父，始以勤俭兴复其家。先生席先业，子能持家，终身宽然，不问有无。道光时，里中物力丰浩，颇务华侈，先生独无所与。所居近山，嵁岩邃谷间，多盘根樛枝，历落相映。山春初和，率僮奴穷历险远，锤幽凿罅以出之，归而罗植庭院，润之以清泉，芟其灌翳，拗其柯节，久之枝叶骈互，层出如掌。先生喜之弥甚，宅前后遍植，几无隙壤。终日箕踞苔岑，目营魂与，皇皇焉，至于忘昕暮，废寝馈。人或过其门，辄曰能从我一涉园乎？有誉其树者，则益喜，或即推赠，无所吝。盖人心必有所寄，而后能屏外营。痀瘘承蜩，宜僚弄丸，艺也，而道存焉。富岁，子弟酣豢，罔所事事，故声色狗马之事以起，先生独能守约，不染敝习，藉此以怡其情葆其龄，并以持其盈，可不谓犹贤已乎？性伉直，人有不善面折无隐，然实无容心，其人能改，遇之如初。宋氏与廖氏世姻，先生与先君子年相若，两家结欢久，往来绝勤。先君质直略同先生，余尝从容婉讽，恐府怨而为人所疾，先君卒率恒性不为动。及今先君与先生殁皆有年，远近并颂慕不少衰，而我辈之自托明哲者，言行转未孚于乡里。以是益知自治之疏，平日之所以事亲与测先生者，多未尽也。先生虽未管家政，能以勤俭率其子，晚年家日有赢。配杨孺人，慈淑易良，能称先生之德，同岁卒，年皆八十有一。

杨范臣先生传

先生讳亦模，字范臣，宁乡人。明之季有萧庆四郎者，为杨氏赘婿，遂从其姓，先生其裔也。曾祖某，祖某，并有隐德。父某，武生，早世。母王氏，有子二人，先生其季也。生九岁而孤，恂谨如成人。稍长随塾师学，为制举文，理致深厚。尝以例贡生读书岳麓书院，院长欧阳坦斋雅重其文，屡列高等。顾连试有司不利，遂辍去，专意治生。家故有田数千亩，所居云木阴沉，陂湖潜衍，跳鱼集鸟，涵育噞喁。先生优游林下，不二十年，资产倍于前。道光中叶，吏法刓敝，刁民以岁晏，朋索富者之门，稍不满望辄撞搪叫呼，毁厩发廪，掠其粟帛牲畜以去，或决堤刳堰以泄其水利，形同寇掠，莫敢谁何。里魁伍伯，阳为和剂，阴实主之。讼之官，漫不訾省，而丁胥贪婪，至破产不得一直。先生夷然任之。有以非分干者，召里邻谕劝，量与以钱，不轻涉讼。或明知里魁构煽牟利，但倚其驵诈，足资我用，亦遂容蓄，不相擿发，俾为害不至已甚。以是人多颂杨公长者矣。乡俗，贫户举女不能自育，辄夤夜送人门外，啬者略予财帛，转送他所，设遇冱寒，多道毙。先生之门，送者岁以十数计，每拾一婴，立予粟十斛，发佃人养，为童媳。屡费而不吝，故环先生居少鳏民，亦无自杀其女者。其后县人敛谷为育婴公社，岁终按口俵给，所给少而散不以时，婴之得全者寡。于是里人益思先生。军兴，捐例开，县置绅宦数人，按户验索，名曰劝捐，幽囹圄受笞者，哀号相续。宁乡凡派捐十一次，先生闻令，则率先输助，前后近万金，大吏益称其贤智云。自奉俭约，冠裘数十年不易，敛藏谨久而光泽如新。所居之室，净丽无纤埃，喜莳花墀堿间，翠碧鲜腴，芳风不断。间为小诗，有韵格。工擘窠书。居家有常度，饮酒未尝过三爵。甫明即起，僮奴数百指，各授以事，部勒井然。体丰腴，不苟言笑。人有干者，无少长，皆以礼接纳。粟虽多，终未尝受议叙，后以子四品阶封朝议大夫。配彭氏，封太恭人。太恭人性慈俭，能佐先生有其家。同治十年十月，夫妇并跻八秩，距其初婚时适周甲子，戚里跻堂为重偕花烛之会。是日丝管铿锵，内御者拥太恭人，花簪翟衣，与先生交拜成礼，内外大欢。明年，先生与太恭人先后卒。子曰炜，曰煐。孙五人，曾孙三人，玄孙三人。余家与先生有连，知其内外事甚详属。其孙名岳峻者，列序先生事状，属为撰传，谊不敢辞，谨摭其大者书之。独是先生殁才二十年，里中敦庞廉俭之风，稍不如昔矣。传先生不禁婵媛太息也。

刘笏泉先生传

先生讳丕文，字笏泉。先世有曰经源者，明成化时由江西庐陵徙宁乡衡田，再传曰峣九、曰峣十，并以资雄里中。会有临蓝矿贼之扰，兄弟筑堡以居，坚墙厚闳，绵亘里许，前列圭门九，形制甚伟，今犹存其一焉。先生为峣十之裔，曾祖曰达生，祖曰添擎，父曰敦五，仍世务农。敦五生先生兄弟五人，先生次居四。一门之中，秀读朴耕，家日隆隆起。先生以习专经登嘉庆戊辰乡榜，连试礼部不利，居家奉母。母年近九十，高年怡愉，五子环侍，极盘匜瀡瀡之欢。田园邸第，日增式廓。先生饶干略，县属有大兴革，多倚之为重。道光中叶，江华猺煽乱，提督连兵进剿，县当孔道，兵差络绎，县令按饷征费应役。资已集矣，院司不善所为，严檄罢征，已收者悉还之民。令窘，谋于先生。先是县人有欲于南关外建浮图，绌于费不果，先生为具请大府移兵费造塔，允之，令得免议。由是德先生甚，投契逾密。先生于县事利病，知无不言。未几，令因他事嗛之，摭浮言腾书大府相龁龁，几中危祸。人多不直令所为，先生自是亦杜门扫轨，不复与闻他事矣。是时里门物力丰浩，又丁承平无事之日，家有歌伶，岁时宴客辄出以侑酒。先生故精音律，伶人度曲偶误，则召立筵前，亲为正拍。酒阑人倦，或即颓然偃卧座上，不复知有主客。近世王禹卿，行无远近，必以伎乐自随，及客去乐散，默然禅定，殆其流亚欤？生平邃于制艺，亦喜吟咏，著有《槐阴阁诗草》一卷。余尝登里中石牛峰，见镵诗其上，字用隶法，扪苔读之，略能辨认。诗有寄托，视彼沉浮于世事而不知返者，相去盖远也。先生为先大父业师，其孙有字紫香者，茝秀绝伦，与余有交，惜早世，不竟其业。余惧先生之流风久而就没也，为条列其大概，俾他日志地者有所采焉。

张子均传

张君子均，逸其名，湘乡弦歌里人。性疏脱，善饮酒，醉则吃吃笑不止。常数月不沐浴，敝巾曳履翛然也。好买书，得钱辄付坊贾，然不甚珍惜，多散佚。喜谈兵，料事奇中。咸丰初，粤寇僭号江宁，君曰："寇习邪教，无远略，直成擒耳。"六年夏，斋匪倡乱，倚湘宁接壤之罗仙寨为窟穴，县令集团丁数千，赭其巢，复言大府，请大发兵。君曰："幺麽贼，吏卒数十治之有余，征调何为？"事后，咸服君言。君精拳勇，性豪宕。少尝赘湘潭某氏，某故富于资，妆赍衣物田产甚丰，君置勿顾。妇翁以其不事生产，微讥切，君怒返其田，绝去不与通。尝扁舟往来江湖，一日登黄鹤楼，醉书壁云："故园心事促归程，好趁蒲帆泛泛轻。回首长江万余里，一波未了一波生。"读者可以想见其概矣。同治三年，大军克江南城，君时佣书军中，随至伪天王府。金钱狼籍满地，人争攫取，室中缊火焰熊熊，就视皆宋元人墨迹，急灭火出之烬余，罕有完者。君顾喜甚，囊归长沙，出以示人，有爱者即分持以去。余尝于张发濬所，见山谷诗册半幅，残缣断楮，犹然希世珍也。晚益困，冬无裘夏无帏，或连日不得食，则撷溪毛杂粞以食。有遗之粟者，拒勿受。当乙卯、丙辰间，余读书里中之阳和塘，君时僦塾旁屋以居。同学十余人，惟余年最幼，君顾喜就余谈。一日早起，谓余曰："夜来月色如银，窗外紫丁作缬，风来甚香，殊适也。"窥其突无烟，问其邻，绝粮已两日矣。其孤洁自好如此。后不知所终。

曾鲰庵曰：写独行逸民，有海山缥缈之致。

萧云阶先生传

先生萧氏，讳震万，字云阶，湘潭诸生。父曰恒斋，迁居宁乡五都，又为宁乡人。先生性严重，为学刻励自致。嘉庆时，罗鸿胪典主讲岳麓书院，先生从之游。鸿胪治朴学，教士有法，先生尽辍所学而学焉。中年客授于外，学徒多务速化，习八股试律，不能尽如先生之教，稍稍引去。自是闭门扫轨，专力治经。尝隆冬负暄南荣，布裘毡笠，手一编，咿嘤不辍。或有劝其少休者，笑曰："老不读书，死为鬼亦汶暗也。"治家绝严，内外斩截，至有佣其家数年未窥其庖者。悯乡俗礼教衰薄，手订婚丧祭礼，沿朱子之说稍变通之。平生不喜阴阳神怪吉凶之说，中堂奉四代栗主，无渎祀。禁子孙勿入剧场，至今犹能守之。咸丰壬子，粤寇犯长沙，聚掠村闾，联艅由瓦官口入，去先生居不远。一日，寇愈逼，先生冠服坐堂皇，命家人坎地置棺，曰："寇来尸我于此，汝等逃生可也。"既而寇不果来，先生得无恙。晚益喜研经，通究大谊，所著经说，亦质雅入古，其存者皆所手订也。子曰骥，曰骅。骥诸生，以诗鸣。

张君福荄传

君讳发濬，字福荄，一号篆星，湘乡人。父治家严，君以长子，督望尤切，自龆齿至于成童，每放学，不离父左右。年十六，父命习医，君泫然请勿徙业，父悯之，始命出就外傅。君刻苦自励，昕夕罔倦，不数年学大进。试郡县，辄有声，顾不利学政试，年四十始受知郡伯童公，录第一，即于是年隶郡庠。君学务博览，经史百家之书，过目不忘。其见赏童公也，经题为“金铁皮革筋角齿”，君援据经典，钩考襞绩以缀于篇，入场固未携一字，闻者骇服。湘中嘉道以前，士溺于时文，束群籍不观，间有学为唐宋人之文者，绳以义法，多未有合。自周星叔、邓子立两先生别裁正伪，途轨始正。曾文正集其大成，柈湖、玉池益赓其绪。于是湖外之文，几欲与江皖名家争席矣。君生文正之乡，渐染遗则，与里人章瑞坦兄弟讲求诗古文之学，以倡导后进，乡人翕然从之。性耽游览，遇山水清胜名人故迹，辄盘桓凭吊，以寄其旷远之思。所居故南宋王侍郎容故里，容以淳祐十四年登第，至今犹名其地曰状元坪。坪中银杏大可十围，磊砢轮囷，枝蘖骈互，君暇辄招其群从及里中友，藉草树旁流连忘反。涟水出珍涟山，绕县城东下，风漪沦回，清澈可鉴。江上有山曰东台，树木丛翳，磴道盘纡，梵宇琳宫，离离造香，风景雅类麓山。君常与同人置酒山寺，赋诗以为乐，绘《东台看云图》，征人题咏。嵬俗之子至榜游者姓名于交衢，以君名列首，同游病之，君笑曰：“兰亭竹林，风期千古，当时宁无恶其标置以相诙嘲者？由今观之，定何如也？”其自憙好遨益甚。法人败盟之岁，诏起湘中夙将，聚于海隅，君亦随众出游。心既无所系属，遇乡人主兵者，疏脱无加礼，或疑为亢，其实无容心也。所亲有专阃衢州者，迎居署中，留数月以归。自是游亦倦矣。洪彭生述，为君门下高才生，诗文奇丽，余尝拟之徐祯卿，不幸早世，君哭之恸。盖生之事君犹父，又能驯服君之教，发声名于时，以为君重，故丧予之戚，日久不能忘。君虽脱去畦町，而内修特严，人有不谊，去之惟恐不速。一日与余同客省门，见冶服佚游者，顾谓余曰："若辈安所历劫，吾与君庶其免乎？"余举左未生答望溪语为进一解，君笑颔之。君长余十岁，卒年六十二。两娶皆举子不育，纳妾亦无出，以弟之子主后。女四，长为余长子基植妇，婉顺宜于吾家，屡乞为君撰传，曰："吾父蹇困一生，著述多散佚，非得大人一言，后将无征。"言毕累欷。余哀其意，为举其所知者以传之。虽然，余亦曷足以传君哉！

曾舨庵曰：文有诗心，无句可摘。

张君研吾传

君讳运翚，字研吾，姓张氏，国子监生，邑之飞凤都人。先世以典商起家，至君之祖讳国某，益恢大之。所居滨河，方志所谓乌江也，土沃水清，擅林壑之美。君生十岁而孤，弟运某尤稚，母李氏守节自励。君以幼孤失学，专力治生，凡殖材于山，艺种于田，饫豕于牢，种鱼于陂，穷日之力，躬率佣仆为之。林垧沼沚或有堕剥，立召工役修缮，多费而不恤，力劳而不弛。人或以为不急之务，劝少缓以节虚糜，则曰："有基而坏之，是弃也。且吾虽费于目前，终必取盈于后日。吾之居积，固与人殊也。"为之愈益勤。不二十年，樾竹连山，陂池潜演，凡所规措，靡不饶衍。咸同之际，里中富室多中落，独君搘拄勉完故业，则以林沼之羡，有以缉其匮也。树蘅尝慨吾湘少久故之家，往往祖父丰盈，不再传即更衰落，弊由习侈，不能时其丰啬，传嬗久，生齿繁衍，一析再析，遂以无余。又子弟习成骄惰，不屑亲琐事，一任田园荒秽，僮奴侵盗，如此安得不日入于窭？如君者，庶几能保世矣。君性俭觳，一裘历数十年不易，而事亲则不敢恤力。母性微卞，愉愉承颜，务得其欢心。与弟析居有年，母以季子不善经纪，命复合爨。弟殁抚孤侄，曲有恩纪，终君之世，与侄同居，无几微见于颜色，人尤以为难。以光绪二十二年五月二十三日殁，得年六十有四。娶李氏，子三，振襄、拔襄并茁秀，工文词，善书法，先后补学官弟子。拔襄从余游有年，一日以状来乞撰传。余知君甚稔，故为书其概云。

刘质亭传

世习脂韦厌戆直，人有执义不阿者，比俗之人往往惮而远之。及其人已殁，则相与咨嗟叹息，以谓某君正人，使犹在，我辈将有所恃赖，今无其人矣。吾于刘君质亭有取焉。君性伉直，遇事棘棘不阿，大义所在，则为之必力。家仅中资，于先人祠墓，常率先捐重金以导其族人。人有行不合谊者，面折峻责不少假。受者虽病其椎直，然鉴其无他，亦自屈服无孕恨。余家与君居毗连，溪上之田犬牙相错，彼此雇佣力耕耨，勤求粪田之法。年来人力匮乏，农家多运谷至外埠易枯饼以为肥料。枯饼者，鄂皖所产吉贝花落，其实压油既尽，所余渣滓规为圆饼，碎而扬之田中，性热易发苗。然循用久则土质渐坚，田受病，每岁使米粟外溢，费亦不赀。余仿《周礼》草化之法，市肥草、红花、油菜诸籽种，于获后散布田中。方春芳华满垄，谷雨前腰镰刈之，浸之水土中，越宿而腐，泥质经化，坟起红润异常。秋成，实颖坚栗，获有赢。然布种必禁牛羊践龁。方建议，时人多以为不便，群起挠之。独君以为可行，共相维持俾勿坏，至今人食其利。楚俗明机尚鬼，乡有水旱疠疫，则敛钱召羽流斋醮以求禳解。余以事涉不经，谕止之，故吾里数十年无设醮演剧之事。君虽与余衡宇相望，而图甲各异，力不能违众禁制，遇里人有执戈扬盾之会，则闭门勿与，而深以余所执之义为然。即此见君处事之不惑，可以破时俗之愚。而余之雅重君，亦非尽出于同己而阿好也。光绪辛丑二月，君下世已两年，其孤乞为撰传，乃摭居乡治田之事，拉杂书之，盖欲存其真且砭薄俗也。

曾觙庵曰：似徐玄庐农政书中文字。徐文在明末殊博奥，有法度，顾无称之者。

龚君识昭传

六行孝称首，犹五常之仁，五行之土。物物各有其一体焉，五者一不备，即不得谓为孝。东汉重名义，末流至事亲亦多矫饰，朝廷从而褒之，过矣。岂知本实先拔，他行举无足取。吾于新化得一人焉，曰龚春丝，字识昭。君少孤贫，兄弟五人，伯仲季皆早世，君与叔兄奉寡母居荒园老屋中。兄喜遨，恒屡月不归，君独力治园，鬻菜茹充养母，有疾昼夜不离左右。母嗜饴，食时喜分甘幼稚，君市两盎置床头，时其有无，令无缺乏。置钱枕畔，以充老人不时之需。几几乎陆氏所书崇明老人轶事矣。所居曰北溪，故有市廛，市人廉君勤能，招使主进，旋与共业，用此所入渐有赢。母以某年月日卒，年九十三。君恸母早更穷乏，罄所有以营丧，或以称家规之，勿顾也。毁甚，隆冬席地得寒疾，甚惫，所亲以君病重，起攒时未令君知。君见柩已出堂，则哀号徒跣从之。时舆机者正渡河，舟离岸数丈，君凫水奔赴，凶几灭顶，赖会葬人多援之起。见者感叹，以谓如龚君者，庶几知有亲不知有躬矣。兄性豪健，不较资产有无，视君勤俭缜密，宜若难合，而同居数十年绝无纤芥。后因食指繁，始议析爨，兄年八十四，君亦六十有八矣。待亲故曲有恩纪，有父子两世居君家，赖以濡活者。乡邻有讼，必竭力营解，劳费无所恤。会其家不戒于火，市人有乘之窃去财物者，诸子拟讼之官，君不许，曰："天之降灾，其必有由，修省之不暇，其敢造怨于人，以重吾殃咎乎？"君虽废读早，晚年留心书史，能通大义。教家绝严，子妇入门，必举班氏《女诫》及蓝鹿洲《女学》相约敕，内外斩然。没年八十四。属纩之前日，冠服谒祖先，力疲不任拜跪，命子代成之，可谓造次不违矣。配某氏，先君二十年卒。子孙籍于庠者四人。迹君一生行谊，无一不根于天属之爱，故能得天厚，而子孙盛昌。武陵杨彝珍著有《北溪翁因果说》，盖言君也。因果虽彼法中语，然与禹谟影响之义有合，杨君盖有见君惠迪所由来，而推服深也。是可传已。

廖树蘅曰：新化故梅山蛮，北宋时始置邑，土厚而水清，数百年来士崇朴学，风尚纯古，至国朝人文益称盛，岂非山川之气堙郁久而发之弥光哉？孝义如龚君，其人庶几赓续前轨，足为乡土重矣。宋人于梅山一役，多诋章子厚为生事邀功，使终守闳塞之义，安得才贤接踵如今日乎？以此不能无慨于元祐诸贤矣。

曾般庵曰：文幽折有致，起结尤善赞飏空，别有寄托。龙门创之，六一翁仿之，亦渐有科臼矣。

张节母传

节母廖氏，宁乡人，树蘅之从姑也。年十九适张芸桥，芸桥髫年入县学，颖秀善属文，伉俪甚笃。逾年生一女子，不育。又二年，芸桥死，节母哭尽哀，计以身殉，家人防之密，未得间，然祈死之心，无一日或忘也。芸桥兄弟三人，皆无子，亲属无可继者，其姑悯其无依也，谕暂宁母家。张氏与廖氏世姻，因细故积有违言，节母益不安。一夕，家人咸寝，节母窃利刃自刭，不殊血淋浪流枕席有声，婢媪惊起奔救，气息仅属，母兄傅以良药，得不死。已而泫然曰："嗟乎！胡又使余得生乎？"自是凄惋益甚，或终日不发一语，越三年乃卒。夫兄字竹人者，哀其志，启芸桥之圹，俾合葬焉。

论曰：节母既没之四年，树蘅从母张安人尝言：当节母议婚时，其家探灵策于里中之神繇，词谓宜得贵人，众莫喻，今而后知神语有由耳。安人者，节母之小姑也。余尝读归熙甫《陶节妇传》，亦云节妇将嫁而其夫已病，妇父玉冈将之官，卜嫁之大吉，遂归焉。人特以妇为不幸，卒其所成，为门户之光。噫！如节母者，巨非吾家之光哉？

王理庵曰：此于集中为别调，亦允为佳文。

先考墓道述

先考培吾府君既殁二十有九年，碑墓未立，不肖子树蘅夙夜丛疚，不能释然，会将之学官任，惧去远而修治无期，乃召工伐石，封筑如式。匆遽未及求名公撰表，爰自叙述府君一生行事，刻石以揭于阡。我廖氏，先世大抵皆务农，至我高祖克昇公，以勤俭起家，为里中富人。曾大父孔殷公始读书。大父芬田公益勤其业，精研经史，往往得要旨，复躬行孝悌，推让同气为人情所难。育府君兄弟三，伯季两父均能文章，工书法，郡县屡试高等。府君少病瘵，辍读最早，然所为文艺，词理均可观。二十以后屏居一楼，慎自调护，三年未尝食盐醢，后遇良医，疾得痊。年三十余，吾嫡母张太孺人无出，生母杨太孺人育一子，即树蘅。府君以三世劬书皆未遇，课树蘅读特勤。甫四龄即令随季父桂汀先生读书，九岁出就外傅，稍长命赴有司试。尝徒步遣送，天雨泞淖，不以为劳也。道光末纪，谷贱钱荒，有司征漕逾常额数倍，闾里重困，吾家亦由是中落。府君素喜治田，至是为之益勤，日役佣保百余指，亲历陇�周察。府君既恃医药为命，病诸鬻药者多杂伪品，动至杀人，乃就家列肆储良药，以应人之需。府君性质直，遇事不苟为掩阿。粤寇起，乡人奉令练团，宁乡分十都，都有长，都析十区，或十数区，区有率，助令长清查保甲，严守望，略同汉世游徼啬夫之任。县令廉府君正直，檄使治一方之事，亭决可否，一秉至公，乡族之顽，颇不便之，间亦因此受累。及府君殁，则无贤不肖，并称颂无异词。或遇难处之事，辄曰："使廖公在，宁有是哉！"吾家自四世祖庆云公由长沙迁宁乡横田，支裔散居湘乡、安化、益阳、新化各属，祖墓在今二都乌牛山之椒，数百年来，祠祭缺如。自吾大父芬田公于道光庚子襄买墓田，然后梡嶡有可供。自府君于同治庚午添修丙舍，然后主祏有所庇。大母伍氏、姜氏、曾氏、孙氏，葬里中神山庙之左原，蓬蒿未剪，则列碑甃石以表之。复为五世祖万熙公、十八世祖子成公襄立祭会，岁时率子姓奠献如仪。宗牒旷三十余年未修，卒葬渐不可考，发议赓续之。凡属宗族之事，知之靡不为，为之靡不力。时公私皆无羡余，并由艰苦拮据勉强以几于成，人谓非府君之诚不至此。府君虽老于田间，于当世之事最留心。咸丰初元，粤寇俶扰南服，府君于邸钞中见曾文正、袁端敏言事之书，慨然曰："有臣若此，贼不足平矣。"

就灯下亟录之。时树蘅甫十一岁，见府君忻喜之情，至今犹依然在目也。凡遇名臣疏议有关时政之大者，必手钞之，积久合为巨帙，殁之先数月，犹钞纂不少疲。湘乡洪彭述赠府君句云："满院松花点苍雪，白头编写史宬书。"盖纪实也。府君一生勤俭刻苦，无一日自逸。周甲后，树蘅以诸生负米于外，已有四子绕杖而嬉，府君顾而乐之，惜乎其不久也。府君讳新端，字培吾，国子监生，府知事衔，以树蘅官宜章训导，得赠修职郎。同治九年十二月十三日卒，享年六十四。葬龙窠塘墓屋后山。子一，树蘅，廪贡生，宜章县训导。孙七：基植，贡生；基棫，附生；基樾，监生；基懋，从九职衔；基杰、基栋，皆监生；稣咸，殇。基樾出后世父福臣先生。先生故有子曰灿昕，十二岁殇。昕幼慧，六岁时戚某以水雷公属对，村儿浴于池，以手合水作霹雳声，俗称水雷公，昕以火星子对，远近诧为神童。府君绝爱怜之，殇已数十年，言及未尝不流涕也，命樾后之，盖不忍昕之死而陨大宗之祀也。曾孙二：镇稣，镇丹。光绪二十四年中夏，树蘅述。

曾般庵曰：朴实说去，自有精采。

先妣氏墓道述

先妣姓张氏，为树蘅嫡母，性慈俭，识大谊。归先君时，吾家内外累数百指，母氏循分承接，罔有疏密，上下安之。先君少患咯血疾，屏居一楼，三年未尝食盐酪，母氏秤药量水，时其起居服食，积久而不倦，极勚而忘其疲，自树蘅生母来，始辍劳焉。遇吾生母有恩礼。自奉极约，一皮衣历三十余年不肯易。所制纱纻，见者叹为精绝，以为虽苏松浏产蔑以过也。树蘅鲜兄弟，祖以下孑然一身，母氏怜之，抚爱如己出。稍长教之习书算，每夕必载笔砚，命条记日用于籍，以备遗忘，自髫年至于授室有子，莫不然。咸同间，家中落，母氏恤然忧之，树蘅或有所费，戒之曰："时绌举赢，吾惧汝之难于继也。"闻命悚然，为之抑止。树蘅疏脱不耐事，或有非分凌索，宁称贷以餍其欲，勿与校。人或讥为愚，独吾母善之，谓此实省事之一法，汝能及此，吾知免矣。及树蘅有子，其用爱亦如之。悯子妇饎爨事烦，则牵率孙雏出厅事前，或涉园，以免其萦扰。树蘅性卞急，儿子或顽钝不任读，动加笞扑，往往过当，母氏尝从容谕之曰："子固当教，然不可偏于严，老人闻扑抶声辄心悸，以后无以为也。"自是有督诲不敢令吾母闻。先君尝拾女婴，命母氏鞠之，及笄，遣嫁如式。呜呼！此皆吾母之实也。同治癸酉五月十三日卒，享年七十。以树蘅选宜章县训导，得赠太孺人。葬横田湾住屋后山。自吾母殁，家中丧亡接踵，多附此邱。右下为孙棫妇边氏，樾妇张氏同域。右上为孙穌咸，树蘅客张掖之岁生，体皙，性颖慧能言，授以班史中歌括，略能上口，三岁殇。左为樾继娶宋氏、孙女二二、曾孙女毓。呜呼！诸殇环厝一隅，推吾母慈幼之心，其相庇以慰兹寂寞乎？光绪二十四年六月，树蘅述。

生母氏墓道述

生母姓杨氏，善化平山人，年十九归先君，逾年生树蘅。先世颇丰于财，至是微矣。吾母尝语树蘅曰："汝出腹时，家无婢媪，或深夜溲溺在床，辄自起持汝入厨洗濯。素畏雷，或阴雨震电，则瞑目屏息，持汝愈谨，电止复行。汝幼多疾，余晓夜在视，夏夜蚊蚋噆肤至不可忍。一夕病剧，至后苑撷芣苢饮汝，阴虫如沸，露草中蛇动索索有声，至今思之，犹悸也。汝父喜治田，先业在数里外者，皆自种之，获时佣僮数百指，馌馈皆余主之。寻常宾祭之事，未尝一烦庖人。每盛暑执爨，汗下如溜，衣无寸缕干者。余待人不敢从薄，道光己酉岁大饥，里人采夏枯草杂粞以食，饿莩盈路。余请于汝父汝嫡母，宁节缩口食，用米汁沃焦以食饿者。亲串中有求于我，必设法赒之，于汝外家尤厚，故汝张氏诸舅父，视我无异同生。汝诸姑诸母中，间有持大体以相压者，余惟隐慼自伤，不敢宿留于心。顾念仅育汝一人，非读书难望有成，故四岁即延师授读，九岁附学外塾，离家数里，非不念汝，惧以姑息害成也。凡此汝或不尽知，然余苦矣。"树蘅聆之，嗷然以悲。吾母性肫质，一生无躛言。习中馈，工针黹，先大父履絇鞶帨，非吾母手制不适于用。所绩之布，密韧耐久。自树蘅有妇，饎爨之事虑新妇难独任，犹时助之。及先妣张太孺人卒，始以内事授子妇，而年齿已近六十矣。慈爱孙曾，抚恤倍至。树蘅频年客外，出门时必相向涕泣。光绪癸未，属有河陇之游，逾年归，吾母喜甚，忽泫然曰："汝以后其毋再游。"自是不敢远离。树蘅所能言者止此。以光绪十八年四月十二日卒，得年七十有一。葬龙窠塘墓屋后山，距先父所葬右下数十武。光绪二十六年四月，树蘅述。

曾舨庵曰：钟士季作《成侯命妇传》，余绝重其文，此殆过之。

诰授中宪大夫安徽补用知府梅君墓志铭

君讳锦源，字搁海，姓梅氏。先世自南昌徙宁乡。曾祖书笏，祖教章，世有隐德。父钟澍，由翰林改官礼部。梅氏自迁宁以来，仍世不耀，至礼部君始以学行科名显。妣高太夫人，育子三：长镜源，宣恩县知县；次鉴源，咸丰戊午举人，景宁县知县；次即君。君孕育前徽，幼即徇敏，失怙时年未弱冠。家既中落，外侮丛沓，君隐愍自饬，日随两兄读书老屋，愔愔自相师友。及兄弟先后以文学发声，于是人皆谓梅氏诸孤能自树立，龂龁者亦少衰止。咸丰二年，粤寇逾岭犯长沙，县数被兵，君奉母走穷山中，倍极危苦。寇退，慨然生事日艰与时难之未已，以为不自奋于功名，无以兴门户而赓先人之绪，不亲炙当世贤哲，无以资裨学识合世变而应期会。会胡文忠开府鄂中，遂往依之，委司笺奏，凡所裁拟，洞中窾綮。是时湖北新刳于兵，公私交困，文忠议兴厘金济用，有司经纪不尽如式，课日绌，文忠患之。察君综核，遣开榷场咸宁。君辜较缜密，利不外渗，数月逾常额几倍，以是益重君。值文忠以艰去位，县人朱提督品隆招君襄其营务。朱公善战守，顾峭直少谐时，方驻师祁门，君为达上下之情，师旅大和。寇据徽州，曾文正议自将攻之。时景德新失，祁、黟、休、歙寇踪如蚁，君谓大军深入，万一失利，外寇乘之则援绝，驰救不及，不若固守休宁，俟其敝而蹙之，蔑不济矣。文正不用其言，师果无功，卒赖朱公会诸军克黟县，推锋逼徽州，寇始弃城遁。及君以事归，军连挫退屯青阳，飞书促君出。至则寇酋黄文金合众十余万顿城下，朱公病不能军，援师屡挫，城无现粮，杀马屑树皮以食，佥拟溃围出，君力止之，晓夜巡城堞，拊循士伍，众赖以固。及席公宝田至，内外合击，大破之，凡苦守三十八日而围解。论者谓：非君坚忍能用众，事有难言者。别贼古隆贤通款，愿献石埭、旌德、太平三城自赎，主兵者疑之。君决其可信，从数骑诣寇垒受降，散遣万计。已朱公乞病归，以军事属君。及江宁复，余党溢入徽州者，辄移军击走之。君先以功得同知直隶州，赏蓝翎，留安徽用，至是擢知府，赏换花翎。君既积苦兵间，思藉一官自效，谒选，仍留安徽。凡两署徽州，一摄安庆，事皆办。遇疑狱，大府辄以委君。徽州居万山中，乱后生气茶然，君煦之以仁，劾贪吏，严保甲。城池、学宫、书院为寇毁者，次第修复，舆论翕然。文正请以泗州借补，虽格于部议，而向用之意未已。及文正薨，君乃不安于位矣。先是长江水师议于裕溪口设参将，署巡抚檄君监造，君度地洼下难施工，请移西梁山，已报允，参将某图牟工费不遂，衔君，构于主将某公，以擅改地面为君罪，属巡抚论劾。巡抚以经前请难之，重违某公，乃摭他事镌君级焉。光绪二年，谒左文襄肃州，留司章奏，每脱稿文襄辄曰："真胡文忠幕职也。"为奏复原官，伸论前枉。四年，以母丧归。又六年，以疾卒于家，十年四月初十日也，春秋五十有五。葬县东柏石湾来熊山之原。配张恭人。子三：华杰，殇；英杰，廪贡生，国子监典籍衔；芳杰。女三，均适士族。孙男焯惠、焯懿，孙女五。君性孝友，礼部君没京邸，闻讣毁几灭性。母夫人治家严肃，内外凛然，君左右怡愉，曲尽忠养。事两兄有加礼。取与素严，服官皆兵燹凋劫地，禄入尤薄，悉推所有供先人祠祭，归家不名一钱，斯尤难矣。兵兴以来，湘人勋业灿然，尝以诸生布衣不数年洊阶方面，虽发名成业各有由来，而阶缘际会盖亦不免。君以名家子出事戎轩，投笔最早，履事最艰，而苍苍若或显之，若或晦之，卒令黯黮迟回，不克发摅，当躬以大其用，所谓命焉者，非耶？乌乎！是可铭已。铭曰：

谓才之不若胡，在军在官皆有可传。谓知我者希，所事皆当世大贤。欧公有云："士之所难，有蕴无时。"然则所蓄不施，盖将大显于来裔，夫亦何憾于九京！

诰授朝议大夫杨君墓志铭

君讳宗坦，册名运昌，字橘潭，由监生援例得运同衔。祖讳亦模，树蘅尝为撰传，其家世详焉。父讳世炜，州同知衔，以君四品阶，封朝议大夫，妣封恭人。君性肫直，于天属能致爱敬。咸丰同治间，尝共学君家，所居当靳江之隩，江岸有废墟，名上官屋场，地志失载，余定为靳尚。宅基一面临江，云木蔚映，两人者暇辄往游，藉草歌呼，流连凭吊。又尝寒夜被酒渴甚，僮仆尽睡，相与撷园中野菜煮而啖之，以谓坡谷以后罕此趣也。其时彼此并年少，酣嬉跌宕以为至乐。君既耽于学，所为诗文皆合矩度，顾不利于有司试。尝肄业岳麓书院，一踏省闱不遇，遂绝迹举场，一意延师课子。已子文锡以童年入学籍，旋食饩。文锴亦试郡县有声，兼以诗鸣，君顾而慰乐可知矣。君虽不耐杂，然乡邻有事亦尝出为平亭。同治甲戌鄂潦，饥民就食于湘，有妇人道病垂绝，里妪张怜而拯之，得不死。妪仅一子，鳏而瞽，妇感妪德，愿为子妇。里豪某觊妇微有姿，谋夺之，君召豪切责，怵以利害，豪计不得施。又王姓妇为夫所弃，妇诉于君，谓已有身，且无罪，无去理，夫卒嫁之，不数月得孪生男也。故夫旋客死于外，所亲向妇索子归宗，妇衷前憾，执不子，将讼于官。君谓妇曰："而被遣时，不尝告我已有妊乎？去五月而诞子，胡云非王氏种也？"妇语塞，卒予子王。乡闾敝习，岁歉，有谷之家多居奇不肯散粜，贫人无从得粟，动致欢噪。君独倾廪应之，稍贬值焉，尝曰："人病不知足耳。丰年斗谷值数十钱，遇歉几倍之尚欲求赢，是无厌也。且求赢必罄所有以贷与囤户，市民驵诈，入钱多不如期，甚至从而干没之，今吾以粟易现钱，无赊贷追逋之烦，而来乡井不虞之誉，较其赢获，究孰优乎？"其能惠而知如此。居家有常度，一室之内，壶盏、几榻、花石、楮墨庋置井井。不耐剧饮，然每食必具酒，三爵之后，醺然饮和，每当深夜罢酒，剌剌述先人俭德及身所经历，往往至泣下。二子悚听，内外肃然。盖杨氏自明以来多富人，极炽而丰，稍务华侈，君独慨念先芬，躬躬如恐失坠，故诸杨中推君为能守旧业焉。光绪十二年三月九日，以疾卒于家，得年五十一。配刘恭人。子三：长殇；次曰文锡，岁贡生，验就教职；曰文锴，蓝翎五品衔，两淮盐课大使。女一，适李。孙三人：曰章洞，章瀚，章咏。女孙三。君墓在所居上五里桐木塘山之阳，葬二十年矣，其孤将纳石圹中，以书来索铭。树蘅与君习，铭莫余宜。铭曰：

单慧锲薄，德之贼也。慈惠直谅，天所植也。肫肫杨君，无竞于人。有阏未伸，后昆其振。我禩其纯，以奠君神。

杨君从吾墓志铭

君讳宗垲，字从吾，访渔其别号也，宁乡杨氏。先世盖尝富矣，君虽席先业，顾坦中狎易，乐与文士往来，人亦以君真率，乐与为友。幼读书，略能通大谊。中年为许氏之学，然亦寄焉而已。所居当靳江之堧，幽花嫋竹，丛翳涧户。性爱禽鱼，雕栊曲沼间，啾啁唫喁，顾而乐之，至忘寝馈。座上客常满，文人墨客、优伶星卜、百工技艺之士，杂然并进，君一一酬接，各尽其欢。人以乏告，必设法赒之，屡求而不厌，受给而不悔。度一岁所入耗于此者，十尝五六，家由此少替焉。余尝举雪苑寄贾三兄书，劝其省无事之忙，守不贫之富。同里黄编修显瓒亦尝因事献规，君皆笑而不答。一日私谓余曰："君等爱我良厚，然黄君之言，听者十一，君所教则无一不动吾之隐，苦于不能自克，何也？待人有终始，虽以余之疏直，论交数十年不生厌倦，有短余于君前者，转因此薄其人而远之，余之不谅于世久矣。"君独久而不渝，不为群毁所夺，岂非相信有独深耶？君素无疾恙，因丧其冢妇，兼悼姬人，忧能伤人，遂至不起，以光绪甲午八月十三日卒，年五十。配唐氏，生一子曰某。女一，适某氏。孙男二，孙女三。其孤以君卒之岁九月，葬君湘潭七都五甲杨梅仑螺头山之阳，申首寅趾。铭曰：

赤舌烧城，白肉生疻。谁为断金，历劫无毁。伟猗从吾，形放天纯。庶几有终，近于光明。吾为昭之，永诏亿春。

诰封资政大夫王公墓志铭

公讳镇兴，字宾予，王氏。先世由江西徙湖南之常宁，代有闻人。明中叶有从阳明受学，讳某，为公之几世祖。曾祖某，祖某，父某，并隐居不仕。祖、父皆以公子良弼贵，赠资政大夫，妣皆夫人。兄弟四，公次季。性沉毅，读书通大谊，为文矩矱前民，顾不利有司试，遂舍去，专力治生。先人遗田不满百亩，躬率佣力治之，并以余力种鱼于陂，畜牧于冈，凡可笼自然之利者，为之靡不善，不数年家渐赢。念先世多读书为诸生，乃择名师教其二子。自奉彀也，独致隆于师。师或有疾，为市珍药和丸以进，师感其意，教之益勤。常宁故山县，自置邑以来，未有预馆选者。近城有小水曰北水，谶记“北水回头，科名鼎盛”，同治时水逆流二里许与宜水合，光绪壬辰良弼果以二甲入翰林。公伟躯干，声如洪钟，勇于赴义。咸丰三年，山寇数千围县城，公从昆桂史在围城中，解所佩刀驰一介突围，报公曰：“速援可望活，否则索我于沟渎矣。”公即号召邻里，得三百人赴之，所居距城近，俄顷驰至，城中鼓噪应之，寇惊溃，围遂解。军兴以来，湘人多从军于外，及散军归，大半失业，勾连徒党，掠人财物。入其党者，人给尺布为验，谓之放飘。踪迹跪秘，无敢举发。县北乡有市曰烟洲，匪徒卵育之区也。光绪辛卯，势汹汹谋起事，乘夜入城纵掠，人心恇扰。知县龙起涛患之，请公主办团练。公首先出资为众人率，旬日间集资盈万，爰于城中设筹防局，集壮勇，缮器械，申门禁，官民恃以无恐。设法解其党羽首悔者白官免罪，一月之中，缴布求免者以千计，地方遂安。起涛感之，尝曰：“此次非王公，城不守矣。”自是，县中有兴革皆倚公为重。久之，渐有孕恨而思龁龁者，公喟然曰：“吾之始出，为地方也。既不我与，吾其为刘胜乎？”由此杜门扫轨，终岁不一踏县门。时公年几七十矣。公雅善为古人之文，所著《黄甲草庐家世录》，凡先人有名德者，各为撰传，祠堂冢墓经其缮修，必为文记之。叙事有序，于江介人所守义法，无分寸之不合。树蘅尝诵言于侪人中，公闻之窃用自憙，遣其孙起诗、起书来受业。予辞，公笑曰："昔薛文清监茭源银场，吾之先人多与之游。今君所受之事与文清略同，其地距茭源河不远，相与赓续前轨，不亦可乎？"予愧谢不敢当，重违公意，勉应之。公意主扶济困厄，生平施及于人之事尚多，兹第举其大者。以光绪某年月日卒于里第，春秋七十有几。配谭夫人，先公几年卒。子二：长某，廪膳生，早世；次良弼，光绪壬辰进士，由翰林改刑部，旋以道员发广东，加三品衔。妾某氏，举遗腹子，未周睟而殇。孙起书，廪膳生，候选训导；起诗，附生；起某；起某。曾孙几人，均幼。先是良弼于乙未奉母讳归里，以公年老，不欲离膝下。庚子之变，公谓良弼既系朝籍，应赴行在急国难。及公即世，良弼甫由河南扈跸入都，闻讣奔回，毁几灭性。病已，为公卜兆于邑南某山之阳，葬有日矣，良弼以书来督铭，曰："先大夫励学一生，世无知者，惟君能知之，铭幽之文，莫君为宜。"乃为铭曰：

处己以约，施则侈也。功在枌梓，人或忘其美也。郁此孤怀，宜来裔之特起也。惟山岧峣水屈蟠，中有单椒灵秀攒。奠是幽宅巩且安，勒铭贞石永不刊。

曾敏庵曰：学王介甫志，平铺直叙，亦是古法。方、姚每每无端作提笔，掉弄玄虚，读史公《伯夷传》欲效颦，岂可得哉？铭约而洁。

诰授资政大夫福建汀漳龙道刘君墓志铭

君讳倬云，字朴堂，姓刘氏，湖南宁乡人。曾祖继杨，祖振晖，父允慎，皆以公兄果敏公贵，赠光禄大夫，妣皆一品夫人。君兄弟七人，果敏公属长，君次季，少于果敏二十六岁。幼慧，果敏奇爱之。六七岁时，附学村塾。家固农也，放学归，赠公仍督令薙草饲牛，君恐所受书有遗忘，每荷蒉入圃，丱角双垂，手刈口诵，喃喃不辍，见者笑之，勿顾也。稍长，果敏以乡曲隘陋，挈君读书长沙陶公祠，与罗忠节公泽南讲求有用之学，用是益知行身祈向之义。膏火不给，质衣以供朝夕。长沙距宁乡治城百里，岁晏归，橐中仅十余钱。醻雨首途，备极劬瘁。年二十五，补县学生，旋食饩。石大开犯宝庆，湘属戒严，果敏主宁乡团练，君实助之。及果敏佐左文襄公率师援浙，挈君以行。果敏东南战绩尤伟者，在力战徽州，以通金陵馈饟，复金衢严，成杭州之功，江介人至今犹诵言之，君与有力焉。果敏凡事衷实，不求襮于人，以君亲弟，功多不叙，仅以训导候铨。旋丁父忧归，及再出助果敏诛汪海洋于嘉应州，论功擢知县直隶州，赏花翎。文襄移督陕甘，诏起果敏帮办军务，君统楚军克勇七营以从。当是时，逆回盘旋渭北，联为一片。君自邠州至固原，大小数十战皆捷。楚军大将高勇烈公连升，君乡人也，为叛弁所戕，全军汹汹，规与回合。君亟起扼之，诛其首恶，逆谋遂沮。随复绥德、鄜及甘肃正宁，全陕肃清。丧乱之余，地方凋敝，庆阳各属弥甚，请发籽种兴屯垦。时果敏兼权陕西巡抚，所请辄报允，益得发摅，以竟其施焉。及事竣归里，值土寇蠭起，连陷龙阳、益阳等县，湖南巡抚刘公崐、今相国王公文韶先后委君办治。乃募团勇数百，亲搏寇于石牛港、桃花江、鸬鹚渡，斩获有差。上功保道员，值太夫人年高，遂留不出。县属有事，皆倚君为重。如长沙建沩宁试馆、县南添修云山书院、捐买宾兴田以惠寒畯，发端虽由果敏，而黾勉以底于成者，君也。未几，果敏薨于位，太夫人亦相继弃养。营葬毕，会法人败盟，沿海设防，闽浙总督何公璟起君主办闽防。马江之役，力陈兵轮不宜聚泊一处，主兵者不能用，兵轮歼焉。旋奉委赴浙江，巡防宁波温，署福建按察使。兴泉械斗成风，更百十年，缴绕仇杀不止，君清厘积牍，绳以峻法，设乡族长以相维持，窳俗渐革。海盗张阿知、张野杀人越货，历任官不敢问，君亟捕之。阿知、野遁香港，公饬弁勇就港弋获，港酋庇之，并弁勇留不遣。总督某公以为生事，置不理，君乃入都诣译署，援约章与辨。时两广总督张公之洞、直隶总督李文忠公鸿章以君强直，能任事，且于法应争，皆翊助之，卒令港督交犯，置之法，远近称快，由是誉流京师。诏赏二品衔，交军机处存记。君于归田后每一言及此事，犹掀髯拊掌不置也。旋署兴泉永道，调署延建邵道，光绪十五年八月补授汀漳龙道。漳州，朱子讲学地也。甫下车，即捐廉建丹霞书院，聘名师以宏教育。漳地宜桑，而民间种植不尽如式，蚕织之利未溥，购湖桑数万株，下列县遍栽之。留心察吏，所举任后多至大位。南靖、龙溪被潦，溃堤千余丈，为请帑缮堤代赈，不数月堤成。积劳既久，又因监视堤工，感受阏湿，得偏痺之症，遂乞病归。时事日棼，居恒悒悒，日与乡父老讲求农务。聚里中高材生，就东鹜山果敏旧墅所谓求志山房者，仿吕氏乡约，撰条教相约敕，以防弊俗。生平慕傅奕为人，所居筑白云亭，自撰记勒石以见意。少时颇溺于制科文，五十以后始究心诗古文辞，为之辄工。性强鲠，口微吃，论事棘棘不阿，人多惮之，然最服。善待人，有终始，任事不避险艰。家居八年，当事交章论荐，辞不赴。以光绪二十九年九月十三日卒，年七十。湖南巡抚陆公元鼎上其战功事迹，请宣付史馆，附祀果敏祠。夫人王氏，生三子：本针，员外郎；本钟，知县；本钬，幼殇。孙几人。女四：长适喻，二适秦，三适周，四适今相国瞿公鸿禨之子某。其孤葬君于县某都某山之阳，葬二年矣，本针等来请铭。树蕑论交有年，知君较详，乃掇拾所闻，以志于墓。铭曰：

人亦有言，太刚则折。公壮其頏，物莫能厄。岂非不系私爱，免蹈世之机括耶？斡运需人，亦孔迫矣。乃才大而施未究，劳多而仕不遂。并世之人，不能无望于当日之高位矣。旧巘崔巍，郁此瑰奇。厚土藏热，烝为菌芝。更千亿年，视此铭词。

曾般庵曰：纯乎史笔，不能摘句。铭则遒媚。

刘母萧太夫人墓志铭

太夫人宁乡萧氏，赠振威将军讳里仁之女，同邑刘氏诰封荣禄大夫讳智新之妻。年二十二归刘，光绪七年十二月二十一日以疾卒于里第，年九十。生子八：曰大其，殇；曰典，通政使司通政使，以襄办陕甘军务积劳成疾，先太夫人四年卒于兰州节署，予谥果敏；曰大谟，湖南补用总兵；曰大训，候选县丞；曰大诰、曰大濬，均候选从九；曰汝康，县学附生，广东候补知县；曰倬云，廪贡生，福建候补道。女二，适周、适陶。孙二十一，孙女十八，曾孙十三，曾孙女十二。以壬午二月葬于里中东鹜山斗笠仑之原，与子果敏公同域。将葬，倬云以书来督铭。倬云之言曰："吾家故寒素，先大夫因贫辍读，躬耕白石山下，备极勤苦。自吾母入门，昼操井臼，夜勤纺绩。内外之事罔弗饬也，仰事俯畜罔弗预也。祖母周夫人晚年得喘咳之疾，吾母躬治汤药勤澣濯，十数年如一日。先大夫性严毅，喜交际，客至治具稍不如式，诮责不少假，吾母益躬躬谨饬，无几微不怿。先大夫临终恻然曰：'与若共事五十余年，若于我无毫发憾也。'自奉俭觳，待人则加厚。道光己酉湖湘大饥，吾母率子妇采蒿芑杂粞为粥以食，以其余分饷饿者。及先兄以诸生从戎积功由臬司擢署陕西巡抚，禄入渐丰，吾母贻书曰：'汝家久更衰落，今祖宗福荫萃汝一身，宜推惠族人，以全一本之谊。'厥后先兄出俸余置买义田，太夫人所命也。光绪戊寅、己卯间，秦晋豫三省旱灾，死者千万，吾母闻而唏曰：'何天降凶至此乎？吾湘屡丰未可长恃，宜务储蓄以防未然。'会大吏议筹积谷，吾母首出钱五十万，购谷数百石，建廒储之，歉岁恃以无恐。先兄先后乞养还山，因事棘，廷旨起用，吾母促使行，谓受恩深宜勉图报称，不可以我老而怀眷恋。其性识明而知道理多类此。其他惠恤穷嫠、恩及臧获，难以枚举。今弃养已逾年，而阡表之文未备。惧无以称吾母之懿而垂信来兹，吾子其无辞。"树蘅受果敏知有年，又与倬云雅故，家世素行知之稔矣，敢以不文辞？铭曰：

繄古贤达，母多令淑。始困终亨，古今一族。天道不翕不张，地道无成有终。猗欤夫人，为世女宗。自奉约而艾物丰，早厄艰而报之显庸。鹜山之椒，宅是幽宫，与子同茔，垂荫罔穷。

张母盛太淑人墓志铭

太淑人姓盛氏，处士讳光远之女，赠通奉大夫长沙张讳绍庚之妻，平湖县知县镕万之母。年二十归赠公。张氏故湘东右族，至赠公之世稍替矣。兄弟二人并以授经自赡，太淑人奉公姑、谐妯娌，节缩家用，内外井井，不足则勤十指以益之，俾赠公得一意于教学。及连丁内外丧，兄公亦殒逝，家益不支。赠公游宦秦陇，镕万随侍，留太淑人挈弱女子居里门，早暮治事，倍极勤苦，姻亲见者未尝不叹其贤而悯其劬也。及赠公卒于甘州府经任，镕万奉柩归来，家业萧条，母子相依为命，所处至是极难矣。甲午中东之役，镕万随总督邵阳魏公出师关外，师衄陷敌，讹言一夕数至，太淑人惊怛累唏，求死者数矣。及镕万由海城脱身归来，旋赴官江苏，历宰平湖、六合、桃源等县，太淑人就养官所，于是始有天属完全之乐。既历尽艰辛，其于周恤穷乏，曲得其隐。尝除夕遘危疾，里妇某适来，旋不告而去，疾有间，命镕万曰："某妇来去倏然，而面有戚容，殆无以供岁而有征于余也。瞷余疾甚而默尔以去，此情最可愍，盍周之？"镕万告以已有所赉，复慨然曰："将毋薄乎？"命内御者搜箧以益之，遣人持送其门。镕万官桃源时，幕客有失馆不能成行者，太淑人悯其无所依，佽以重金。仆某因过受谴，累重无所措，则斥私储以相遣发，不令镕万知。由是人咸颂太淑人之用惠，罔非出于中心之恻隐，而有合于推己及人之义也。良嗣承家，奉慈惠以为民依，夫非有所自哉？是可铭矣。太淑人以光绪某年月日卒于桃源县署，享年若干。子镕万。女适李、适赵、适严、适邹。孙庭瑞、庭球、庭琛。曾孙毓光。以某年月日葬于东乡周家坡之原，某首某趾。铭曰：

始困终历亨逵，无歉莫若善施。懿矣淑人，岂仅女师。我为其铭表幽徽，百世之后视此词。

梅节母生圹志铭

光绪癸卯春，女婿梅毅杰来清泉学廨为其长嫂节母罗氏求撰圹志。毅杰之言曰："吾嫂益阳罗某之女，年二十一归先兄廪膳君文杰，长于先兄三岁。通知大义，出语斩然，吾祖母高太夫人、吾父宣恩君并爱怜之。同治元年，先兄得咯血疾，昕夕在视，衣不解带者数月。百方疗治卒不起，嫂哀怛不欲生。时未有子，太夫人谕以抚孤承祧之义，始勉节悲涕，自是依太夫人以居。当是时，吾家尚贫，先君与仲父季父频年宦游于外，服养慈闱，摒当内政，胥嫂氏一身任之。洎毅杰生母王太宜人与吾叔兄梁杰生母冯太宜人先后来归，齿皆少于嫂数岁，嫂遇之以礼，罔有轩轾。先君由湖北解官归，所居近县，酬应颐冗，浆酒藿肉之烦，皆两太宜人与嫂共之。及毅杰兄弟生，复助太宜人扶持鞠养。性方严，毅杰等巾履或有不整，必加呵禁，所与游者或非谊士，辄为怫然，故毅杰兄弟严惮吾嫂过于所生。及太夫人弃世，嫂前后抚两子皆不育，自伤继嗣之艰，形影之孤茕，恒中夜掩泣，睡梦中犹哭声呜呜，家人惊起，群相譬慰。或寒夜拥炉言及夫没时情况，泪淋浪滴炉灰有声，隐愍悲痛之情，至今犹未释也。先君以光绪戊子弃养，遗命毅杰兄弟与嫂同居而异其财。嫂善撙节，岁入有赢，尝出所余以周人之急。近城衢巷甃石刓泐，众议兴修，县城故有节孝祠，积有逋负，均出重金以相补助。或以修建佛寺及岁时赛会求布施者，则不之应，曰此所谓作无益以害有益也。其明智类此。先兄即世距今且四十年，原葬之处术者以为不吉，岁某某嫂为改葬于本邑某山之阳。当迁柩时，嫂素衣徒步，奔赴舆机，犹隔半里望之，一痛几绝，哀感路人。旋兴工修治冢墓，虚其左穴备合葬。先兄之卒也，铭幽之文出长沙易公润坛之手。嫂知毅杰将来官舍，爰命之曰：'妇人虽无求于名，而丘垄必有征。若兄既纳志圹中，于未亡人祔葬未具，吾惧易世之后无所征也，盍求而外氏及吾之生而赐之以文，暂虚卒葬月日以待续刻，虽于古无征，吾自欲之，不必以豫凶为嫌也。'吾嫂所诏如此。

毅杰敬将其命，幸无辞。”廖树蘅曰：古今妇人之以节著者多矣，然不衷诸贤孝，虽操履贞洁，于守节之谊犹未备。今罗孺人完行若此，不綦难哉！梅氏为邑中旧族，自礼部公以庶常改官，积学砥节，未竟厥施，士林惜之。及廪膳君承其祖若父之业，名隽一黉，举国望之如祥麟威凤，以为将来能嗣旧服者，繄惟兹是赖。余年小于廪膳君一岁，犹记咸丰丙辰、丁巳之岁，相与朋试有司之庭，见其茗秀蕴藉，翛然物表，心窃慕之，不谓旋即殒世。呜乎！此岂独梅氏之不幸耶？犹赖节母苦志坚贞，数十年为之光其门而延其嗣，俾廪膳之名由兹益显，是犹不幸中之幸欤！节母以光绪某年月日卒，得年若干，祔葬于夫之左，同向。节母以两次抚孤皆不育，在日不欲立嗣，没后梁杰以子嗣之。梁杰，廪膳君之庶母弟也。铭曰：

罗有淑姬，曰嫔于梅。黻珮琼琚，肃肃倡随。天降鞠凶，运理中摧。匪石心坚，停辛茹苦。上奉祖姑，中事公姥。能敬承顺，循循合矩。裁冗缉匮，啬己厚施。处之以义，不爽铢锱。好恶得正，敛散随时。地老天荒，万劫不毁。一念所天，有泪如琲。伐石为茔，穹碑双巃。同穴之矢，之死靡改。玉潭无尘，沩峤不骞。华表高揭，瑞草芊绵。砻石缀词，以诏千年。

曾觙庵曰：雅洁有法，铭与文称。

祭刘观察倬云文

呜呼！我初识君，岁在庚午，朋试举场，骖靳而舞。君长而才，意气赫然。独于贱子，执礼弥谦。许与逾分，令我歉然。谓吾石友，君与云先周比部瑞松。庶几始终，不渝贞坚。辱君相知，弥自克治。虑伤君明，供人议讥。比部往矣，独我幸留。有善同奖，有患同忧。君性强直，执德甚酋。苟非其人，言不易投。刍荛之陈，亦时蒙采。相规相劝，冀免尤悔。君性如弦，量乃如海。虚怀乐善，有过必惩。凡今之人，无此赤诚。观政八闽，得所藉手。缉逋止斗，锄稂去莠。善政累累，布流朋口。疆臣避事，惮君清刚。恐于柔远，磋磨勿良。

事多牵掣，治难恢张。君曰咈哉，是宁可为。投篸挂冠，归去来兮。东鹜之椒，汤泉之湄。云白山青，可以自怡。公琰楚华，易世同揆。君初出山，实依果敏。介弟之亲，僚佐引领。君不自居，调护惟谨。闽海秦关，群凶狂骋。曾领偏师，以锄顽犷。帕首靴刀，居然武勇。及服官政，能惠而慈。不吐不茹，山甫是师。茧丝保障，施措随时。贤者不测，人岂易知。士夫居乡，众难皆悦。燥湿刚柔，赋性各别。无非无刺，子舆所黜。不甘乡愿，庶几遗直。滔滔斯世，如沸如羹。改服易制，事杂言庬。外人齿冷，举国若狂。为下不倍，君心实伤。我侨承阳，与君同恨。小杜罪言，积书盈寸。主忧方亟，元戎先遁。东亚一隅，势成坐困。一瞑不视，君可无闷。夏秋之交，书问犹勤。黄独醽醁，索之甚殷。我为辇至，载筐及瓶。媵以小诗，祝君增龄。闻君发函，色然心喜。觥船手弄，药鼎亲睗。裁笺见复，咴哵不已。讵料书来，君已不起。我诗成谶，莫究厥理。呜呼哀哉！今日何日，幽明路歧。顾念昔者，能不累唏。酌以清酤，佐以盘匜。摛词写诚，式饮庶几。

曾觙庵曰：尝言西晋人哀诔文胜东汉，此文何减潘黄门？惜抱在茅氏脚底下盘旋，不知昌黎原不薄潘陆耳。

祭亡妻张氏文

玄化絪缊，有缘成偶。万古北邙，同归乌有。繄余与君，结欢较久。结褵之初，年十八九。四十九年，乌飞兔走。曾是不意，蓦然分手。呜呼哀哉！君性婉嫕，慈惠是师。上奉尊嫜，委宛愉怡。调以甘旨，夕膳晨卮。雨薪霜臼，一手撙持。新妇能贤，公姥一辞。鞠育勤斯，三女七子。各殇其一，积痛成痏。存者八人，雁行齿齿。纫针补缀，血淤十指。中岁荐凶，两丁亲丧。养礼均缺，齹焉增伤。君实共之，泪涴衰裳。生事奇绌，黾勉同当。饥驱乞米，异县他乡。亲无强近，藐焉寡俦。上事生母，下抚诸雏。惟君是赖，内顾纾忧。每逢出门，有棘在喉。魂折骨惊，君犹记不。男女疾疢，黄小殇殒。连丧五妇，哀怀尤轸。卅年以来,悲劳接踵。胆虚善惊,闻病先恐。人非金石,岂免销烁。气血内虚,肌肤外削。丙申之秋,疠疟大作。幸遇国医,施以良药。黍谷温回,刀圭命夺。随宦衡南,礼岳浮湘。银场冰署,五阅星霜。莲露共瀹,苜蓿同尝。素不解吟,亦渐成章。因闲生慧,思绪芬芳。先劳后逸,蹶困稍偿。卯秋归田,倏更四载。一家春融,至乐无改。余虽不才,虚声众采。俸钱过万,差免冻馁。余笑谓君,生常畏贫。此非贪泉,饮之勿惊。自今伊始,毋虑亏盈。坤为吝啬,厥性靡移。鸡豚粟帛,纤悉必稽。余或妄费,从容献规。我达君慤,伯伦之妻。宁知今日,一瞑不视。何有何无,一棺长闭。卜兆家林,虚其左窨。他日溘然,从君入地。独我老矣,情实难支。每入君室,有泪如縻。虚帷故香,帘衣下垂。无母女孙,涕洟相随。无小无大,嗷然同悲。君有何德,致人哀思。无形之化,是谓真慈。念君一生,夫何间然。存顺没宁,众口称贤。会葬山阿,车马骈阗。所不足者,两子未回。远道承凶,戴星归来。靡盬之叹,今古同哀。愿垂护佑,毋使崩摧。我实心悸,不堪再劚。呜呼!生存华屋,零落山丘。对此茫茫,有泪难收。爰命儿孙,薄具肴蔬。君不胜酒,勉尽此瓯。濡泪和墨,摛词写忧。知君鉴此,也应泪流。呜呼哀哉!尚飨。

曾般庵曰:文生于情,故为擅场。苟令神伤,理不空绮。其原出于《大招》、《李夫人赋》诸篇,粗观之似有冗句,细按始知不可增减。